宗承灏 著

谭嗣同

和他的时代

河南文艺出版社
·郑州·

图书在版编目（CIP）数据

谭嗣同和他的时代 / 宗承灏著. --郑州:河南文艺出版社,2024.7

ISBN 978-7-5559-1492-1

Ⅰ.①谭… Ⅱ.①宗… Ⅲ.①谭嗣同(1865−1898)−生平事迹 Ⅳ.①B254

中国国家版本馆 CIP 数据核字(2023)第 234646 号

选题策划	王战省			
责任编辑	王战省			
责任校对	殷现堂			
书籍设计	张　萌			

出版发行	河南文艺出版社	印　张	20.5
社　　址	郑州市郑东新区祥盛街 27 号 C 座 5 楼	字　数	288 000
承印单位	河南新华印刷集团有限公司	版　次	2024 年 7 月第 1 版
经销单位	新华书店	印　次	2024 年 7 月第 1 次印刷
开　　本	787 毫米 × 1092 毫米　1/16	定　价	62.00 元

印厂地址　郑州市经五路 12 号

邮政编码　450002　　电话　0371-65957864

君子不器　达人成己

对"戊戌六君子"的认知，多少年都停留在教科书的介绍上，直到前些年读高语罕的《百花亭畔》——这本辛亥革命时期个人回忆录中讲述的一个情景，立马把高束于史书的人物变成现实时空的一个观照——六君子之一林旭的夫人，在林旭被害前后的那段时间里，跟随其父沈瑜庆生活在清政府设置的淮北督销正阳关盐厘总局中。几十年后，我在这个高墙深院的空间里度过了 5 年的小学时光。

出生在寿县正阳关盐务巷的高语罕，戊戌变法这一年他才 11 岁；生活在正阳关盐厘总局里的林旭的夫人沈鹊应，时年也才 21 岁。那一天，林旭被害的消息传来，督销总办沈瑜庆震惊且悲伤，下令让手下人准备为亡人举行祭奠活动。与林旭琴瑟和鸣已 6 年的沈鹊应，撕心裂肺、悲恸欲绝，亲拟挽联，乘坐轿子到正阳关南堤上哭灵。此时的高语罕正提着自家的水壶站在南街上的茶馆门口，看到几乘大轿从面前经过，头顶轿子里坐着的正是沈鹊应——林则徐的曾外孙女、沈葆桢的孙女。

沈鹊应在盐厘总局高墙深院里亲拟挽联："伊何人，我何人，全凭六礼结成，惹得今朝烦恼；生不见，死不见，但愿三生有幸，再结来世姻缘。"正如林旭圄圄里担心的那样："娇妻尚在江表，莫得一面，英烈之性，必从吾死，不期酸泪如缕。"夫君已亡，"泪痕沾素衣"的沈鹊应，在正阳关的那座高墙深院里一直在谋求终结自己的生命，与林旭来世结姻缘。几十年后，我在这座已变身为正阳关第一小学的院子里读书时，孩童们的欢声笑语完全淹没了这段历史，撕心裂肺的哭声早深藏于青砖灰瓦之中。

历史真的不遥远，因为总有身边的人在追忆或回望，一茬接一茬，让历史不会在时光里湮灭，让历史变得面目可亲，近若比邻。

宗承灏的近作《谭嗣同和他的时代》就是这样一部书，它用生动又深沉的文本让戊戌变法这段历史再次浮现在我的眼前，让我对戊戌六君子的认知愈加丰盈，愈加深刻。

一

宗承灏对历史的讲述带着明显的个人色彩，这是史书书写者不同呈现出的风貌也不同的表现。宗承灏的文字风貌是深思型的，但深思得不坠地，反而犹如春天里的风筝，思绪在蓝天上飞翔，思想的翅膀舞动得摇曳多姿，让人抬头仰望之时，顿觉天远地阔，云卷云舒。

这本《谭嗣同和他的时代》写的是戊戌六君子领头的谭嗣同。从谭嗣同的家世写起，这是他成为君子的底色；进而写他的读书、游历和交友，这是他成为君子的必备条件；再写戊戌年之前的谋事和成事，这是他成为君子的晋级台阶；然后，铺陈其成为君子的那个时代的戏台，让这位君子凛凛然出场——

"世间无物抵春愁，合向苍冥一哭休。四万万人齐下泪，天涯何处是神州？"谭嗣同忧国忧民地呐喊。

"望门投止思张俭，忍死须臾待杜根。我自横刀向天笑，去留肝胆两昆仑。"谭嗣同视死如归的豪壮！

谭嗣同最终以生命为代价，自度，成为君子；度人，唤醒了一个沉默的时代，并借助于一个个历史的书写者，让这种声音回荡在历史的时空里，如杜鹃啼血，绵延不绝，回音环绕。

宗承灏写谭嗣同的君子之路，铺陈得极为厚实且扎实。虽然这条路的指向是明确而恒定的，但宗承灏并没有让谭嗣同这个高大形象简单化，简单化的高大全是戏剧人物，而宗承灏笔下的谭嗣同是一个活生生的人，欲成为君子就要如孟子说的那样："必先苦其心志，劳其筋骨，饿其体肤，空乏其身，行拂乱其所为，所以动心忍性，曾益其所不能。"于是，对"举于"官宦之家而成为君子的谭嗣同，宗承灏写到了他亲人离世的悲苦，写到了他屡试不中的烦恼，写到了他与父亲之间的血亲隔阂、与师傅之间的观念有隙、与朋友之间的思想博弈……从家族的基因到性格的形成，从读书获得知识到游历开阔视野，从习武练就胆识到做事提升能力，一步步，让我们看到谭嗣同在成为君子之路上砥砺前行。同时，行走在君子之路上的谭嗣同的面貌，通过宗承灏援引时人的话，真实、鲜明地展示出来。

少年时的谭嗣同，其师欧阳中鹄道："谭嗣同因于家庭礼法，找不到生而为人的乐趣。"欧阳中鹄的嫡孙欧阳予倩说："我小时候常见他（谭嗣同），当时浏阳士子以他走过的地方最多，是邑中最能通达中外形势的人，他可说是无书不读。经史词赋之外，于基督教义、神学、佛学，无不精研，而于政治、哲学，致力尤多。他于文事之暇，喜欢技击，会骑马，会舞剑。我曾见他蹲在地上，叫两个人紧握他的辫根，他一翻身站起来，那两个人都跌一跤。他写起字来，喜欢用食指压住笔头。人家觉得他无论什么都有点与众不同。我虽是小孩子，也觉得每见他时，就不由得引起一种好奇心。总之，他是无处不表露才气纵横、不可一世之概。"

京师学习时期的谭嗣同，其师刘人熙说："谭复生嗣同，少年振奇人也。""谭生好学深思，有不可一世之气，从余游京师，余甚异自。"

游历大西北时候的谭嗣同，同游人刘云田说："嗣同兄弟少年盛气，凌厉无前……掬黄羊血，杂雪而咽。拨琵琶，引吭作秦声。或据服匿，群相饮博，欢呼达旦。"

结识了梁启超后的谭嗣同，梁启超评价道："其思想为吾人所不能达，其言论为吾人所不敢言。"

被徐致靖保荐给光绪帝的谭嗣同，徐致靖称其："天才卓荦，学识绝伦，忠于爱国，勇于任事，不避艰险，不畏谤疑，内可以为论思之官，外可以备折冲之选。"

二

宗承灏对历史的回望挟带着沉郁的气质，这是他个人的气质。

我与宗承灏是一个办公室的同事，他在提笔写这部书的时候，就告知了我。其年正是新冠病毒肆虐武汉之时，身处安徽的我们经历了第一段封控时期。在家陪着女儿上网课的宗承灏，排遣焦虑的唯一办法就是这部书的写作。这种特定环境下的写作，让今天的读者真切地感到沉郁的基调弥漫在这部书中，特别是书稿的前一部分。

"写这段文字时，正值 2020 年的春天。是春天吗？我不敢确定。楼下小区的花开了，一簇簇开得让人心惊。春节以来，我就没出过小区的门，一场名唤新冠的疫情将我困于家中。坐久了起来活动，数着从卧室到客厅八步，从客厅到卧室八步。走多了，让人心浮气躁。从每个晨昏颠倒中醒来，下意识做的第一件事，就是打开手机关注疫情数据的变化。手机不敢拿久，各种信息让人如临深渊。除了恐惧，还是恐惧，人的其他情绪能力突然都失灵了。事到临头才发现，我可真是个惜命的人啊！还好文字可以修改，使它事后看上去呈现出一种虚假的太平。可见文字比人心更不可靠。纵观历史，人类文明总是与瘟疫相伴而行。疫病，从来都是人类的天敌。它掀起的灾难如同一面镜子，照见人性的光辉，也照见它的丑陋。"

"谭嗣同独自躺在床上，三天三夜昏迷不醒，滴水不进，在死亡的边缘徘徊。所有人都断定他万无生存之希望，没想到这个 12 岁的浏阳少年竟有如此坚韧的生命力。他在那个苦寒无比的春天苏醒过来，如草木再生、燕雀北归，让人感到不可思议。很多年后，那个睁眼醒来的早晨历历在目，让当事人感念不已。"

对少年谭嗣同的人生遭遇，宗承灏不但共情，而且把自己融进谭嗣同的身体里，替他悲伤，替他呻吟，替他叫屈，替他申冤。这种"入戏太深"的表现，从那些经过苦吟的句子就可以看出来，从慢节奏的讲述也可以看出来，从彻悟后的人生箴言更可以看出来。彼时的宗承灏，已经犹如庄周化蝶，不知道自己究竟是庄周还是蝶。

这正是写作的最高境界。

写作这部书的过程中，宗承灏时常把他的写作体会与我分享，让他着迷的是，在写作过程中，就像捡拾一颗颗珍珠，与谭嗣同相关的人物，一个一个随之而来，在查阅他们、认识他们、写作他们的时候，就像是收获一串又一串的珍珠。这让他一反平时的沉郁之气，变得一脸喜色，那是收获者爽朗开心的笑脸，完全没有了书中文字营造的高峻森郁之气。

三

谭嗣同的人生从他的名和字里，就得以昭示，不知道这是不是一种注定。谭嗣同，字复生，号壮飞。谭嗣同的生命是为了"壮飞"，"壮飞"的意义在于"复生"。

谭嗣同等戊戌变法的勇士慷慨赴死，真正体现了君子舍生取义、杀身成仁的品行，这是从古至今的君子们追求的最高道德标准——宁愿献出自己的生命也要成就正义。

宗承灏在这部书的写作中，录入了梁启超对谭嗣同的印象："面棱棱有秋肃之气。"20 来岁的梁启超面对谭嗣同时，感到眼前这个人目光威严，面带秋霜肃杀之气！而此时的谭嗣同不过 30 岁。30 岁的人刚刚而立，本应该有春天般的绚烂和夏天般的火热，而谭嗣同却让生命进入深秋寒冬。因为，他已经将平生的思考和追求沉积于面色中，并立志以殷红的鲜血唤醒冬天里沉睡的人们，以践行孔子"志士仁人，无求生以害仁，有杀身以成仁"之言。当写作其哲学论著《仁学》之时，谭嗣同就认定"仁"是万物之本，不灭不生了。

谭嗣同在生命最后体现出的直面生死、宁折不弯的气概，在那个以保全和中庸为生存之道的清廷里，是那样的格格不入。后人感叹他们的牺牲是何其苍凉、何其悲壮，但谭嗣同却认为自己死得其所——

"各国变法无不从流血而成，今中国未闻有因变法而流血者，此国之所以不昌也。有之，请自嗣同始。"

"是日每斩一首级，则异日必有一千倍人起而接续维新！"

壮飞！复生！这就是谭嗣同捐躯的价值！

4 年之后，剪掉辫子的鲁迅写下了《自题小像》："灵台无计逃神矢，风雨如磐暗故园。寄意寒星荃不察，我以我血荐轩辕。"最后的这句"我以我血荐轩辕"中呈现出的凛然不屈和决绝气概神似谭嗣同：为国捐躯，矢志不移！

前赴后继，谭嗣同用生命之血点燃的燎原之火在中国大地上燃烧着，摧枯拉朽。

前赴后继，一个个历史的写作者，如宗承灏那般，用深邃的目光在历史的长河里打捞，淘尽尘沙，将一串串珍珠捡拾，捧给读者。同时，也在用各种历史人物和历史故事，验证并强调着孔子的话：

"君子不器""达人成己"。

作者金妤，中国作协会员、安徽省作协理事、安徽省《淮南子》研究学会副会长、淮南市作协主席。

目　录

第一章

少年中国：谭嗣同和他所生活的时代

1

在漫长的 19、20 世纪之交，湖南一带所汇聚的真实和想象的能量，汹涌激荡，为旧时中国所罕见。而浏阳则是大河滔滔中的一条支流。据《湖南通志》记载，浏阳河又名浏渭河，原名浏水。浏，清亮貌。因县邑位其北，"山之南，水之北，谓之阳"，故称浏阳。浏阳地处湖南东部，毗邻江西。三国时属吴地，开始设县，隋时并入长沙县，唐时复置浏阳县，元时升为州，明洪武时复为县。

中国人对于浏阳的印象大多起于那首名为《浏阳河》的民歌。民事如歌，大河款款，时间是一条越流越宽的江河，摆渡往事，也模糊记忆。浏阳河有两处源头，一为大溪，一为小溪，分别出自罗霄山脉北段大围山的北麓和南麓。两处溪水经过大半个浏阳，于城东汇合。一入长沙，浏阳河便如同豪情万丈的少年，突然高门亮嗓，陡然生变，将它的叛逆不羁，一股脑甩给了身后的浏阳。人善变，河流因势也善变，变与不变都由不得自己。无论智者乐水，还是仁者乐山，浏阳兼具这人生中的两重境界。许多年前，我在一个秋日的黄昏抵达长沙，绵长的枯雨期拖瘦了湘东一地的河流。展现于眼前的浏阳河，失去了印象中九曲十八弯的缠绵。像是经历过大场面金盆洗手的江湖客，老成而不无世故地经营着自己的余生，令人神迷遐想。

人迹于水，水势浩渺；人迹于清冷的古物建筑，往往会给枯萎的时间带来"回阳"的血色。人的足迹所到，得所应得，失所应失。行走于三湘大地，做个时间的旅人是个不错的选择，稍不留神便与名人的故处摩接。浏阳河流域自不例外。他们或以文，或以歌，或以教，或以义，或以战，甚至或以死丰富了浏阳的外延。可以说，千古之下，能够彪炳湖湘称为人中之龙、学术北斗的，不在少数。尤其近一百多年来，众多湖南人跻身中国近代史舞台的聚光灯下，各展其能，各表其事，各安其命，又各行其道。而在这其中，谭嗣同无疑是划过浏阳天空最耀眼的那颗彗星，一闪而逝。

翻阅史料，突然理解了海德格尔的那句话："每个人都是大地的一部分，大地之上绝无尺规。"这世间人事，也暗合了"道法自然"的隐喻。奔走于大地上的真实，是自由的，安稳的，不应被打扰的。就连我这漏洞百出的书写，也是一种打扰，自以为是的喧嚷，不可饶恕。当车驻于浏阳北门正南路上，我试图寻觅那条通往谭嗣同故居的梅花巷，遗憾的是，在分布着医院、学校、剧院等数十家单位的街面上，那条在老浏阳人记忆里青石铺路的巷子了无踪迹。据明、清时期《浏阳县志》记载，此街面有一条南起粮仓街，北至圭斋路，全长两百多米的街巷。巷道为青石板铺垫，巷内有宋家大屋、谭家大屋、黎家大屋、贺家大屋等。其中黎家大屋有个叫"梅花碧境"的地方，种有多个品种的数株梅花，芳香溢满整条街巷，所以人们也称为"梅花巷"。

谭嗣同的先祖于清朝道光年间迁居浏阳，居住在梅花巷丹桂坊。四时有序，日月更迭，待到谭嗣同的祖父时，又迁回到梅花巷居住。随着谭嗣同的父亲谭继洵一路升迁至湖北巡抚兼湖广总督，谭氏家族进一步发展壮大，在靠近梅花巷不远的浏阳北门建造了一所"大夫第"，即我们现在看到的谭嗣同故居。梅花巷顺延而下便是浏阳河，此处是一座有着风霜压身的老码头，样貌古旧，凋零落魄，入不得世人挑剔的眼。谭嗣同称湘人不幸处于未通商之地，

"不识何为中外，方自以为巍巍然尊"。没见过世面，还认为老子天下第一，嘴脸像极了那个老朽的帝国。《湘江评论》以同样的口吻写道："住在这江上和它邻近的民众浑浑噩噩，世界上的事情很少懂得。他们没有有组织的社会，人人自营散处，只知有最狭的一己和最短的一时，共同生活，久远观念，多半未曾梦见。"

待到清朝中后期，这里渐渐有了商业气息。水、桥、船将此地与外面的世界连接起来，不安分的人们开始奔向更广阔的空间，染世渐深。从浏阳河经湘江至长江，可以到汉口等大城市。浏阳大围山的木材通过放竹排，可以从上游运到浏阳，再经过浏阳转运至长沙等地。而浏阳的花炮、夏布也是通过水运运至汉口，再销往世界各地。晚近以来，从汉口来的轮船带来了洋油、洋火、洋碱、洋布等洋货。航运码头水运的发达，也就此改变了城市的面目，让它变得愈加繁荣。一时间南北通衢，商贾云集，很多商人在浏阳置地置业，娶妻生子。梅花巷里的很多四合院便是那些赚了大钱的商贾巨富建造和买下的。谭嗣同的故居也在其中，临水而立，既融于其间，又有几分遗世独立的意味。

走出文庙数百米，几分钟就可以走到谭嗣同故居。故居为砖木结构，三进院布局，前栋临街，面阔五间，中堂与后堂之间有一过亭，过亭上方有长棱形六角藻井。屋子两边设置风火山墙。据说这栋房子建于明朝末年，最初是一个祠堂，被谭嗣同祖父谭学琴买下作为私第，并改造成现在的三栋二院一亭，一座天井式民宅建筑。宅子的精美也不是普通民宅可比，尤其房屋的木雕，十分精美。屋子的梁架、斗拱、雀替等，均有雕饰图案，正厅屏门以及几处花窗更是木雕杰作。

用手触摸老房子的门墙，如同触碰一段老旧时光。脑海走马灯似的浮现一幕幕历史故事。偶有三两个调皮的小孩，在身边穿插嬉戏，倏来忽往，像是蝴蝶穿花，花不沾身。那一刻，让人觉得时间也跟着穿越了。谭嗣同出生时，这个家族已在湖南居住超过了十五代。十五代，我在心里默算着是多少个年头。

不算则已，一算惊人。一个个念头在脑海里翻腾，不觉有了温度。再低头俯瞰橱窗里谭嗣同手书诗卷，墨迹苍茫，纸色苍茫，时间苍茫，弥漫着摄人心魄的旧气。翻开浏阳谭氏族谱，看到谭家从宋代一路发散出来的巨大脉络，如同一张蛛网。中国人使用"家族"这种巨大的传统来对抗动荡和王朝更替，个体依附于其间，寻求庇护，寻求血脉的递延。

据谭氏族谱记载，北宋末年靖康之乱，金人攻占北宋都城汴梁，中原汉人纷纷南下。谭氏的第一世祖谭孝成便是在那个纷乱的世道里，率领族人，颠沛流离，由江西之地迁往福建路汀州长汀县。南宋至元，谭氏也只是普通的农耕之家，在闽西一带山村开垦耕作。他们的命运如同那些名姓不彰、默默无闻的山间花草，在不起眼的角落繁衍生息，如同大地上的万般灵物。南宋末年，第八世祖谭启宇之兄谭启寰，任主管殿前司，后因抵御蒙古军南下，不幸兵败身亡。待到明朝开国，谭氏宗族开始崛起而以武功闻名于世。在头颅如灯笼一样明灭无常的时代里，武是取人首级的法门，武也是护住项上人头的法力。其实，它们是什么倒无所谓。那照亮一个家族命运前路的，就是灯笼一般的头颅。千灯万灯，点灯的人，要将属于他的那盏灯火传给后人。

洪武年间，第十一世祖谭如嵩追随燕王朱棣"宦游北平"，官任燕山右护卫副千户。其子谭渊继承父职，靖难之役随朱棣在北平起兵，每战必从，因功升都指挥同知，后于河北夹河之役阵亡。朱棣夺位成功，赠都指挥使，追封崇安侯，建祠以祀，入《明史》列传。先人留下的遗泽，就像是人的脚印、车轮的辙迹，随着时间的流逝，渐行渐远，也渐渐淡去。后人留恋先人的流风余韵，莫若书写自己的历史。谭氏以武功著望于明，两百余年间，位列侯伯者九世十人。这段历史在谭氏后人心目中，已算得上足够显赫，在很长一段时间里，被反复记录，念念不忘，成为他们心中向往追慕的黄金时代。

谭氏于晚明之际迁居湖南，第十六世祖谭宗纶镇守湖广，久驻湖南，其子谭功安遂留居长沙府长沙县，立宅于四方塘，他是谭氏迁居湖南的始祖。待到明天启七年（1627），第二十祖谭逢琪带着弟妹子侄，又先后由长沙迁往浏阳定居。刚来到浏阳，谭家人虽然家境较为丰裕，但作为外人要想立足乡土之地，并没有想象中的那般容易。谭氏宗族迁居浏阳之时，正值明清易代之际。随着家族黄金时期的结束，谭氏又从勋贵阶层跌落至寒微家族。每逢清明或中元，谭家人在家庙举行祭礼时，总会对儿孙做出训诫。而那时，他们念念不忘的仍是"列祖勤王之功"，虽然那些荣耀已成为遥远的过往，留存于泛黄的谭氏族谱。这个世上没有一种传递能够特立独行地发展，如入无人之境。我们必须以人类精神的名义，感谢我们的先人，感谢他们在属于自己的时间里为另一头的我们做出的选择。一个家族伴随着王朝更迭，也在努力地适应时代，转变方向。

在此以前，谭氏以武功起家，重武轻文，用谭氏后人的话说，"先世将门，闳于武烈，文学无闻焉"。谭氏宗族的光荣历史，是先人们用人性的刚烈和刀马之功换来的。至于文学，于这个勇字当先的宗族而言，一度并无亲近之感。但到了谭嗣同的高祖谭文明时，举家迁至浏阳南乡吾田市，栖身山林，历经三世经营，家风随之豁然贯通。当然这也和整个社会风气的转变有关，承平日久，国家不再需要那么多武人，而转向以文治国，科举取士。一个有着两百年尚武之风的家族，由尚武转向崇文。谭文明的兄弟文魁、文开、文章，"一列府庠，一为修职郎，一为县试前茅"，都成了地方上享有君子之誉的人物。笃学固穷，文行有斐，谭家自此以诗书继世。他们期盼着家族中再次出现穿官服、挂朝珠的人物，那样的话，才能重新恢复先祖的荣光。

谭氏宗族弃武从文，耕读起家，靠着几代人的奋斗和积累，在浏阳建立了可观的产业。其时有乡人以羡慕的口气恭维：谭氏"从此步蟾宫，题雁塔，跨金马，登玉堂，直指顾间事耳"。在一个难以判定方向的世界里行走，一个人，或者一个家族又如何知道自己是走向没落，还是走向昌明呢？如果说生存是智慧的本性，那么还有一种累世而成的神秘力量在冥冥中指引：一连串的偶然，才是必然。事后来看，如同暗夜灯盏，如同神谕，无法给出合理的解释。

谭嗣同的祖父谭学琴，生于乾隆三十一年（1766），原居浏阳南乡吾田市，其父过世后，率诸弟迁居城内，居西城。谭学琴因父亲卧病在床，家道中落，便早早地踏足社会，成了一名谋食者。为了养家糊口，谭学琴跟着长兄谭学夔在县衙做了一名管理簿记的小吏，靠着打拼和积累，数年后，他们将家迁到浏阳县城的梅花巷丹桂坊。谭学琴为人豪爽，常助人于危难。据说，家中的抽屉里塞满了族人和亲戚打的借条。先人把他的光辉和德行，雨点般倾泻到基因继任者的眼睛里，以及他们的身体里。于是，一个家族的成员就带着这份福报，行走人世。

道光八年（1828），六十三岁的谭学琴因劳累过度病逝，临终前，他命家人将所有借据付之一炬，并留下遗言"我死勿令儿子废学"。他死了，但他让儿子们不要废弃学业。不废弃学业，指向的现实目标是用知识改变命运。最终这个平日乐善好施、常与读书人往来、为自己攒下名声的老人，将人生的诸般苦痛留给了他的妻子和七个子女，同时留下的，还有他一生积攒的福报。彼时，谭继洵只是一个六岁孩童，不知生死为何。父亲的猝然而逝，就像是支撑他弱小生命的一座骨架坍塌于眼前，血肉无所凭依，精神亦颓然无望。许多年后，谭继洵回忆起父亲离世时的悲惨景象，不由喟叹："先大夫卒，同怀七人皆幼，吾母悲吾父之亡，而又念膝下茕茕无依，恒一恸昏绝，举室环哭，闻者堕泪。"在这个家庭陷入风雨飘摇之秋，谭继洵的长兄谭继升站了出来。

中国人向来有"长兄为父"的说法，年仅十三岁的谭继升虽未成年，但他责无旁贷地接过父亲留下的这副重担。他果断地放弃了自己的学业，奉养母亲，照顾弟妹。他不敢忘记父亲的遗言："我死勿令儿子废学。"他为弟妹们延请塾师教读。父亲让他们努力读书，将来获得功名。如今父亲不在了，他心疼母亲，也不忍看着弟弟妹妹们跟着受苦。他放弃学业，是为了成全弟弟们的前程。人间百味，唯苦不觉苦。我们无法想象一个十三岁的孩子，在做出那样一个决定时，内心所承受的悲怆。对少年人来说，他从父亲那里得到的不只有书本知识，更多的是言传身教。父亲身上所表现出的乐于助人、救人之急的品格，深深影响了他。

在谭继洵的描述中，长兄谭继升是近乎完美之人，格局宏大，气象不俗。长兄为父这句话，在谭继升身上体现得淋漓尽致。他整理家政，每天忙得精疲力竭。为了警醒自己，他在眼睛能看见的地方写上"谨身节用"四字。一个人入世太久，懂得世间丈夫最难做。世上大男人多如牛毛，伟丈夫却很稀罕。谭继升用稚嫩的双肩挑起这份沉重的家业，铢积寸累，使得孤儿寡母的家庭渐渐有了兴旺的气象。对于幼时体弱多病的谭继洵而言，哥哥谭继升犹如神一般的存在。他亲自照料生病的弟弟，四处求医问药。谭继洵后来回忆："洵体素羸弱，兄保抱携持，体恤备至。稍长，得咳血症，兄求医调药，日夜惊扰，甚于己疾。"面对兄长夜以继日的付出，谭继洵能够回报的，是学业上的精进，而这也正是谭继升最希望看到的。谭继升、谭继洵兄弟明白，要让这个家族奋然而起，唯有在科举道路上实现突破。没有选择，便是最好的选择。

自有科举制度以来，古代中国便产生了一个功名社会。一群群儒学之士通过科举考试脱颖而出，成为不同于编户齐民的官与绅。由此分化出人的社会属性，构筑起人与人之间的不平等。一个人从入泮到出仕是一条拥挤的狭路，成千上万的读书人在这条路上蹭蹬不休。谭继升放弃了自己的学业，将全部心血倾注于弟弟的身上。科举之路，回报丰厚，只是过程太过漫长而痛苦。谭继洵回忆当时的情景：兄长为我找来最好的老师，给我定下最严苛的学习程式，老师偶尔外出，他则代为督课，手挟一册书卷，给我讲忠孝节义之事，娓娓不倦。我所读的唐诗，皆兄所录。遇上会试科考，兄长为我检点场具，亲自迎送。

科举入仕既成强势的主流价值观，博得功名就不再是一个人的战斗，而是一个家族的念想，这份念想深入人心。人生于天地间，念念不忘，必有回响。

谭继升将自己未能实现的人生理想全都寄托在弟弟身上，希望他早日金榜题名。令他感到欣慰的是，三弟谭继洵聪慧过人，学业大进，于道光二十二年（1842）二十岁时补县学附生。七年之后，即道光二十九年（1849），又于长沙乡试考中举人，时年二十七岁，成为浏阳谭氏宗族史上的第一个青年举子。同年考中举人的，还有湖南茶陵的谭钟麟，二人关系密切。有了举人的身份，就不用交赋税，不用服劳役，犯法后也不用受到刑罚，见到县官不用下跪，在科举之路上迈出了第一步，只是还谈不上真正做官。

谭继洵迈出的每一步都得益于兄长谭继升的苦心经营，因此，谭继升在谭氏家族中享有威望。不要说他们是同胞兄弟，就算是生活在同姓同宗的村落，只要烟火相接，鸡犬相闻，也会形成同一血缘的向心力。何况，他们还是兄弟。一个人的发迹史，就是一个家族的光荣史，不仅可以光宗耀祖，其光彩更是惠及全族。反观之，一个人若是犯了王法，也会累及族人和家长。一句骇人的"诛灭九族"，便是最极端刑罚。在中国古代，九族是一个社会学概念，更是一个司法学概念。而至为酷烈的，莫过于方孝孺"夷十族"。灭十族则为朱棣的独创发明，这里包括方孝孺的学生和朋友。朱棣下令将方孝孺投入大牢，大肆抓捕其亲族朋友门生。每抓一人，都带来让他看一看。方孝孺看到他们非常难过，弟弟方孝友被杀前反劝道："阿哥何必泪潸潸，华表柱头千载后，梦魂依旧到家山。"

我们现代人会以一种居高临下的"进步心态"嘲讽方孝孺这样的人过于"愚忠""迂腐"，但是这丝毫无损于那些古代忠良的历史地位。每个时代都有其视为不可玷污的神圣价值观，如果拿今日的价值观去衡量过去的时代，看到的自然是不可理解的愚昧。回到谭继升身上，这时候的他，只希望弟弟能够接续自己的人生理想，为家族顶门立户。待得四十年后，谭继洵仍念及兄长对他的养育之恩："呜呼！兄之视洵如此甚笃，而洵之视兄将何以为报也！"他认为，若无兄长昔年的勤勤恳恳，以教以养，断无自己日后的荣耀加身。不负兄长不负己，是他一生志向所指。

道光二十七年（1847），在兄长的操持下，二十四岁的谭继洵完成了自己人生的另一件大事——结婚成家。他娶的是浏阳北乡芦烟洞国子监生徐韶春之女徐五缘。与祖上几代人的婚姻近似，谭继洵的通婚并未突破浏阳。对方是与谭家有往来的朋友。彼时，长辈的交际圈与子女的婚姻圈通常是吻合的。因婚姻关系牵连在一起的家族，像一张人为编织起来的网，将此家族与彼家族联系起来，以此壮大彼此在本地的势力。如今在芦烟村，依然流传着这样一个"姊妹易嫁"的故事：徐韶春生有二女，长女庆缘，次女五缘。庆缘经舅父说合，许配给谭家三公子谭继洵为妻。庆缘这姑娘很有心眼，对自己的终身大事非常慎重。于是，她委托弟弟借送礼之机代为调查未婚夫及其家庭情况。其弟到了谭家，发现未来的姐夫是个不通人情世故的书呆子，并且衣冠不整、不修边幅。庆缘不愿嫁给这个邋遢的书呆子，徐家只好将婚期一推再推，最后只好由妹妹替姐出嫁。

徐氏虽然生于乡间，但她的父亲毕竟是地方上有名望的士子，与谭家联姻也算是门当户对。谭氏家族与浏阳士子之间，存在着相互需要的关系。一个新崛起的家族，在社会资源与地方秩序中的话语权仍然有限。徐氏是乡间女子，她的身上具有中国传统女性的美德。为了帮助丈夫完成功名社会的价值追求，她日夜操劳，承担起全部家务。徐氏进入谭家后，在浏阳生了二子二女：长子嗣贻（字癸生），次子嗣襄（字泗生），长女嗣怀（怀贞），次女嗣淑（淑贞），他们便是谭嗣同的同胞兄姊。

正当谭继洵沿着人生的天梯努力向上攀登时，一场震撼王朝的风暴席卷而来。

那个像他一样参加应试的书生洪秀全，这时候刚好走到了人生的十字路口。落榜两次，以为上天总该眷顾他一回。可临了，还是在残酷的现实面前败下阵来。洪秀全在广东花县官禄布村生活了二十三年，与绝大多数乡土社会的儒生一样，他对自己的生命起源之地有着难以割舍的情感。尽管如此，他还是想离开这里，不为别的，那个关于富贵天降、光宗耀祖的梦境一直驱赶着他，如鬼魅缠身，如神佛附体。十九世纪中叶，一个科举失败者能够做出的选择无非以下几种：一、继续考下去，生命不止，考试不休；二、与体制决裂，比如做个黄巢；三、披发入山，做个隐士；四、返乡做个私塾先生，散淡人生。洪秀全选的是第二条道路。

落榜的洪秀全得到了那本被后世之人经常提起的《劝世良言》，这让他从一名小地方的塾师变成天父次子。1850 年 7 月，洪秀全在花洲山人村向各地拜上帝信徒发出密令，让他们前来金田村团营。而最早来到金田村的是韦昌辉，他带来了一千多人，还有巨额的资金。他不仅提供训练场地和受训者的伙食费，连材料、燃料及其他费用都由他负担。杨秀清、萧朝贵带领紫荆山区的烧炭工人有三千多人。石达开率领的贵县客家，有四千余人。太平天国的首义诸王都成了上帝的众子，至于杨秀清以上帝之名对洪秀全进行训诫与凌辱，那是后话。

洪秀全的军队疾风骤雨般席卷中国南方，湖南站在了时代的风口。地方氏族的防御难以阻挡太平军的锋锐，各地方士绅纷纷举办团练。偶然事件就像悬于历史天空的灯盏，每一烛光亮都指向冥冥中的幽暗。咸丰帝绝对不会想到，因为自己的一念之差，会成就湖南人曾国藩数十年的功业。有一种说法，中国古代历史上能达到圣人标准的有两个半人，即孔子和王阳明，而曾国藩算半个。可见近世之人，对这个湖南人的推崇到了何种地步。《左传》："太上有立德，其次有立功，其次有立言，虽久不废，此之谓不朽。"曾国藩这个半圣之人，虽被今人一再解读，一再误读，但面目仍不够清晰。事功者，取其功；事言者，取其言。大多数情况下，各说各话，各取所需。听上去，他们说的好像不是同一个人。

曾国藩是清廷从各省挑选出的众多官员之一。那些在地方督办团练的人员

（团练大臣）大多是从前的各部侍郎、巡抚、布政使或按察使，或有类似经历的高级官员，他们致仕在湘，碰巧又在家乡居住。彼时，曾国藩正因母亲去世在家丁忧赋闲，接到湖南巡抚张亮基转来谕旨："前任丁忧侍郎曾国藩，籍隶湘乡，闻其在籍，其于湖南地方人情自必熟悉，着该抚（张亮基）传旨，令其帮同办理本省团练乡民、搜查土匪事务，伊必尽力，不负委任。"在此之前，曾国藩已经拒绝过张亮基的邀请。他说："国藩此时别无他求，惟愿结庐墓旁，陪母三年，以尽人子之责，以减不孝之罪。"堂堂正二品侍郎，又热孝在身，若仅因巡抚相邀，便出山办事，既有失身份，又会招致士林的嘲讽。如今皇帝的谕旨传来，他便没了退路，硬着头皮也得上。他哪里会想到，这是一条登云梯。

曾国藩与湖南绅士之间的关系，正是朝廷要利用的。在中国南部和中部地区，地方组建武装的速度正在加快。朝廷想要加以利用，又担心失去控制，便让第一流的地方绅士名流、高品级的官员加入其中，形成一个地方自保的网状系统。就在此时，谭继升组织的浏阳团练应时而生，成立不久，就与太平军发生了一场遭遇战。

洪秀全的军队进犯长沙，一支小股部队进入浏阳境内，夜抵城西北二十里的蕉溪岭下。官兵不敢出城拒敌，谭继升带领乡勇埋伏在蕉溪岭上，敲响锣鼓，点亮火把。一时间"熊熊林谷，光烂慧天"，太平军不敢靠近，只好连夜遁去。十余年间，太平军五次兵临浏阳，都无功而返。谭继升因组织团练有功而被奏保即选七品盐运使司经历，加同知衔，加保尽先选用知县。他在浏阳士绅中的地位日益突出，成为地方团绅领袖。中国人有着极重的乡情意识，湖南更不例外。凡自家居所前后方圆十余里内都称为"屋门口人"，平日即守望相助、互通有无；如遇上"屋门口人"与外乡人发生争斗，则不管是非曲直都会上前助拳，就算流血破财也在所不惜。正因如此，曾国藩才会坚定地认为"同县之人易于合心"，而他的弟弟曾国荃在用人上则完全奉行"不独尽用湘乡人，且尽用屋门口周围十余里之人"。正如历史学家罗尔纲先生所指出的那样："湘军最初编练的军队，其兵都是农夫，其将都是书生。"湘军的兴起为晚清军人社会地位的凸显提供了一个难得的历史机缘。军人化的士绅如曾国藩、左宗棠、胡林翼等湖南人，摇身一变，化为中兴名臣，成为晚清社会的中坚力量。无论是儒生"武士化"，还是武士"儒生化"，都是两种身份的跨界。不可否认的是，这样的身份跨界，必然会导致传统社会秩序的失范和传统军事体制的更张。上至翰林，下至生员，人人喜言兵事。值得注意的是，浏阳谭氏宗族与湘军并无交集，让人难以理解。其族人跟随湘军外出征战者几乎没有，立功升官者更是罕见。谭嗣同倒是给出解释，"浏阳县于山谷间，耕植足以自存，民颇宠谨，不乐去其乡，更数世老死，不见干戈。故应募从军，视它县无十之一，而以能战博厚资大官，亦鲜有闻焉。吾谭氏又衰族，丁男始得逾二百，尤惴惴不敢远出"。谭继升兄弟与浏阳士人走得比较近，其中有欧阳中鹄、刘人熙、涂启先等。谭继洵考中举人不久，就面临太平天国起义，他没有像当时许多湘籍士子那样，选择投笔从戎，在纷乱的世道里建功立业。他还是不愿轻易放弃读书考试这条路，始终怀有一颗守护名器之心。

此后十年里，谭继洵在浏阳等地以教私馆为生，同时积极准备参加会试。咸丰九年（1859）是谭继洵一生中的重要时刻。湖南向来文风凋敝，进士、举人的录取率低于其他省份。在这种环境下，科举考试的竞争异常激烈。咸丰朝由于战乱影响，乡试屡次停科或延期，清廷出于稳定社会的目的，各省乡试增额的次数和数量都有大幅的提高。这一年三月，谭继洵赴京参加己未科会试，中贡士；次年四月补殿试，考中三甲八十六名，赐同进士出身。学习期满后，补授户部广西司主事，由此开始了长达四十年的官僚生涯。谭继洵成为京官后，即移居京城，携长子嗣贻随侍。徐夫人也于同治二年（1863）携二女一子赴京，谭家开始在北京定居下来。

我想象着，那是一个怎样的清晨，承载着一个家族数代人的梦想，谭继洵离开浏阳。街道空无一人，也没有任何照明，街道两旁堆砌着灰色的矮墙，也看不见人，让人压抑得有些透不过气来。他站在船头，透过清澈江水浮起的一层水汽，望着那座略显破败的门楼渐渐消隐于一株巨大的老树之后。水中的青天湛然无咎。上善若水，天道酬勤，勤俭无奢，淳朴如古。今日回望，总觉得那些在时间里行走的旧影，有着不为人理解的执念与执形，动摇不得。两千年来，究竟是什么力量在为谭继洵之辈点燃圣灯？

2

同治四年（1865）二月十三日，一个平淡的、既无奇灾亦无异象的日子。当日前后为雨水节气，象征着人间时日开始进入气象意义上的春天。人如草木，又不及草木。草木没有虚妄心，人有；草木抵得过一个王朝的坚固长久，人却抵不过一世枯荣。所以说，人比草木脆弱。那段日子里，北京城里的官员士大夫和老百姓最大的谈资，无非是奕䜣被免去议政王及一切职务。奕䜣不是旁人，是那个在辛酉年（1861）里，凭一己之力将慈禧送上青云之巅的男人。奕䜣下台了！没有比这更值得让人嚼舌头根的事，各种版本的传言飞来飞去。天子脚下说起宫闱秘辛，就像是在说胡同里的那点事，过的是嘴瘾。

那一天，谭府上下也忙得不可开交，又添男丁，此男丁便是谭嗣同。谭嗣同出生于北京宣武门外烂缦胡同。烂缦胡同，曾被称为"烂面胡同"。谭嗣同自述搬到库堆胡同（浏阳会馆）之前，他出生于"孅眠胡同"，也即"懒眠胡同"。菜市口地区是彼时京城的交通要道，蛛网交错，南纵北横，而烂缦胡同便是其中一条。这里地方会馆林立，像一颗颗棋子散落于胡同。行走于此，经常会有南腔北调的官话不知从何处传来。清人赵吉士描述："京师二月淘沟，秽气触人，烂面胡同尤甚，深广各二丈，开时不通车马。此地在悯忠寺东，唐碑称寺在燕城东南隅，疑为幽州节度使城之故壕也。"（《寄园寄所寄》）今天从烂缦胡同西拐仍可通往法源寺，即唐代悯忠寺所在地。清代这里因聚集六个会馆，其间花团锦簇，煞是热闹，故改此名。

在京城大大小小的名人故居面前，人是第一要素，而要使一处建筑焕发活力，就必须不断地及时寻找他的主人。所谓有主之物，看的是主不是物。主人的声名，要能够超越金石之坚、砖瓦之固。不然，人朽，物也随之湮没。谭嗣同的出生地距离菜市口很近，短暂几十年的人生往返和变幻无常，竟完成于咫尺之间。时运使然，人奈何之。惊鸿一瞥的人生轨迹始于一个绚烂的地名——烂缦胡同，仿佛命中注定，却又令人不胜唏嘘。在谭嗣同前已有兄姊四人，均为徐氏所生。因其于祖父谭学琴谱内行七，被称"七公子"。在谭嗣同的童年时代，母亲徐夫人对他的影响最大。徐氏深受传统礼教的熏陶，把服侍丈夫、抚养子女和管理家人作为自己的唯一责任，属于旧式贤妻良母式的中国传统妇女。

谭嗣同在他的自述中，每每触及先母，都会惊颤和痛惜。他写道："先夫人性惠而肃，训不肖等谆谆然，自一步一趋至植身接物，无不委曲详尽。又喜道往时贫苦事，使知衣食之不易。居平正襟危坐，略不倾倚，或终日不一言笑。不肖等过失，折蔓操笞不少假贷。"旧戏文里的母亲好像用了同一张面孔，不知她们是因为做了母亲才这般，还是因为她们是女人，生来便如此这般。她们是和所有男人一样的人，可又不一样。在时代的缝隙里，她们是灰扑扑的影子，是低到尘埃里的花朵。可是在谭嗣同心里，他对于母亲、姐姐们，以及后来成为他妻子的李闰，始终抱有怜惜之意。谭嗣同深情地回忆母亲对他的谆谆教诲：先夫人是慈祥的，也是严厉的。她对子女寄予厚望，如果违反家风、礼节，她会严厉训诫。日常生活中的待人接物的小事，她也会恰当地给予指引。她经常当着儿女的面说起自己所经历的贫苦往事，让子女知道衣食无忧的生活来之不易。在那篇写给母亲的祭文中，谭嗣同把徐夫人描述为一个勤于吃苦、不苟言笑的严母，孩子们犯下过错，她会毫不留情地体罚。

以至于谭嗣同读书时，内心对于老师所说的父严母慈一说，存有深切的疑惑。母亲的教育极为严苛，她完全按照儒家的伦理道德要求自己，遵守祖父开创的谭氏家风。这个深受伦理法则影响的女人，又用这种伦理法则教育子女。她要求自己的儿女，既要在道德上严格自律，注重内在修养，又要不忘社会责任。徐夫人的言传身教对谭嗣同兄弟产生了深刻的影响，使得他们虽然出身官宦之家，贵为公子，却毫无纨绔子弟的习气。中国人的性格养成，通常是扁平式的积累过程，与巍巍然的伦理相互成就。母亲灯下劳作的身影，与人为善的品行，性格上的坚毅，所有这些构成了谭嗣同的性格史。

母亲，通常是我们生命天空里恒定的北极星，她的光芒，指引着我们，也影响着我们。从谭嗣同记事起，母亲忙碌的身影便无处不在、无时不在。父亲在朝为官，收入颇丰，本不需要母亲如此辛劳。可他的母亲根本就不像一个官太太，甚至还不如浏阳城里地主乡绅的大房小妾活得安逸。餐桌上从来都是粗茶淡饭，每餐不超过四个菜。身上穿的布衣虽然洁净，但补丁摞着补丁。一日，家塾先生闻得一墙之隔，纺车轧轧，彻夜不休。第二天，先生就问谭嗣同："你家的婢女用人如此辛劳？"当谭嗣同告诉他是自己的母亲时，家塾先生大为惊叹："你父亲在朝为官十余年，位居四品，你的母亲却没给自己放松享乐的时间。如果你们嬉戏惰学，不思进取，又怎能做到心安？"

从那以后，谭嗣同变得愈发勤奋。每当怠惰偷懒时，机杼声便会在耳边响起，让他不得安宁。他不仅白天用功，晚上也温习功课。琅琅的读书声和母亲摇动纺车的轧轧声交织在一起，如同优美的夜曲。如果有可能，谭嗣同宁愿像母亲那样，做一个对自己近乎苛刻的自食其力者。

谭嗣同七岁那年，他的大哥嗣贻娶婆浏阳黎氏之女，徐夫人挈长子返浏阳完婚。因路途遥远，旅行不便，遂将谭嗣同留在北京。临行之日，谭嗣同和家人到卢沟桥为母亲送行。这是他第一次远别母亲，谭嗣同强忍泪水，默然无言。

那时的他虽然只是一个七岁的孩子，却比同龄人情感来得浓烈。母亲走了好远，回头看他，他仍站在那里不肯离去。母亲离开后的一年中，谭嗣同思亲难抑，生了几场大病，形容消瘦。待到第二年母亲回京，看见他瘦骨嶙峋的样子，不由心疼，问他是否想念自己所致，他却想到当初与母亲的约定而矢口否认。不苟言笑的徐五缘也被儿子乖巧惹人怜的模样逗笑了，颇为欣慰地对旁边人道："此子倔强能自立，吾死无虑矣！"

徐五缘嘉许了儿子，这个倔强自立的女人将自己身上的人性之光投射于儿子。你若自立，我便死得安心，她用极度的不安全感勉励谭嗣同自立。谭嗣同后来养成的一身傲骨皆源于此，而凡事易张难弛也变成肌肉记忆存储于他的身体。无论何时，谭嗣同始终保持着一种孤身立于危地的凛冽之势。

母子间其乐融融的温情画面，永远都无法定格。随着父亲谭继洵地位的不断攀升，谭家内部原来比较简单的人际关系变得复杂起来。当时的封建官僚和商贾，都有买妾的风气。《李兴锐日记》中就有谭继洵为李找妾的记载："敬甫知余将置妾，而择年在二十五岁上下。适有送婢求卖者，敬甫邀余一看，遣之去。"置妾不同于娶妻，带有浓厚的买卖性质，妾的出身也往往比较低下。置妾，大多时候置的不是情感，而是门面。科举的成功使谭继洵获得了入仕的资格，意味着他的儒生地位得到了朝廷的承认。而与之相匹配的享乐成本也水涨船高，纳妾算是功名之士的标配。更何况还是京官，生活上的配置更是马虎不得。马配鞍，剑配匣，辜鸿铭说的"一个茶壶配四个茶杯"，说的是同样的道理。将女人物化，是那个时代最丑陋的部分，值得用一万吨的文字去批判。

谭继洵到京城为官后，像大多数官僚那样，开始忙着为自己置妾。他完全不用顾及家中发妻的感受，此等境况，谁也说不出什么。而那些在私人生活上无所作为的官员，反倒成为世人奚落的对象。仿佛他们纳的不是妾，而是一件披在身上的华美锦袍，如同插在功名躯体上的一面旗帜。肉身，就像是他们养起来的一件玉器，玉不离身，身不离玉。反复擦拭，日夜揣摩，养出油腻。

成年后的谭嗣同念及母亲，总是愁肠百结。一个女人苦心经营的家庭氛围，在现实世界里不堪一击。她只能像剧情陡变的家庭剧里的女主人那样，保持忍辱负重而又沉默的姿态。同治二年（1863），徐夫人带着子女辗转数千里，从浏阳乡下来到北京。而此时，谭继洵已娶直隶顺天府蓟州（今天津市蓟州区）女子卢氏为妾。卢氏年方二八，比谭继洵年轻二十四岁，他成了谭氏的第一房侧室。在谭继洵所娶四妾中，卢氏年龄居长，聪慧明秀，很快便为这个家庭添上一子，得到谭继洵的宠爱。同治十一年（1872），谭继洵又娶四川女子张氏为侧室，张氏也生有一子，名嗣裘。在谭家，卢氏与张氏分别被称为"大姨太"和"二姨太"。

古人有言："世事短如春梦，人情薄似秋云。"旧时纲常伦理，面目板正，寒气太盛。小妾在旧式家庭里的地位较低，按照旧制，"妾事夫人，如事舅姑"，并规定不得以妾为妻。大红灯笼高挂处，人的心思，密如浮埃，身在其中，谁又能逃脱哀愁。妻妾、嫡庶之间的倾轧，有时会异常尖锐。于是，有些家训中还将此录入其中："素相敬爱之伉俪，因妾生嫌，渐至反目。妇已有子，自可毋庸置妾。先贫后富、先贱后贵者，尤所不宜。"谭家情形也不例外，谭继洵与徐氏算是贫贱夫妻。谭继洵功名无成时，徐氏与他患难十余载，后又随其迁来京城十余年。一个女人能够付出的，徐氏都毫无保留地奉献给谭家。然而经此变化，夫妻之间难免龃龉，感情日渐淡漠。

谭继洵宠爱他的小妾，徐氏自然受到冷落。浏阳会馆里经常会传出徐夫人与卢氏的诟怨声，恨屋及乌，两人间的怨怒很快便转嫁到子女身上。徐夫人在世时，卢氏尚有忌惮，不敢过分造次。谭氏夫妇及妻妾之间的不和，使年幼的谭嗣同置身于幽暗的气氛中。人虽幼稚，却心有不甘，常常生出戾气。人生最初见识到的争斗与凶险，便是屋檐下的亲情。家庭生活对于孩子来说，一饭一蔬，一敬一怒，温润人心，也摧毁人心。谭继洵在京师户部任职十七年，正值"同治中兴"时期。经过太平天国运动和捻军起义的轮番冲击，大清国处于风雨飘摇之中。谭继洵所在的户部是中央政府管理全国户籍和财政经济的机关，在太平光景里，当是京官们求之不得的好去处。可是经过长期战乱，民生凋敝，财政枯竭，又当别论。

谭继洵虽然不是来自社会的最底层，但他身上背负着家族的厚望。或许是苦难的打磨，让他对世事人生有着相对清醒的认识。"谈农政于理财之日，谈榷政于兵燹之后"，从来就不是容易的事。官场就是一个文人最后修炼的道场。谭继洵是个务实之人，处世谨慎，行事稳重，非常人能及。拆东墙补西墙的职务，看上去像是在收拾烂摊子。可是对谭继洵来说，却是最合适的角色。他在户部衙门担任农曹时，曾于人前慨然曰："农曹者，度支所总，国用民生所系也。"

即使做个不入流的七品小官，谭继洵也要让自己做到熟悉掌故、通达机宜、恪守本职。为官，本来就是为人之道。官场混沌，人神鬼魔共存，但官事还是人心镜像，有一套既定的生存秩序，终途还是明心见性。事实证明，一个心细如发的人，通常要比那些粗枝大叶的莽夫更懂得因势利导地解决问题。谭继洵有着高远的政治理想，小小的农曹职位怎能匡定他的才华？他日夜用功，光是专业书籍就储备了数万卷，同时又多方搜集舆论，了解时势，很快便达到了"博综掌故，精熟食货"的程度。在今日之我看来，谭继洵用儒学理想来度量并不合乎理想的时政，是值得怀疑的。而在彼时的谭继洵看来，他所做的，乃理所当然之事，不止一个循吏和名儒曾经这样做过。大学士翁同龢评价他"此人拘谨，盖礼法之士"，喜欢按部就班，凡事不愿为天下先。一个中规中矩的、以君子自期的文人士大夫。自适其适，适得其所。在多数人的眼里，他们是没有棱角、谨小慎微的官员。

自古饭碗难捧，君子忧道亦忧贫。一身才华换不回三菜热汤，并不是稀罕事。谭继洵的境遇还过得去，为政既不混沌，也算不得清简。十余年间，他先后在户部下属八旗现审处、井田科、捐铜局、收铜局、捐献局、军需局等处任职，他几乎将户部机务尝试个遍。同治十一年（1872），升补户部山西司员外郎，两年后，又升补山东司郎中。

同治十三年（1874）十月，谭继洵奉旨简放坐粮厅监督，驻北京以东通州。直隶通州向来为南北漕运的终点，每年数十万石漕粮在此交卸入仓，以供宫廷消费、百官俸禄、军饷支付和民食调剂，供应着京城所有居住人员的日常食粮，是京师之地与经济重心区域构成空间关系的重要枢纽。办理漕政事务虽然劳体伤身，但也是肥缺，其中营私舞弊、贪污中饱乃常有之事。谭继洵在坐粮厅任上，连续三年因办运出力而受到嘉奖，奉旨专以道员用、赏加二品衔。

谭继洵任职通州不久，全家随之迁往北京以外四十里的通州城。此时，次女嗣淑已于几年前嫁给广西灌阳进士、翰林院编修唐景崶，随唐家住在京城；长子嗣贻正在家中复习功课，准备考举人；而嗣襄、嗣同仍随欧阳中鹄在家塾读书。看到孩子们上进，谭继洵非常欣慰，对他们的教育也愈发上心。月色昭昭，谭家儿女读书喧哗的声音遥遥传来，大地似乎有一种朦胧的回音。

3

光绪二年（1876）春天，京城陷入一种死寂，那是让人濒临死亡的幽寂。空气中一丝风也没有，地上的每个人都浑身流汗，感觉全身成千上万的毛孔都张大嘴巴，拼命地呼吸，每一张嘴巴，都流出有毒的黏稠汁液。一夜之间，一种叫作"喉风"的传染病，恶风似的刮遍京城的犄角旮旯。因缺乏医学知识和有效药物，疫情如虎狼隳突，四处撕咬，有人死去，有人生不如死，全城谈疫色变。在谭嗣同的记忆里，因此病死亡者众多，每日出城的棺材使城门的交通为之阻绝。当时北京城内每年都有恶性传染病出现，只不过没有大规模流行，所以史书不载。凡是记载下来的，都是波及面较大、后果严重的瘟疫。这场瘟疫对于谭嗣同来说，有着非同寻常的意义。

写这段文字时，正值 2020 年的春天。是春天吗？我不敢确定。楼下小区的花开了，一簇簇开得让人心惊。春节以来，我就没出过小区的门，一场名唤新冠的疫情将我困于家中。坐久了起来活动，数着从卧室到客厅八步，从客厅到卧室八步。走多了，让人心浮气躁。从每个晨昏颠倒中醒来，下意识做的第一件事，就是打开手机关注疫情数据的变化。手机不敢拿久，各种信息让人如临深渊。除了恐惧，还是恐惧，人的其他情绪能力突然都失灵了。事到临头才发现，我可真是个惜命的人啊！还好文字可以修改，使它事后看上去呈现出一种虚假的太平。可见文字比人心更不可靠。纵观历史，人类文明总是与瘟疫相伴而行。疫病，从来就是人类的天敌。它掀起的灾难如同一面镜子，照见人性的光辉，也照见它的丑陋。

谭嗣同事后也写：光绪纪元二年春，京师疠疫飙起，暴死喉风者，衡宇相望。城门出丧，或梗塞不通。瘟疫暴发不久，已经嫁作唐家妇的谭嗣淑染上了"喉风"，病情很快恶化。唐家人害怕被她传染上，不敢近前照看。徐夫人闻讯，爱女心切的她立刻带着大儿子谭嗣贻由通州进京照料。本来"喉风"是白喉杆菌引起的急性传染病，是由病者飞沫或别人跟他直接接触而传染的，应该进行隔离治疗。可是徐夫人和谭嗣贻等却缺乏这种卫生知识，恐怖的瘟疫也没有放过这个善良的女人和她的孩子，徐夫人与长子谭嗣贻也相继病倒。

几日之内，徐夫人和她的两个孩子相继离开人世。

一月二十九日，年仅二十二岁的谭嗣淑病亡；

二月一日，徐氏病故，终年四十八岁；

二月二日，年仅二十三岁的谭嗣贻也病亡。

虽说人生枯荣，是常事也是大道，但人世间最痛苦的事莫过于至亲之人的离去。真个是"五日三丧"，谭家陷入绝望之境。对于尚未成年的谭嗣同来说，亲人的相继死亡成为横亘于他心头的阴影。然而，灾难向来欺负人，它从不怜悯人。十二岁的谭嗣同也病倒了，气息奄奄，生死难料。一波未平一波再起，家里又出现了天花，嗣裂也撒手人寰。谭继洵本人和全家其他人也都患病或身体不适，人人自危，如陷命运的深渊。

谭继洵在写给兄长继升的信中用绝望的语气哀叹："此时弟病，颇觉自恐，又传赞（嗣贻之子）、嗣嘉、嗣裂，均出麻疹；少奶奶、第二妾、嗣彭（即嗣襄），体均不适，此刻诸事，无人料理……弟此时苦况，不可言！不可言！"谭继洵自觉活不下去，他忧虑的是，自己死后，家也就跟着散了。徐夫人不在了，两个小妾又向来不和，将来恐怕难以共处。在这种心情驱使下，谭继洵甚至为自己拟好了一份遗嘱，并将后事托付于长兄谭继升。谭继洵还将家产做了分割：田产银钱，作四股均分：传赞一股，归少奶奶（嗣贻之妻黎氏）承管；嗣彭一股，伊自承管；嗣同……亦分一股，归大姨太（卢氏）承管。他甚至为两位年轻的姨太太想好了退路，愿守则守，愿嫁则嫁。不愿守节者，帮她寻好人家嫁了，不可索聘赀，其衣服首饰，均令其带往，每人再各给陪嫁礼金五百两。谭继洵也算是个情长之人，由此可见，他对两个小妾有着发自内心的宠爱。

谭嗣同的病情极为凶险，死神游荡于头顶上方三尺，几欲落下。谭继洵开始张罗为谭嗣同立从子。还没结婚，不能绝后。由于害怕传染，谭继洵带领全家在通州另外赁屋居住，谭嗣同处于半隔离状态，只留下卢氏在坐粮厅衙署照看。据说卢氏生怕传染到自己，对病入膏肓的谭嗣同不闻不问。"喉风"肆虐之下，丈夫尚且不敢靠近发妻，卢氏作为庶母，不愿近前照顾染病的谭嗣同，似乎也在情理之中。世事不堪，使得人间的真情也打了折扣，更何况那些本就不牢靠的感情。

谭嗣同独自躺在床上，三天三夜昏迷不醒，滴水不进，在死亡的边缘徘徊。所有人都断定他万无生存之希望，没想到这个十二岁的浏阳少年竟有如此坚韧的生命力。他在那个苦寒无比的春天苏醒过来，如草木再生、燕雀北归，让人感到不可思议。很多年后，那个睁眼醒来的早晨历历在目，让当事人感念不已。

谭嗣同苏醒过来，面对母亲和兄长、姐姐的离世，他悲恸万分。光影纷乱，时空不在，肉身被一股寂灭环绕，是大悲苦，是大哀愁。睹物思人，他真真切切地感受到，母亲不在的家，已算不得真正的家。陪伴在谭嗣同身边的是他的老师、浏阳学者欧阳中鹄，为他熬药喂汤，纾解情绪，让他的身体慢慢康复。谭嗣同自一月下旬开始发病，直至四月中旬还无法起床，可见病情之严重。关于这场灾难，谭继洵写道："幸嗣同于万死之中，幸获一生。"他对嗣同奇迹般复活感到兴奋，也感到意外。死而复生，人岂有两条命乎？不，应该是生而复生，这孩子将来或许能有一番作为，谭继洵沉浸于对儿子未来的美好想象中。为此，他给谭嗣同起了一个表字，叫作"复生"。

对于生而复生的谭嗣同来说，真正的人生悲剧才刚刚开启帷幕。那日，我读刘亮程的小说《本巴》。那里每个人都二十五岁，没有衰老没有死亡。大人在游戏中变成孩子，最终回到母腹。于是，想到谭嗣同。他的生而复生，他的早逝，都像是活在江格尔的本巴地区。可现在，他的母亲死了，他又该回到哪里？

徐夫人过世后，谭继洵虽碍于封建礼教，没有将卢氏扶为正室，但赋予其处理家务、照管嗣同兄弟的责任，卢氏取代了徐夫人在家中的地位。待到谭嗣同从死亡的边缘苏醒过来，环顾四周，发现家中已不复往日温情。朝夕之间，自己在这个世上失去了三位至亲之人：母亲、大哥和二姐。母亲的位置由卢氏取而代之，自己的一言一行都要在她的管制之下，看她的眼色行事。谭嗣同在自家的屋檐下失去了精神庇护，这种突如其来的伤害将伴随他的一生。

死亡之神在谭嗣同心灵上投下的阴影，让年少的他体验到了命运残酷的一面。时隔六年，当他从京城回到浏阳老家，仍悲痛难抑地写下"谁知骨肉半人鬼，惟有乱山终古青"的沉郁之句。当时空转场，所有真实发生过的情感会加倍附着于人心。痛者恒痛，快者恒快，时间堵住了所有可能打开的出口。母亲徐夫人的早逝，将谭嗣同推向了早年人生的至暗时刻。心理学研究表明，一个人在童年时遭受的精神创伤就像命运烙下的胎记，一生都难以洗去。谭嗣同在自述中记录那段岁月：为父妾所虐，备极孤孽苦。他说，他心底的忧患，不知该向谁倾诉，它像烈火，不停地焚烧他的心。

谭嗣同年纪虽小，却是一个横逆不顺的孩子，愤愤之情，常形于色，毫不修饰与遮掩。大多数人看来能够忍受之事，他都无法容忍，经常将心中的愤懑表露于外，包括对卢氏的不满。这种不满更多来自母亲在世时，正室与妾室的家庭矛盾。谭嗣同与继母卢氏的关系也接续了这一矛盾，使得他们的关系更加恶化。

人性总是多面的，在趋利避害的情况下，蛰伏在人性中的恶力会异军突起。卢氏见无法压服嗣同，往往会哭着求助于谭继洵。在封建礼法下，卢氏毕竟是继母，而谭嗣同的横逆不顺则有些不近情理。其结果必然导致"复生失欢于敬帅"，父子关系迅速恶化。谭继洵当面训斥嗣同，嗣同的内心是非常痛苦的。他无法理解，也无法接受自己在这个家庭所遭受的不公正待遇。而这一切，被他身边的老师欧阳中鹄看在眼里，但一个外人无力改变这一境况。

人生实苦，咫尺万状。谭嗣同的境遇并不是那个时代的个案，而是封建制度下发生的一幕家庭悲剧，带有普遍性。谭继洵、卢氏和谭嗣同，都是悲剧世界里的悲剧人物。至于这场悲剧的细枝末节，已经被一层层的文字和情绪覆盖，难以见识真面目。

对于谭嗣同来说，家庭的温暖随着母亲的过世而散去。他剩下的少年时光，都将在这种令人痛苦的环境中度过。谭嗣同体验到了世俗生活的冷酷一面，也让他对家庭之间的情感生活产生凄苦的感受。这种感受，谭嗣同很少在其他作品中直接表现，却在他二十四岁时所写的《三鸳鸯篇》中有着肆意的流露：

辘轳鸣，秋风晚，寒日荒荒下秋苑。辘轳鸣，井水寒，三更络纬啼井栏。鸳鸯憔悴不成双，两雌一雄鸣锵锵。哀鸣声何长，飞飞入银塘。银塘浅，翠带结。塘水枯，带不绝。愁魂夜啸缺月低，惊起城头乌磔磔。城头乌，朝朝饮水鸳鸯湖。曾见莲底鸳鸯日来往，忘却罗敷犹有夫。夫怒啄雄，雄去何栖，翩然归来，闭此幽闺。幽闺匿迹那可久，花里秦宫君知否？不如万古一丘，长偕三白首。幽闺人去灯光寂，照见罗帏泪痕湿。同穴居然愿不虚，岁岁春风土花碧。并蒂不必莲，连理不必木。莲可折，木可劚，痴骨千年同一束。

夜深露重，一轮被秋风洗白的残月悬于中天。往事如云，只觉得母亲弃世而去，是因为父亲的薄情寡义。谭嗣同显然是在影射父母情感生活的遗憾，因姜室的介入而成了一幕悲剧。他多么希望这个悲剧能够在现实里得到弥补，但不幸母亲含恨早逝。希望变成了幻想，他只能幻想母亲幸福地长眠地下。人来到世间，最初的收获来自母亲，最初的源头也是来自母亲。人无论如何，也要回到母亲那里。如果不能回到母亲那里，就无法回到天地大道那里。

自己的最初在哪里？母亲生养他，却无法与他坐在这里对话。每念及此，谭嗣同的心里总觉得空落落的。水远山长，音书难寄，本该是无忧无虑的少年时光，最后却变成了不堪回首的噩梦。少年时留下的精神创伤，往往对人的性格产生巨大的影响。如果人的性格有一套破解的密码，打开它的那把钥匙，一定藏在他的童年和少年时期的某个抽屉里。旧时大家庭中，类似谭嗣同经历的少年极多，只有极少数人能够完成精神上的自我救赎。"并蒂不必莲，连理不必木"，"痴骨千年同一束"，这样的句子读来，令人寂寥情伤。

谭嗣同后来在其《仁学·自叙》里提及他的家庭：他从少年到壮年，"遍遭纲伦之厄"，尝够了纲常伦理带来的诸般痛苦，不是活人能够忍受的，好几次差点死去。这段痛苦的经历让他对生命有了新的认识，他更加轻视自己的生命，认为人空有一副躯壳，除了利人之外根本不值得珍惜。很多时候我们认知世界，洞悉人性，往往都是从自身出发。幸好，他有远大的志向，愿意为之奋斗与牺牲。

生忙忙，死茫茫，家庭生活的巨大变故给谭嗣同带来的伤害是铭心刻骨的。人去灯寂，秋凉水寒，泼染了他性格中的悲怆之色。小小年纪，陡然生出与年龄不符的忧患。春风秋雨，幽鸟啼霜，深沉的忧苦不时袭来，让小嗣同痛彻心扉。"夫忧伤之中人，有飘忽冲荡，缠沈盘蛰，挟山岳之势，挈烈风雷雨之暴，举血气心知所能胜以干事者，猝不能当其一击。"后来谭嗣同的诗文中出现的悲苦之音，大多与此经历有关。

但谭嗣同并没有在精神痛苦中做一个彻头彻尾的迷失者，生活的突然变故反而激起了他的抗争意识，并转化为性格中坚硬的部分。同时，他感受到来自封建礼教的束缚与捆绑，在他幼小的心灵深处，埋下了怀疑和反抗的种子。

微信扫码
壹 电影《谭嗣同》 贰 音频故事集
叁 重读近代史 肆 读者交流圈

第二章

功名之途：揉搓出几根侠骨

1

谭嗣同出生两年后，其父谭继洵买下了宣武城南库堆胡同的一所房屋为宅邸。此宅原为谭继洵的座师刘崐（韫斋）故宅，老师以廉价转让于学生。至此，谭继洵任京官七年有余，终于在京城拥有了自家的房产。于是，谭嗣同随家人从烂缦胡同迁往后来被称为"浏阳会馆"的新居。浏阳会馆坐落于菜市口北半截胡同，是一所坐西朝东的大宅院。它由前后三个相连的跨院带一个小跨院组成，共有大小房屋四十余间。前院是一个标准的四合院，院中有两棵长势繁茂的老槐树，树冠覆盖小院上空，花开之际，香气四溢。

进得浏阳会馆的月亮形大门，可以看见五间西房，这是会馆的正房，为谭家主人所住，正中三间就是后来谭嗣同所称的"莽苍苍斋"，两棵老槐树就位于正房门前的两旁。会馆的后院辟有后门，可通南半截胡同，后院中有一棵枣树，每到深秋，树上结满了通红的枣子，为小院增添了不少生活气息。浏阳会馆成了会聚浏阳籍在京人士的重要集会场所。从此浏阳人进京赶考、觐见及办事，时常在此停留居住，喝酒畅谈，暖意融融。谭嗣同就是在这所宅院里度过了自己的童年时光。

今日的北半截胡同浏阳会馆借谭嗣同故居的光，得以保留西面的院墙，原来胡同深处的四合院，现在成了一座突兀的临街房子，成为游人拍照留影的地标建筑。会馆外墙贴着暗红色的墙砖，看上去显得不伦不类。在时间的风流云转中，谭家的宅院不知换了几多主人，四合院里堆满了杂物，那个被谭嗣同称为"莽苍苍斋"的房间也在浮尘世嚣里破败不堪。莽苍苍，是个老旧的词，犹如时间生出的包浆。旧物莽苍苍，古木莽苍苍，天象莽苍苍，文章莽苍苍，莽苍苍也是谭嗣同的生命底色。

谭嗣同在浏阳会馆同两位兄长生活在一起。那是多年后，回忆起来的一场好梦。一觉醒来，活在少年。伯兄嗣贻比他大十余岁。在谭嗣同的记忆里，伯兄嗣贻不爱出门，即使出门也是独来独往，和两个弟弟在一起玩的时候不多。仲兄谭嗣襄比嗣同大九岁，是一个淘气顽劣的孩子，屋脊之上如履平地，旷野之上纵马驰骋。父母责骂鞭打，他却嬉笑以对。他虽然陶醉于自己的游戏世界，但读书也非常聪明颖悟。谭嗣同最喜欢和仲兄待在一起，谭嗣襄会经常带着嗣同策马奔腾，飞檐走壁，丛林探险，尽情享受着欢乐的童年时光。他们是兄弟，更是世上最亲密的玩伴，以及最好的倾听者。谭嗣同回忆说，五六岁时，谭家住在宣武门城南，那时他和仲兄均师从毕纯斋学习。北京的夏日炎热难耐，兄弟二人便在庭院里玩耍嬉戏，以打发枯燥的夏日时光。每次仲兄离去，形单影只的嗣同便会情不自禁地放声大哭。

谭嗣同在浏阳会馆开始了他的启蒙学习，谭家办有私塾，先后请了毕纯斋、云南杨先生和大兴韩荪农等老师来给嗣同兄弟上课，私塾设在浏阳会馆内。待到八九岁时，谭嗣同和伯兄嗣贻、仲兄嗣襄读书于北京宣武城南，塾师是韩荪农。他后来回忆起：（宣武）城南，地绝萧旷，巷无居人，屋二三椽，精洁乏纤尘。后临荒野，南下洼。在那个与市井喧嚣隔绝之地，谭嗣同与他的哥哥在此学习。树荫繁密，窗影幢幢，书影也幢幢。偶然有蜻蜓、蝴蝶，或者叫不上名字的飞虫落于案头，伸手欲捉，振翅而去，让人一阵痴茫。

南下洼原本是八旗校场，地处现今的北京南站以北。在北京工作期间，有段时间，我经常从南站接人路过此地。每次经过，总会匆匆一瞥。谭嗣同活在时间中，也活在空间中。以老北京城论，这里算是城外，如今这里却是寸土寸金。经过那里，已经领略不到谭嗣同所说"雉堞隐然高下，不绝如带，又如去雁横列，霏微天末"的景致——早已物非人也非，一叹。还是回到谭嗣同的南下洼，况味也像床边那一册《莽苍苍斋诗》，有无上清凉。广袤数十里的荒野，坟墓累累，白骨纵横。地上还摆放着一些没有掩埋的灵柩，经过风吹雨打，棺木已日渐腐朽而露出窟窿。荒野里蔓草芊芊，白杨挺立，一片萧索凄寒的景象。每天晚上，谭嗣同在窗下读书，窗外夜风簌簌，拼命抽打着旷野里的林木，间杂着鸟兽的啼鸣，混合成令人恐惧的鬼哭狼嚎，年幼的谭嗣同不禁毛骨悚然。彼时，他便会跑到两个哥哥的身边，寻求抚慰。

每当清明时节，宣武城南成了人们凭吊先人的地方。在谭嗣同幼小的心灵深处，那个平日里的幽静之所，呈现出人世间另一幅凄然惨绝的画面：哭声响彻旷野，纸灰时时飞入庭院。孝子贤孙带着鸡酒饭食来此祭拜先人，但见板车上蒙着白布，纸钱挂满树枝。男人和女人身着白衣，头顶素冠，伏地哭祭。他们越哭越伤心，良久乃去。眼见得有少妇领着幼子，伏地哭不起，便知这人间又添了一座新坟。若是遇上道士超度亡魂，又是一番排场："真宗徽宗唐太宗，到头不免一场空。秦王楚王及汉王，终抛白骨到黄土。顺风观世耳，世事永扬长。山中只有千年树，世上难逢百岁人。"

年幼的谭嗣同，虽然不解生死玄机，但长期置身于"少人而多鬼"的环境中，难免心情沉郁，无惧生死。连他自己也说，和两位哥哥在良辰美景处玩耍乃人间喜乐事，但每次见到哭丧扫墓的景象，又会心生悲凉。无法想象：八岁的孩童，坐在荒冢毗邻、纸灰寥落的书院里读到"日暮狐狸眠冢上，夜归儿女笑灯前"，是何等狐气鬼气弥漫的画面。谭嗣同哽咽不能成诵。塾师惊问其故，他又不知从何说起。在世人看来，深不可解的忧愁，早就降临在多愁善感的小嗣同身上。他的思想超过了同龄人，变得深沉，变得敏感，这让他在很多方面与一般的孩子不同。

谭嗣同的启蒙老师是毕纯斋，湖南长沙的举人，因屡考进士不第，乃捐资为员外郎。他曾在户部任职，是谭继洵的朋友。此人学识渊博，兴趣广泛，主张多读有用之书。所谓有用之书，并不限于功名之学，而是知识的实用主义。他并不拘泥于八股，还给谭嗣同兄弟讲解勾股算法。他经常登临高原，勘察地形，爱好观测天象；平日还喜欢泼墨山水竹石，笔下气象不凡。毕纯斋教嗣同识字，讲解四声（平、上、去、入四种声调），并教其属对（字、词、句的对偶技巧）。谭嗣同幼时已显露过人的禀赋，他"五岁受书，即审四声，能属对"。"云对雨，雪对风，晚照对晴空……两岸晓烟杨柳绿，一园春雨杏花红"。练习属对是学童的必修课，是撰写诗词骈文的根基。

毕纯斋返回湖南后，谭家又先后延请了云南杨先生和大兴韩荪农先生来私塾授课。教授内容也由启蒙读物改为《四书》（即《论语》《孟子》《大学》《中庸》）。这些教程是当时私塾的通用教材，也是学作八股文应付科举考试的基础。在父亲和塾师的严厉监督之下，谭嗣同兄弟夜以继日地诵读。南下洼有不少名胜古迹，周边有龙泉寺、龙爪槐、陶然亭，那里风景秀丽，建筑古朴，吸引着不少游人。谭嗣同在读书感到疲乏时，央求两个哥哥领着他去游玩。他们兴尽而归，又继续捧起书，高声诵读，读到声嘶力竭才停下。两个哥哥在旁边凝神构思，训练八股文，他静静地坐着写字，或联缀对偶句。每天的读书生活，周而复始，繁重而又枯燥。兄弟形影相对，度过了许多百无聊赖的寂寞时光。

因谭继洵功名高悬，北京浏阳会馆因而成为浏阳籍文人学士的荟萃之地。每逢京考前后，来自浏阳的学子们在此共聚一堂，促膝论文，畅想美好前程。旧时文人的背影并未走远，他们亦步亦趋。暮雨青衫，西风流年，尘世所求无非"稳妥"二字。世间的稳妥，从来不是稳求稳妥的。往来于此间的，不乏后来的知名人士，如刘人熙、欧阳中鹄、涂启先等浏阳学者。谭嗣同在这里与他们初次见面。由于当时年纪小，谭嗣同并没给他们留下多少印象。反倒是两位接近成年的哥哥，给人留下了深刻的印象。涂启先回忆说"泗生（嗣襄）伯仲皆吾浏后来之秀"，"泗生（嗣襄）长兄癸生（嗣贻）恂恂儒雅，多究心当世事"。

宣武城南的童年时光很快就翻篇了，事后回忆起来，让人觉得那只是午间小憩，醒来后，懵懵懂懂有些恍惚，起身撒了泡尿，睡意不再，时间也倏然而逝。在城南的书院中走动，看见一个个人影晃动的窗格。记忆里，塾师携一卷破书，带着微醺的醉意，脚步踉跄，青色长袍上补了许多补丁，潦草得像末世秀才的诗文。"明明城南，如何云忘？城南明明，千里恻怆！"那真是一段美好而又令人痛楚的回忆，谭嗣同用一生将其珍藏于心底。

谭嗣同十岁时（同治十三年，1874 年），遇到了他生命中最为信任的老师欧阳中鹄。人与人，从来都是机缘造化，志趣性情不一，即使有缘相识，也是风貌迥异。这一年，欧阳中鹄来到北京。因其父和谭继洵是好友，便去拜访谭继洵，谭很是高兴，将其留于家中居住。七月间，欧阳中鹄在朝廷考授内阁中书。谭继洵很是看重，便邀请他来府上教嗣襄、嗣同读书。

君自故乡来，应知故乡事。故乡事，便是浏阳事。浏阳士子所谓的浏阳事，不过是纸上的江山、思想的疆域。浏阳思想界在十九世纪晚期仍有朱学与王学之分（即朱子学说和王夫之学说）。早在乾嘉之际，汉学已压倒宋学，煌煌然如日中天。然而日至中天，接踵而来的总是西坠之势。后来使汉学裂为两爿的今文经学与古文经学之争也从这时候开始。透过浏阳学风，可知宋明理学仍是构成谭嗣同思想背景的重要一环。在谭嗣同的几任老师中，欧阳中鹄任教最久，对他的影响也最大。欧阳中鹄，字品三，号节吾，又号瓣姜，生于道光二十九年（1849）。谭嗣同对欧阳中鹄极为敬重，用欧阳中鹄的话说，学生谭嗣同敬他"如子之敬父"。欧阳中鹄平生为学最推崇王船山，其号有"王夫之崇拜者"之意。欧阳中鹄自号"瓣姜"，"瓣"指庙中烧香一事，"姜"则指王夫之号"姜斋"。船山者，湖南衡阳人。让我们将时间回拨到崇祯十五年（1642），王船山在那一年乡试中举，正准备来年上京会试，中进士，入翰林。谁知一觉醒来，天崩地解，日摇月坠。李自成、张献忠从陕西揭竿而起，迅速席卷大半个中国。崇祯十七年（1644）三月十七日，李自成攻入北京，崇祯帝自缢，明朝灭亡。随后，满清入关，清世祖福临在北京即位，建元顺治。

时任岳麓书院山长、船山的老师吴道行选择了舍生取义、杀身成仁，不食而卒。先生之死如利刃剖心，船山悲恸至极，愤然写下《落花诗》：歌亦无声哭亦狂，魂兮毋北夏飞霜。蛛丝罥迹迷千目，燕啄香消冷一房。无声哽咽，长歌当哭，王船山不仅是在惋惜一个破碎的时代，祭奠一个覆灭的王朝，更是在哀悼一种沦丧的文化。他潜回衡阳，筑起湘西草堂，隐居下来。故国余魂，残灯绝笔，他在石船山下以"顽石"自居，埋首书卷。用四十年时间，留下皇皇巨著《船山全书》，可谓穷极宇宙，包罗万象，天人古今，无所不涉。因为有幸没有湮灭，好文章兀自勾魂摄魄，才会影响一代代人。梁启超说："其学无所不窥，于六经皆有发明，洞庭之南，天地之气，圣贤学脉，仅此一线耳。"从魏源到陶澍、曾国藩、郭嵩焘、左宗棠、彭玉麟……他们无不从船山学说中直接或间接获取启迪。

欧阳中鹄经常伏案夜读船山学说，只读得惊心动魄，如芒刺在背，不敢不有所忌惮。他认为王船山在儒家诸子中，"沐日浴月，紫阳外，止此一人"。欧阳中鹄最为看重王船山的《俟解》一书，认为其深切透彻，识见脱俗。学术上，欧阳中鹄反对门户之见，主张广采博取。他不满汉、宋学将天下士子导向门户之争，以致党同伐异。而在文学上，欧阳中鹄反对"以文求文"和"以诗求诗"，并对当时的桐城文派提出批评。他对儒家"诗教"之说并不苟同，认为温柔敦厚并不是诗文的全部特质，言由心生，诗也应由心生。由其诗文窥见其怀抱："登高望中原，滔滔将何之。吾道命千载，生当履霜时。盛衰有定理，生前悟来兹。天运苟无变，何为阴阳疑。一醉解百忧，尊酒惟自持。"

　　欧阳中鹄于同光年间，目睹家国之变，见识世道之殇，内心充满了爱国忧世之情。在他看来，唯有读经重礼，学以致用，才能挽回颓世人心，澄清天下污浊。他虽有志于世，抱负不凡，但会试屡试不中，仕途坎坷，大半生是在授徒和幕僚生活中度过。他与各省官绅有不少交往，师友的揄扬相传，使其在部分官僚和士大夫中声名鹊起。虽然身处艰难困顿，但他并不气馁，寄希望于诸位弟子。谭嗣同是欧阳中鹄最看重的弟子之一，师生二人一直保持着频繁的通信关系。谭嗣同身上的爱国情怀、民族大义、社会责任、仁爱之心，都少不了欧阳中鹄为其打下的底色。

　　刘人熙是谭嗣同几位老师中最具影响力的，但此为后话。待到辛亥革命后，刘人熙将在湖南的政治、教育领域扮演重要角色。欧阳中鹄与刘人熙的关系密切，彼此之间不仅以君子相待，互相推崇，而且结为儿女亲家。刘人熙曾说，他的学问是从艰难辛苦中得来，不如舍人（欧阳中鹄）天资高朗。谭嗣同二十四岁投学刘人熙，刘人熙已高中进士，他还曾以湖南乡试第一而闻名。欧阳中鹄离京返湘后，仍与在京师的刘人熙保持密切联系。此后，刘人熙讲学于京师，欧阳中鹄讲学于湘中，一北一南，遥相呼应。

　　欧阳中鹄与刘人熙都信奉程朱理学，推崇王船山，服膺儒家伦理，关注世道人心。但欧阳中鹄反对门户之见，思想开明宏阔，主张经世致用；刘人熙则严守儒家道统，排斥一切异端，拒人于千里之外。他们都注重实践，但刘人熙要的是修身自治，个人道德践履；而欧阳中鹄则强调要将思想主张实施于社会，付诸政治实践。在友人和弟子的眼中，他们期望欧阳中鹄能够成为曾国藩和胡林翼那样的官场实干家；而对刘人熙，则以康熙朝理学名臣陆清献、汤文正相期许。

　　谭继洵与刘人熙的关系略有波折。他们是三十年的故交旧友，平时以礼相待。谭继洵赴任甘肃之后，与在京师任职的刘人熙始终保持联系。虽相隔千里，仍经常致函问候，逢年过节馈赠炭敬，以示尊重。光绪十六年（1890），谭继洵就任湖北巡抚后，身处河南的刘人熙致函谭氏表示祝贺，并用自己的亲历，告诉他湖北征收厘金税的危害，让他革旧布新。谭继洵收到信后，大怒道："他（刘人熙）教训我，我何用他教训！"

刘人熙好心好意，却碰了一鼻子灰，不禁失望道："今后知此人不可与言也，吾失言矣。"尽管如此，刘人熙对谭嗣同的影响还是深远的。谭嗣同在作《仁学》之前的作品中，其论调几乎与刘人熙如出一辙。马驰率风，风跟随马，马带着风。马如此，风如此，人如此，文章亦如此。在论述相同问题时，谭嗣同经常借鉴刘人熙的词句，可见受影响之深。不同的是，刘人熙将中国传统文化看得高于西方近代文明，认为中国在政治制度、伦理道德等方面都比西方优越，而谭嗣同能够承认西方科学技术先进及其在现实中的作用。他们都欣赏王夫之著作，但各有偏好，侧重不同。

谭嗣同还有一个老师涂启先，太平天国之乱初期，涂启先因组织十村乡勇抵抗而名噪一时，称誉乡里。其一生，大半时间在家乡办理团务。四十岁考取略低于举人的优贡生功名，获得进京参加殿试的资格。虽然未能获得知县职位，但被录取为最高学府"八旗官学"汉教习，拥有从七品官衔。涂启先却以"老母多病，需回家尽孝"为托辞，返回浏阳。人要实现抱负，就像是胸中蕴藏着一股奇特的气息，不为外人所解。涂启先一心要以科举正考入试，怎奈时运不济，屡考屡败。心灰意冷之下，决意不再参加科考。随后，他开馆收徒，或辗转于浏阳南台书院、长沙城南书院、岳麓书院等处任教。他和欧阳中鹄、刘人熙合称浏阳三先生，而谭嗣同先后师从三先生，成就一段儒林佳话。浏阳士人是谭嗣同接触的第一个文人群体，也是历史赋予他的第一笔精神财富。而如何吸收、消化，也是他所面临的一个重要问题。

2

繁霜夜降，人事辗转，就连门庭前植下的一株枫树也会因季节换了妆容，改了颜色。我们继续打量谭嗣同的少年时代，不难发现，"在路上"是他成长的关键词。古人书剑飘零，游历四方。名士脱俗，圣人超凡，从来不是一蹴而就。他们必须越过河流、山岗、集镇、荒漠，最后才能抵达某个地方。那个地方，既是物理意义的处所，也是精神层面的支撑。谭嗣同也不例外。我们寻找他，又何尝不是在大地上寻找一条道路，直抵他的来处与去处。天空还在，明月还在，想象着，一个身着青灰色衣服的青年，背着琴剑书箱，满面风尘从时间深处走来。马的铁蹄声踏在驿道上，老远就能听得见。车行辚辚，日夜蜿蜒不停，渐行渐北。

光绪三年（1877），谭继洵由户部郎中外放甘肃巩秦阶道。所谓"巩秦阶道"即管辖巩昌、秦州、阶州三个州的道员。这是省以下，府、州以上的高级行政长官，谭继洵被授予二品官衔。京官外放，品级不低，自然是值得欢喜的事。

谭继洵在京为官十七年，还从来没有华服乘马，荣归故乡。此次外放，他离京陛见时特意提出"拟告假回籍修墓"，获得批准，给了他一年的假期。老马识途，半百已过的谭继洵亦识途，不过谭继洵是官，官威近虎。大人坐拥权位，变化如虎，虎威抖擞。古书称虎威是老虎骨头，如乙字，长三寸许，在肋两旁的皮下，尾端亦有之。取而佩之，临官而能威众，无官也能辟邪。为官不还乡，无异于锦衣夜行。谭继洵携全家离京返湘，嗣同随行，暂时结束北京的生活，回到家乡浏阳。这是谭嗣同第一次回到故乡，也是第一次远行。他们取道天津浮海经烟台至上海，坐船溯长江经江苏、安徽至湖北，又坐船溯长江泛洞庭，溯湘江至长沙，再坐马车至浏阳。他们到达浏阳时，已是冰封大地的深冬时节。

谭继洵在浏阳置办的田产主要由兄长谭继升代为打理，浏阳县城北门建造的这栋颇为宽敞的房屋便是谭继升帮助监造的。次子谭嗣襄自护送母亲徐五缘等家人的灵柩回浏阳安厝后，就居住在这里。谭嗣同第一次回浏阳，虽有丧母之痛淤积心底，但见到久别的仲兄，心情随之大好。

初次踏上乡土的谭嗣同，对眼前的一切并不感到陌生，好像生来就属于这里。山存厚德，水见灵性。山有一股执拗，水常常温柔婉约。母亲在世时，经常会向他们兄妹说起浏阳的风物。浏阳县城的周围，都是巍峨而幽邃的山岭，即使是冬天，密密匝匝的松林和高大的樟树在朔风冰雪中兀自挺立，不改苍翠的面目。溶溶的浏阳河，从县城的南面流过，在清冷的日光照射下，水面泛着凛冽的光泽。载着货物的船只像是有人在暗中拨弄，循序而行，往来不绝。岸滩上晒着一匹匹漂洗过的、用经线和纬线织出的夏布，让谭嗣同不由想起生前经常熬夜织布的母亲。母亲已经不在人世，没有母亲的故园，虽然美如画，但在他看来也有几分凄凉。

浏阳城的街道上，人们熙来攘往，虽比不得京城的繁华，但因靠近年关，总会比平日热闹许多。城东南的孔庙，是按照宫殿的规制建造的，碧瓦红墙，檐牙高啄，显得庄严而雅丽。这一切，都深深吸引着远方归来的游子谭嗣同。

光绪四年（1878）春节后，谭继洵敦请从北京回来的欧阳中鹄来家中教谭嗣同读书。此次回乡，谭继洵还有一件极为重要的事情要办，那便是将亡妻徐五缘的灵柩葬于南乡唐家铺对门石山下。世上事纷扰熙攘，死亡却十分冷清。让谭嗣同感到欣慰的，是父亲请欧阳中鹄给母亲徐五缘写了一篇墓志铭。在墓志铭中，欧阳中鹄称颂徐五缘："夫人恭俭诚朴，居尝阃内肃然，家人皆秩秩有法，以是心常敬之，窃谓其有古贤女之风。"寥寥数笔间，一个律己、治家皆严格的妇人形象跃然纸上。或许是由于徐氏在谭继洵处得到的敬畏多于爱宠，这使她持家之时难以放下姿态，轻松上阵。

人的死亡，不只肉身消失，时间也在消失，就像徐氏，她从浏阳出发，再回到浏阳，属于她的时间也随之消失。魂兮归来，县境的许多乡绅和亲朋纷纷前来吊唁。在来宾中，谭嗣同认识了比他小两岁的唐才常，两人一见如故，促膝长谈，很快成为知心朋友。少年情谊最珍贵，有赤诚，有质朴，又多了几分新鲜。

唐才常央求父亲唐贤畴（时在县城设馆授徒），让他也拜欧阳中鹄为师。于是，谭嗣同和唐才常同窗共砚，他们在欧阳中鹄的教导下，度过一段美好的求学时光。唐才常与谭嗣同由此成为同窗至交，并称为"浏阳二杰"。谭嗣同后来在信中亲切称唐为"绂丞同门"。

谭嗣同在浏阳老家的恬适时光并没有维持多久，父亲又要前往甘肃赴任。起程的那一天，谭嗣同和唐才常这对小伙伴，互致慰勉之言。他们没有想到，短暂的交往时光会影响彼此的一生。谭继洵带着卢氏、谭嗣同和幕客仆役等从浏阳坐船出发，谭嗣襄随船送行。他们由水路至湖北襄阳登陆，雇车往陕西。彼时襄阳缺乏马车，好不容易才雇到一辆。但因行李沉重，车子行进缓慢。行了一阵，马累得停了下来。正彷徨无策时，谭嗣襄雇了一辆马车赶到。他将行李分载于二车，待到马车前驰后，才向父亲和弟弟等告别返回。谭继洵一行冒着酷暑赶路。他们来到陕州（今河南省三门峡市境内）后，遭遇了一场大灾难：陕西、河南一带发生严重的旱灾，赤地千里，饿死的人不计其数，尸骸散落沟渠，造成了大瘟疫。谭继洵一行多人感染了疾疫，除有两个幕客和十多个仆役死亡外，谭继洵也病得很厉害。有一个叫刘云田的幕客，为了使谭继洵的病脱离险境，就到附近请医师诊治，有时他在夜里打着火把到十里外的地方去买药。他在路上踏着死尸，经常会被绊倒，火把熄灭，爬起来继续摸索前行。等到刘云田跌跌撞撞买药回来，两脚和膝部都受了伤，鲜血淋漓。由于医治及时，谭继洵的病逐渐痊愈。一行人在路上走走停停，从春天出发，一直到九月才抵达兰州，回抵秦州。

故乡飘已远，往意浩无边。若不是因为谭嗣同，还有谁能够有心去打捞一个晚清官员千里赴任的行迹。秦州（今甘肃省天水市）"固陇中一大都会"，位于甘肃南部，陕、甘、川、青四地交界处，地理位置十分重要。谭继洵抵达秦州上任时，新疆已基本平定。这场发端于同治六年（1867）左宗棠进军陕甘，到光绪三年（1877）刘锦棠收复新疆，平定西北的战争持续了整整十年。

在镇压陕甘回民起义，平定甘肃、新疆的过程中，形成了一个以左宗棠为首、以刘锦棠为骨干的西北湘系集团。谭继洵到任后，由于乡谊和部属的关系，很快成为这一集团中的中上层成员，受到左宗棠以及陕西巡抚谭钟麟的信任和重用。谭继洵来此的主要任务是安定地方，妥善处理战后遗留问题，恢复遭到破坏的地方经济生活。

谭嗣同被父亲安顿在道署读书，他虽不情愿固守儒学，但难以获得自由身。他这一时期偏向于阅读方苞、刘大櫆、姚鼐等桐城派的古文和李贺、温庭筠的诗，对于时文制艺，他仍觉得食之无味。所谓功名之学，他一直比较排斥。他与人谈论皓首穷经的儒生时，总是带有极大的蔑视口吻，斥之为"鄙儒""腐儒"，而对自己不得不与之为伍而感到莫大的侮辱和悲哀。他恨不得弃文从军，化身为沙场战士。就像他在诗里写的"是知白璧不可为，使我奇气难英多。便欲从军弃文事，请缨转战肠堪拖。誓向沙场为鬼雄，庶展怀抱无蹉跎"。谭嗣同沉迷于自己的观念，似乎不太顾忌身边、在场、当下。

他的父亲谭继洵恐他因缺乏名师教导而荒废学业，便于光绪五年（1879）夏，命他回浏阳跟着地方学人涂启先学习。谭嗣同从秦州启程，回到浏阳时，已是西风萧瑟的秋天。仲兄谭嗣襄见弟弟回来，非常高兴，让他休息几日，便领着他到涂启先那里去读书。文生于道，道不离本。所谓文人之道，即生活本身，生活即文章。按照一些人的说法，热爱生活即犬儒主义者。那样的话，我所仰慕的李白、苏轼、张岱、李渔都要被拾进犬儒主义的箩筐里。好吧，让我们再重新认识一下涂启先，不然不足以认识谭嗣同。涂启先，字舜臣，出生在浏阳大围山。大围山地处荒僻，远离县城，与外界沟通不便，颇有些世外桃源的感觉。城里的人都耻笑大围山人孤陋寡闻，缺少见识，但涂启先却认为，大围山人民风淳朴，性格耿直，有唐魏遗风，所以在大围山兴建大围书院，自号大围山人，以示对世俗的蔑视。涂启先在某种程度上改变了谭嗣同的知识结构，因为欧阳中鹄、刘人熙等人给他讲授的只是儒家经典、八股文和一部分古文，而涂启先除了讲授这些以外，还将文字学、考据学，尤其是自己擅长的史学知识传授于他，令他在为学之路上又开了眼界。谭嗣同在《石菊影庐笔识·学篇》中之所以能对文字、训诂、史传写出一些相当精密的辨析文字，便是受了涂启先的影响。

待到光绪六年（1880）春，谭嗣襄要到秦州看望父亲。临行之日，十五岁的谭嗣同特意赋诗送别，他在诗中深情地吟道：

> 一曲阳关意外声，青枫浦口送兄行。
>
> 频将双泪溪边洒，流到长江载远征。
>
> 碧山深处小桥东，兄自西驰我未同。
>
> 羡煞洞庭连汉水，布帆斜挂落花风。
>
> 潇潇连夜雨声多，一曲骊驹唤奈何。
>
> 我愿将身化明月，照君车马度关河。

在这送别哥哥的阳关曲中，清风浦口的不舍和落花夜雨的相思都化为一轮明月。在那离别之夜，关河难度，冷雨如冻狠狠地砸在两个人的心头。二哥在鹧鸪啼鸣声中踏上遥远的征途，人间有话，说那鹧鸪的鸣声是"行不得也哥哥"。送别二哥归来，孤身穿行于春山烟雨中，谭嗣同不禁生出黯淡幽冷的感怀。不知二哥在经过灞桥时看到风中摇摆的垂柳，可会想起远在浏阳的弟弟。

也难怪，谭嗣襄在读完弟弟的送别诗会泪洒衣襟。他既感动于兄弟情深，又担心弟弟用情伤身。他在诗后写道："朗读一过，令我又喜又悲。盖喜其诗之妙，而悲其情之深也。"情深之人，往往也是容易情伤之人。即便天涯两隔，念兹在兹的还是化不开的浓情。

光绪六年（1880）秋冬之际，谭嗣襄从秦州回到浏阳。他见谭嗣同比春天分别时，已高大结实许多，昔日少年郎已长成一枚世间奇男子。谭嗣同生得说不上多么英俊，胜在眉目凌厉，骨相峥嵘，梁启超说他"面棱棱有秋肃之气"，倒是让人一见之下，不容易忘却。更让谭嗣襄欣喜的，是谭嗣同在学业上的长进，他写信将弟弟的情况告诉父亲。涂启先受谭继洵之邀，为其子嗣襄、嗣同授业，可谓恪尽职守。他带着自己的三子涂儒翿同来浏阳北城门门口谭府伴读，儒翿只比嗣同大一岁。有人寄来聘书请涂启先去主持书院并讲学，也被谢绝。第二年涂启先除了给谭嗣同讲授《周礼》《仪礼》外，还给他讲授《昭明文选》中的魏晋文。谭嗣同对于那些真实地反映社会动乱面貌和抒发作者慷慨抑郁的思想感情而又富有文采的文章，极为钟情，每每高声朗诵，铭记于心。谭嗣同后来回忆这段学习生活时曾有言：我昔日受读瓣姜（欧阳中鹄）、大围（涂启先）之门，受益多多，让我告别了童蒙无知之日。

陈寅恪先生曾说："（古代士大夫）人品地位，实以仕宦婚姻二事为评定之标准……故婚仕之际，乃为士大夫一生成败得失所关也。"仅就谭嗣同所处年月，科举功名仍是决定社会地位升降的标尺之一。它不仅关系知识分子个人的前程，也维系着家族的荣辱。谭继升牺牲自我，将希望之光投射于其弟谭继洵身上，便是最好的说明。如今谭继升和谭继洵兄弟又驱使着自己的子弟投身场屋，征战科场，以博取功名。科考如樊笼，人如困兽，大多数终其一生脱不了困，可叹，亦可怜。

随着年岁渐长，谭家子弟也是各有造化。谭继升的两个儿子（嗣同堂兄）分别以县试第一、二名的成绩考取秀才。然而谭继洵的儿子表现却不尽如人意，谭嗣同的长兄谭嗣贻 19 岁时补县学生员，不幸早逝。而嗣同和嗣襄这两位谭氏家族最为聪颖的子弟，进阶之路走得异常艰难。

谭嗣襄六年间几度报考生员，只落得次次败兴。十七岁的谭嗣同在浏阳追随涂启先读书期间，于光绪七年（1881）曾赴长沙院试。报考生员，结果亦告失利。科举考试必须要学作八股文，谭嗣同虽不得不为之，但内心从来都是拒绝接受的。诚如钱穆所言：明、清两代考试内容，均重经义，而又以朱子一家言为准。既然择定了一家言，则是者是，非者非，既是人人能讲，录取标准又难定。于是于《四书》义中，演变出八股文。其实八股文犹如唐人之律诗。

回顾人类的精神史，每一种新生力量的成长，都少不了暗夜里的痛苦挣扎。每当谭嗣同与那些热衷于科举的儒生相处时，总是难以掩饰言语上的轻慢，他为自己不得不与之为伍而感到莫大的侮辱和悲哀。他说："惟鄙儒小生，惰于殖学，易其速办而捷给，乃独好之。"在一个朝纲解纽的松懈时代，体制已有洪钟喑哑之势，读书人不敢作"狮子吼"，不敢作"大海潮音"，惜身惜命惜利。每日困守于功名之学，追求孤诣奥传的境界，夜晦无人，私挟八寸《论语》相授于人，传弟子数百人。学问如何且放一边，投身者自我感觉良好，雄视四民之首，大有与古今天下才士并立而行的做派。谭嗣同这种态度引起谭继洵的深切忧虑，他在日记中写道："七儿好弄，观近作制艺文，不合式。"他不得不亲自督教。

在一个没有微信和微博传声的时代，谭嗣同的抵触情绪也只能化作嗓门粗豪者的呼声，就连刺破黄沙硬风的能量都达不到。他虽然内心有一万个排斥的理由，但在父亲的严词督促下，又怀揣着一万零一个理由重新回到书桌前。如果说，在此之前，谭嗣同与晚近社会的疏离，来自封建纲常的冲突，那么他对科举制度的不满和怀疑，就是这种疏离的又一种表现。谭嗣同的鲜明个性，也通过这种无力的抗争得到了进一步强化。

3

光绪八年（1882）春，谭嗣同辞别老师涂启先和仲兄嗣襄，前往甘肃。他由浏阳坐船到长沙，又由水路至襄阳，再坐船到荆子关，至陕西境内改走旱路。在夏天，到达秦州。漫长的旅途使年少的谭嗣同尝尽了苦头，也让他的身心得到了加倍历练，沿途的风土人情更是让他大开眼界。此后十年间，谭嗣同曾多次往返于甘肃和湖南浏阳之间。

见到父亲后，谭嗣同将两年来跟随涂启先读书的情况，向谭继洵作了禀告。少年人，只要正直端方，就能让长者心安。谭继洵告诫他应该把精力集中在时文制艺上，不要把时间浪费在与科考无关的学问上。在父亲的安排下，谭嗣同折往兰州，跟随当地擅长八股文的儒士学习，初冬时才返回秦州。虽在父亲和老师的监督下勉强用功，却时时跳出科举考试相关的科目，研读各种与科举考试无关的杂书。更会时时逃出学堂，去干一些嬉戏玩耍不务正业的勾当。兰州之地，天高地迥，如孤身一人闯入广阔世界，不管来路归途，只图自家痛快。

谭嗣同在漫游的过程中，他的父亲谭继洵不断地催促他参加各省的科举考试。谭嗣同虽极不情愿，但一来不能违拗父亲的命令，二来当时的读书人能走的道路也只有科举入仕一途，故而谭嗣同虽不热心，还是于光绪十一年（1885）至光绪十九年（1893）间，先后在甘肃、湖南、湖北、北京等地参加过六次省试，均名落孙山。再次落第后，谭嗣同在朋友面前发出慨叹："应试之经义，引绳批根，实足以困一世之通才，使即于弇陋。近见乡试闱艺，牛鬼蛇神，无奇不有，异学争鸣，足为世道之忧。"他认为，学问本是天下公器，师承不同，也不至于以考取功名为目的而故步自封，不再相互切磋、辨学，唯恐被他人猎取，使自己在科举考试中丧失竞争机会。

这是一番绝对虚构不了的话，谭嗣同甚至将此视为杀人的逻辑。清醒如谭嗣同，虽好读，只能不求甚解，但心中有一股浩浩之气冲荡。据谭延闿说：甲午（1894）年湖南乡试，谭嗣同寓居其家。揭榜之日，谭嗣同急切如热锅蚂蚁，绕室回环，一直到天亮。由此可见，谭嗣同虽然排斥科考，但他也渴望功名傍身。就算他不是为了自己，这世上有多少双他者的眼睛，注视着自己和谭家的门楣，令人动弹不得。

生命在喋喋不休的追问中慢慢发酵，每一个人，无论他是聪明还是愚笨，美貌还是丑陋，面对现实世界的芜杂、精神世界的困顿，仰望星空问得最多的还是那一句——去往何处？谭嗣同心中也有如此追问，他的困惑，源于他对大多数人的选择充满疑惑。

晚近仕途分为正途和异途。通过科举考试获得学衔进入官场，谓之正途；由捐纳获得功名而进入官场，谓之异途。由异途入仕者中，官宦子弟居多，因为异途入仕需要社会地位和经济实力的门槛，平民子弟有心无力。谭嗣同兄弟屡试不中，正途受阻，谭继洵开始设法让他们走异途。谭继洵在为嗣同兄弟报捐监生后，又于稍后分别为嗣襄报捐盐运使司提举衔，为嗣同报捐同知，指分浙江试用。

寒来暑往，没完没了的考试，牵扯了谭嗣同大量的精力和时间。又加上父亲谭继洵不愿放他远游，使他的行走未能如其所愿那般"尽四方之志"，这多少让他有些遗憾。尽管如此，在那不多不少的漫游中，每一座山，每一条河，每一段长路，皆给肉身灵魂以补养。天地引而不发，有君子性。野地野物，能触摸到君子性。夏日烈风，冬日寒雨，让谭嗣同从中大受神益。

一个人的才华或异能，一定和他走过的道路是相通的。一个人是不可能回到过去的，无论精神还是身体。此后数年，谭嗣同往来于西北、湖南之间，南北赶考，疲于奔命。他的一身英雄胆气，是风和沙的较量，是山和水的较量，是书与剑的较量。与京城里那些出入楼堂馆所的贵公子相比，谭嗣同更像是一个布衣书生，或是一介侠士。谭嗣同在生活中所表现出来的孤绝不群、深思求异，颇有别于朝野时流。诚如梁启超所说："其思想为吾人所不能达，其言论为吾人所不敢言。"

谭嗣同身上颇有侠义之风，十二岁在京城读书时，便结交了"大刀王五"。大刀王五，乃京师颇有名望的江湖侠士。儿时看连环画，见那画中的王五满面虬髯，虎目豹眼，手持一把大环刀。男孩子从小都有侠客梦，为此，我还专门去研究了王五手中的那把刀。大环刀，根据铁环的数量分为三环刀、四环刀、五环刀等，其中数量最高的就是九环刀，一共有九个环。武功高深之人，刀成为身体的一部分，出刀的时候，铁环不会震荡出声。铁环越多，武术境界越高。于是，认定大刀王五使的便是九环刀。王五，本名王正谊，字子斌，祖籍河北沧州，回族人。如同当时大多数习武之人，王五出身贫寒之家，三岁丧父。自小与母亲相依为命，饱经世情冷暖，后拜武术名家肖和成为师，打下了武术根基。沧州当时最有名的武师当数双刀李凤岗。为了修习更高的武艺，王五便想拜他为师，却多次吃了闭门羹，他就长跪门前以示诚心，李凤岗为其精神打动，便收其为徒。因其在李凤岗门下排行第五，人称"小五子"；又因他刀法纯熟，德义高尚，故世人皆称其为"大刀王五"。

为了将王五锻炼成更加全面的人才，李凤岗又将他推荐给师兄刘仕龙，一起押镖，行走江湖。经过数年的锻炼，王五出师，他先到天津，后又到北京，经人介绍到一家镖局当了镖师。后来，他利用自己的积蓄，加上朋友的帮忙，在北京半壁街（崇文区）开了一间名为顺源的镖局（后迁往广安大街）。顺源镖局活动范围广大，北自山海关，南到江苏淮安市清江浦。大刀王五的镖局，虽然只是北京城里八大镖局之一，但是由于王五的名气大，走镖的时候，只要亮出他的堂号，四方绿林，无不拜服。江湖中传言，王五的刀喂过人血，血气滚滚，安定四方。

王五不仅深受江湖人士推崇，其爱国义举更是广为传扬。甲午战争失败后，御史安维峻因上疏要求严惩误国者，而被革职戍边。王五出于义愤，毅然担负起护送安维峻的责任。回京后，王五便创办了一所名为"父武义学"的武馆，帮助贫家子弟修文学武。

记不起曾在何处读到过，谭嗣同酒量惊人。又或许是我一厢情愿的臆想。豪杰以酒交友，酒旗在京城的风中飘着。因为酒旗，让人觉得那风是坚硬的，也是暖暖的。王五侠义心肠，与谭嗣同虽是师徒，竟成忘年之交，王比谭大十多岁，两人建立了深厚的友谊。谭嗣同从大刀王五那里不仅学到了技击之术，还听来诸多锄强扶弱的掌故和历险之事。那些快意恩仇的江湖事，让少年的谭嗣同虽不能至，却心向往之。

庭院锁着一弯夜色，夜色裹住人，地上的影子明明灭灭如烛火照壁。浏阳会馆的用人说谭嗣同在京时，王五每日破晓便来会馆教授其剑法。谭嗣同学得刻苦，不敢稍加怠慢，他向来反对中国传统武术"持静"的态度，说"唯静故惰，惰则愚"，"主静者，惰归之暮气，鬼道也"，认为应该"摩顶放踵以利天下"。谭嗣同虽然有着文人的善感，但因这纵马江湖的豪情，让他心底的那份忧愁生出了勃勃的力量，所以在他的笔下，忧愁也是烈性的。

北京城当时还有一位江湖侠士，人称"通臂猿胡七"，本名胡致廷，谭嗣同跟他学了太极拳、双刀等武艺。胡致廷还创办了一个秘密团体，叫"十八兄弟"，他们在江湖上扶弱惩强，想要"打尽天下之不平"。谭嗣同和这两位民间侠士可以说是生死之交。谭嗣同作为官宦子弟，又是个读书人，却乐于结交江湖好汉，一身侠气，这在当时是不多见的。

谭嗣同喜欢读《墨子》，更强化了他从王五、胡七等江湖人士那里接受的任侠思想。十九岁时开始研读《墨子》，任侠思想和他浪漫豪爽的性格极为相契。谭嗣同在《仁学·自叙》中说，"墨有两派，一曰'任侠'，吾所谓仁也"，"一曰'格致'，吾所谓学也"。儒家提倡和塑造的是谦谦君子，而墨子眼中的君子则是英勇尚武的威武君子。墨子在他的《经上》中对"勇"和"任"都给出了解释，认为"勇"是人奋勇而为的意志，而"任"是宁愿牺牲也要成全自己应该完成的事业。墨子和他的门下都是敢作敢为，能够为自己认为正义的事业赴汤蹈火、万死不辞的人。

鲁迅说过，孔子之徒为儒，墨子之徒为侠。墨家的思想、学说，显然更符合谭嗣同的胃口，墨家门徒的行为让他钦佩至极。文武之道，一张一弛。中国文人向来有自设藩篱以拈花独笑的自恋癖好，得益于这个团体在现实中掌握着高亮的话语权。他们手握毛笔，用自己格致所得来的三观，指点这个世界迷茫的人们。他们习惯于将端坐如仪的姿态视为一种世人皆需仰之的境界，其实充当的不过是世界警察的角色，有着四处插一脚的坏习惯。木有文人器物，瓷有文人瓷，画有文人画，这都可以理解，武之一道实在是无谓在能、妙、神之上再着一逸字。谭嗣同所好甚广，却能跳出文人的局限来捧出他的一腔诚意，这也的确难得。

谭嗣同追随父亲远赴秦陇后，西北地区为其任侠尚武提供了广阔的舞台。秦陇之地山川浩渺，民风彪悍粗犷，尚武之风由来已久。在谭嗣同看来，秦陇岁月充满了年轻人特有的壮怀激烈与豪迈气概。用他的话说："目营浩罕所屯，志驰伊吾以北。穹天泱溥，矢音敕勒之川；斗酒纵横，抵掌《游侠》之传。"谭嗣同在当时曾有一小照，因年代久远，技术粗糙，画面模糊，但仍可辨识"旌旗行行，百余健儿罗立，公立其中"。一个特殊的条件使得谭嗣同兄弟有机会深入体验军旅生活，他们的父亲谭继洵身为"巩秦阶道"，有权节制所辖境内之都司、守备、千总、把总等武官，是地方的文武长官。

他父亲的幕府里有个叫刘云田的幕僚，也是湖南老乡，曾教谭嗣同骑射之术。当时的幕僚很多，谭嗣同不愿意多与他们接谈，却与敢于任事、秉性纯朴，在安定（今甘肃省定西市安定区）防军参赞军务的刘云田往来。谭嗣同每次来到安定防军驻地时，官兵们见道台的公子来了，都恭敬地出来迎接，然后热情地款待，摆下酒宴，奏响军乐，还表演戏剧，以求博得道台公子的欢心。谭嗣同对于如此排场，好像并不感兴趣，只是敷衍一番，便与刘云田骑马往山谷驰骋而去。谭嗣同有一首《马上作》，曰："少有驰驱志，愁看髀肉生。一鞭冲暮霭，积雪乱微晴。冻雀迎风堕，馋狼尾客行。休论羁泊苦，马亦困长征。"想必当年那驰骋是畅快的，绝尘而去，马踏冷风，不由令今时之我心驰神往。

那是怎样一番景象，谭嗣同在诗里唱道：凛冽的北风裹挟着沙石，扑面而来。辽远无际的旷野深处，传来骆驼的嘶鸣，与天空的雁鸣、与豺狼的嗥叫杂糅并起，组成了令人惊怖的时空交响曲。他们让猎鹰立于肩头，腰上挎着弓矢，和上百个健壮的士兵及当地的少数民族居民，迎着风前进，在旷野里追逐仓皇奔逃的野兽。到了夜晚，大家在沙漠上撑起篷幕，席地而坐，纵情高论，舀黄羊血拌雪吞咽。少数民族的居民们弹着琵琶，唱着歌谣，谭嗣同沉醉在这自由的世界里，忘却了那个混沌的社会附着己身的悲苦。谭嗣同后来回忆他与红娘子躺在沙漠里数星星，直到流沙将他们一层层地覆盖。那些快乐无忧的时光，让人怎能不怀想。

当人在现实世界里遇到堵塞的时候，会自然向精神世界妥协，而精神世界的圆满并不比现实的圆满来得容易。除了现实逼迫的功名理想，谭嗣同还有一个英雄的梦想。英雄是这个世界最为独特的物种，有关于热血、生命与忠诚。而在这些标签符号的背后，还有一套强大的信仰系统支撑着。

少年人的英雄梦与这个世界有着对抗的一面，很多时候来自热血和勇气。人类社会从野蛮的丛林走向文明的平原，最大的进步是学会了在劳作之余仰望星空，也正是仰望，让我们看见了天地神明，看见了人间英杰。更重要的是，仰望让我们的内心升起了图腾，建立了名誉。地上的圣贤既是仰望者，也是被仰望的星辰。一百多年后，人们习惯问对方一句，你幸福吗？如果有人问彼时的谭嗣同，他会决绝地告诉你，他是幸福的。无论是仰望也好，被仰望也好，至少他的内心总是向着光明处去的。人的幸福，从来不是手里攥的，不是嘴里含的，而是心底里的那份坚定。

一个隆冬朔雪的日子，谭嗣同逼着刘云田和自己并马驱驰于河西走廊杳无人烟的深山之中。他们骑行了整整七个昼夜，行程有一千六百里之远。峭壁悬崖，冰川雪岭，到最后以至于双腿都被磨得血肉淋漓，旁人皆惊骇不已，而谭嗣同却殊然不觉，怡然自乐。刘云田事后回忆："嗣同兄弟少年盛气，凌厉无前……掬黄羊血，杂雪而咽。拨琵琶，引吭作秦声。或据服匿，群相饮博，欢呼达旦。"在刀与笔、血与墨的选择里，谭嗣同是一个近乎异类的综合体。按说这种勇猛精进的态度本不该出现在一个世家公子身上，可偏偏谭嗣同做了那个清刚亢勇之人。这种发乎天然，不拘泥于丝毫社会习气的男儿天性，像一颗发亮的宝石镶嵌在青年谭嗣同的身上，实在是难能可贵。

谭嗣同想象着自己是边塞英雄，是豪杰之士，来往于天地间。父亲说他太过于浪漫，让他及早想清楚自己这辈子到底要做什么，不能混混沌沌。彼时的谭嗣同正在读《墨子》，"私怀墨子摩顶放踵之志"，并作自题小照词一首，词牌为《望海潮》："拔剑欲高歌，有几根侠骨，禁得揉搓？忽说此人是我，睁眼细瞧科。"十八岁的少年，问自己"有几根侠骨，禁得揉搓"，自是让人会心而笑。而结句更妙："忽说此人是我，睁眼细瞧科。"——既像是自问自答者的喃喃自语，又像是自狂自傲者的卖萌自夸。眼前这独坐独吟、任性任侠的人不是谭嗣同，还有谁？

壮游期间，谭嗣同意外地从湖北江夏两个极其偏远的地方，得到了他钟爱一生的两件旧物："蕉雨琴"与"凤矩剑"。两件旧物的原主人是舍生取义的民族英雄文天祥，他平生最崇敬之人。在谭嗣同看来，这个民族从来就不缺英雄，英雄的结局太过于悲情，如同一个高级物件的标配。历史铺陈了那么大一个舞台，就是为了成全他的一世英名。

谭嗣同弹得一手好琴，曾亲自监制"残雷"和"崩霆"两架七弦琴。据史料记载，1890 年的那个盛夏，谭府宅院里的两棵梧桐树被雷霆劈倒一棵，谭嗣同便以梧桐树的残干请人制成两架七弦琴，分别命名为"残雷"与"崩霆"，并亲自撰写了琴铭。

夜气晴朗，月光覆在色沉质坚的琴身上，仿佛融入澄澈的水里，隐隐显出残雷琴背面上的那一行琴铭："破天一声挥大斧，干断柯折皮骨腐。纵作良材遇已苦。遇已苦，呜咽哀鸣莽终古！"听那一声惊雷破空而来，好似一把大斧将梧桐树的枝干斩断劈折。历经苦难的它终于要化腐朽为神奇，木为良材，化身为琴。即便如此，又怎能消解它在时间深处所经历的苦难？琴声如泣如诉，呜咽哀鸣的声音响彻千古。再看那崩霆琴的琴铭："雷经其始，我竟其工。是皆有益于琴而无益于桐。"琴的历史从那一声霹雳声中来，直到有人将它做成了琴结束，这一切无益于桐而有益于琴。梧桐树历经劫难而终成良琴，琴在时间深处发出响亮的警世之音。

这两首琴铭恰是谭嗣同一生的写照，如同谶语般预示着他早已为自己设计好的人生结局。崩霆和残雷两架琴伴随谭嗣同的一生。谭嗣同少年时爱好习武，常常在清晨闻鸡起舞击剑；同时又弹得一手好琴，常常以琴抒发内心的情感，所以世人送他一个"剑胆琴心"的雅号。

谭嗣同最钟爱的身外之物，莫过于琴与剑。尤其是他经常随身佩带的"凤矩剑"，更是寸步不离。我曾经走进一座假山环绕的庭院，由于主人的缘故，庭院散发出一股神秘的气场。水与墨，黑与白，琴与剑，虚与实，世间万物相生相克，人的一生也不过一轴风月画卷。行文至此，我从电脑里找一段古琴的音频，将音量压低。琴音流淌出来的时候，时间飞快地往后退。21 世纪是个不美的时代，或者说是不崇尚美的时代，活着的有用压倒一切美的无用。旧世界创造的美，琴剑茗阁，堂前燕子，在钢筋水泥的丛林里无处落脚。美成了一种炫耀，一种表演，一种急功近利。

追随父亲谭继洵来到甘肃后，谭嗣同经常与衙署的兵弁们一起舞枪弄棒，操练武术。他瘦弱的体质渐渐健壮起来，英姿勃发，意气昂扬。其实，上古时代，人们好武，儒士并不柔弱。孔子时代，读书人要学六艺：礼、乐、射、御、书、数。射是射箭等武事。孔子的学生中就有不少勇武刚直之人，比如子路、子张。只是到了近古，科举制度越来越强化，越来越偏重辞章，读书人的尚武精神才逐渐蜕化，文武难以兼容。谭嗣同的知识结构，迥异于当时的读书人，其实是很值得今人研究的。

欧阳中鹄的嫡孙，已故著名戏剧家欧阳予倩先生回忆："我小时候常见他（谭嗣同），当时浏阳士子以他走过的地方最多，是邑中最能通达中外形势的人，他可说是无书不读。经史词赋之外，于基督教义、神学、佛学，无不精研，而于政治、哲学，致力尤多。他于文事之暇，喜欢技击，会骑马，会舞剑。我曾见他蹲在地上，叫两个人紧握他的辫根，他一翻身站起来，那两个人都跌一跤。他写起字来，喜欢用食指压住笔头。人家觉得他无论什么都有点与众不同。我虽是小孩子，也觉得每见他时，就不由得引起一种好奇心。总之，他是无处不表露才气纵横不可一世之概。"

行走于河西走廊的苍茫山河间，那个宣南城外曾经的忧伤少年，已然蜕变为一个傲俗绝尘的热血青年，顾盼自雄之气已昂然勃发于天地间。谭嗣同在十年的漫游生涯中，领略了壮美如云的山河，领略了风霜铺路的艰辛。所过之处，他写下了许多美好的诗篇。他十五岁学诗，初学留有一组七绝，并无过人之处。青年时诗力乃成，一本《莽苍苍集》中，五古规整高旷，五律能时见奇句，但总是七言更能见其性情。谭嗣同的七言看似入于李贺，出于太白，字句求奇，而气足神沛，自有种绵延吐纳的浩气。内行之人一眼便可看出，谭嗣同的诗虽然神肖太白，但内在气韵似李贺，他曾有句"自向冰天炼奇骨，暂教佳句属通眉"。既是自号通眉生，也有向李贺致敬之意。面相学上说眉间贯通之人往往倔强自高，不容易接受别人的意见，李贺如斯，谭嗣同亦如斯。

彼时，一个诗人最大的敌人或许就是时下流行的同光体，即同治年和光绪年流行的一种诗歌体例。若说同光有体，晚清各名家也各有所本，但若说同光无体，跳出那个时代回头看，却也很容易就把握其流脉所向。千笔万花，不循盛唐体例，却以宋为纲。今人学古体诗，同光体不失为一条捷径，稍有才力者，磋磨一年当有小成。今日文坛不乏古体诗爱好者，我也经常收到文友发来的律诗，每日一首或数首。不敢评论，不懂也不敢装懂。若能让我读出诗书礼乐的韵致，便会送上一个赞；若能再让我读出暮雨青衫、西风流年，我便会送上两个赞；若能再三读出法相庄严、如见祥云，便会送上好几个赞。只觉得那写诗的文友，不再是那平日里所见的酒蒙子、话篓子，肉身俗胎化为一团精光性灵。

在这十年间，谭嗣同迎来了诗歌创作的一个高峰期。我们今日能够读到一些谭嗣同早年的诗歌，那些句子是他思考人性、星月、河流时的感受。从一个地方到另一个地方，见识此处的山川，又见识彼处的河流。他在时空的漂移中发现了自己，而且把这种发现带到每一种感情、每一种生活、每一种想法中去。他在崆峒山，看到崆峒山上的奇石怪松和漫山的桃花，写下"四望桃花红满谷，不应仍问武陵源"。途经陕甘大地，他忍不住写下"蛙声鸟语随鞭影，水态山容足性灵"。在经过雄伟壮观的秦岭时，他又写下"绿雨笼烟山四围，水田千顷画僧衣"。谭嗣同在游洞庭、过平津、回湖南、逛武汉、经陇山等地方的时候，也都写下了或气势磅礴或清新委婉的诗句。

十年的漫游生涯，谭嗣同领略了大好河山，也让他在现实的晦暗中看到一抹天光。一路上，入眼的除了河山，还有这块古老的土地上底层民众的现实惨状。风景不殊，山河顿异，彼时中国正处于西方列强的碾压之下。军事上，英国对云南和西藏进行侵略，法国因为侵犯越南进而挑起中法战争，沙皇俄国则对西北边疆进行侵扰；经济上，西方国家通过不平等条约中攫取的各种特权，不断扩大商品输出和资本输出，加紧对中国广大地区的掠夺，从而进一步瓦解中国的自然经济，导致广大农村陷入衰退破败。此时的大清国早已是贪腐之国，大官大贪，小官小贪，无官不贪，举国皆贪，腐败已成为官员们的日常工作。这是大清国最黑暗、最动荡的年代。广大的民众生活在水深火热之中，一旦遭遇自然灾害，就难以维持生计，要么落难逃荒，要么揭竿起义。

此后在一次同自己的老师欧阳中鹄的通信中，谭嗣同讲述了他在天津附近看到的流民的状况。讲到一批遭遇水灾的难民在河堤上支起芦席为屋。那屋极为狭小，看上去柜子一般大小。成千上万的难民个个面带菜色，骨瘦如柴。他还说，能够逃到那里的民众已经算是幸运的了。因为顺天直隶的水灾，十余年来未曾中断，而夏天永定河又决堤，河道壅塞，出海口被阻塞，有的只是水害而绝无水利。此时清政府的高官大吏，不顾民众的生死，决计不去疏浚河道海口，还幸灾乐祸地讲："这是天生奇险以卫京师，让外国人的兵舰无法驶入内河。"但广大的灾民却即将变为鱼鳖了。

庙堂与江湖之间，从来就是人心摇摆的悬针。高处临风，低处接地气，两处皆得者寥寥。通过对底层社会的了解，谭嗣同体味到民间的疾苦，更了解到这个老朽帝国的昏庸腐败，从而加深了他对朝廷现状的不满。谭嗣同此时沉迷于"永嘉之学"。所谓"永嘉之学"，是指南宋陈亮（同甫）、叶适（水心）等人的浙东经世之学，宋明以来，它与程朱理学和陆王心学，在儒学界形成三足鼎立之势。

谭嗣同爱读陈亮的《龙川文集》，认为他的评论散发着雄迈超脱之气，务实而不务虚。陈亮以布衣身份批评议论天下大事，切中时弊，无所顾忌，"虽阅百世，其光芒魄力，如雷霆虹电，犹挥霍震烁于霄壤"。

谭嗣同将陈亮视为自己的精神偶像，以接近陈亮为乐，以接近陈亮为荣。这一时期，谭的一些政论文章挟风雨雷电之势，话语之间有龙蛇虎豹出没。他最为得意的是，有师友说他行事作文隐然有"龙川遗风"。每个人在他早年的时候，都会带着自己的寓言行走世间，与其说他们在寻找自己的精神坐标，不如说他们在寻找自己。人，活在这个世上，寻找自己是最难的。

谭嗣同要找的那个自己，是豪迈洒脱，重诺轻死，具有任侠之风的自己。

永嘉学派，于此时寻找人生方向的谭嗣同看来，是最为接近"任侠"一派的。据《谭嗣同年谱》记载，谭嗣同开始读《墨子》是在十九岁时，即 1883 年。他说，墨学分作两派，一曰"任侠"，也就是他后来所说的"仁"。在汉有党锢，在宋有永嘉，略得其一体。一曰"格致"，也就是所谓学问，在秦朝有《吕氏春秋》，在汉朝有《淮南子》，各识其偏端。永嘉学派以天下为己任，主张经世致用，注意求考国家成败兴亡之理，提倡实用之学。这是谭嗣同兄弟早期所推崇的经世之学。甚至友人断言，嗣同夙慕陈同甫，故自名嗣同。这虽是无稽之谈，亦可见永嘉之学对谭嗣同的影响。

本雅明说："诗人们在他们的街道上找到了社会的渣滓，并从这种渣滓中繁衍出他们的英雄主人公。"而此时的谭嗣同带着自己像山河一样辽阔的诗意，遇见陈同甫。传统社会对礼乐崩坏的应对很简单——"礼失而求诸野"。连孔子都认为，当我们置身于天崩地解的大时代，变革的力量不是来自上层，而是来自下层。我们要学会从下层获取变革的勇气，学会从下层获取创作礼乐的灵感。

人的成长，是从怀疑自己开始的。谭嗣同开始怀疑自己曾经许之为经世之学的学问，进而思考什么样的学问才是真正的经世学问。他和仲兄谭嗣襄在父亲的安排下，忙着迎合这个世界衡量成功与失败的标准。通过十年的漫游，他跟从许多老师，学到了渊博的知识，接触到深刻的思想，与此同时结识了许多朋友。他跟随那些有名望、有思想的老师研读各类书籍，探讨各种学问，同他的那些朋友一起共同从事自己认为可以经世救国的事业。

4

光绪九年（1883）三月，谭嗣同赴湖北完婚。时令尚春，鸟声和花叶有着恰如其分的轻灵。妻子李闰，是谭继洵友人李寿蓉的长女。这是一桩门当户对的亲事，双方都是书香世家。谭嗣同的岳父李寿蓉，字篁仙，湖南长沙人。传统婚姻守的是"父母之命，媒妁之言"，过于重门第而忽视感情，并没有为他们婚前互相了解创造条件，因此夫妻感情要靠在将来的共同生活中去培养。

戏本里有英雄配美人，而圣贤只在纸面上谈爱情，现实里也只是将三从四德的紧箍咒留给爱情。有趣的英雄，无趣的圣贤。后者喋喋不休，像是无所不能的老江湖。而对于爱情，他们甚至比不上世间任何一个情种，他们谈的不是实在具体的爱情，而是阴阳男女化合之道，是别人的爱情，别人的体验，别人的江湖。

对于这段包办婚姻，颇富自由和平等意识的谭嗣同起初并不满意。面对李闰这位循规蹈矩的大家闺秀，他曾一度产生过逆反的情绪。李闰并不符合谭嗣同心目中对于妻子的想象，过于普通。眼前这个看上去端庄贤淑、面目和善的女子，在人群中并不惹眼。个子不高，且有些富态，脸上还长有雀斑，更不懂得装扮自己。途经陕西蓝田的古蓝桥时，想到传说中裴航与云英自由恋爱的故事，谭嗣同还曾写诗自嘲：湘西云树接秦西，次弟名山入马蹄。自笑琼浆无分饮，蓝桥薄酒醉如泥。对于读书人来说，所谓爱情，不过是通过追求女子，将她们的德行与自己的人生目标合二为一。既要颜如玉，又要黄金屋，前者是猎色，后者是猎名利。这世上的优秀女人，可以激发男人的豪情壮志，也可以平息男人心头不切实际的狂想。她们就像是冥冥中提溜男人头发，帮助其平地飞升的神秘力量。她们把男人的灵魂提升到距离俗尘很远的地方，也可以把手松开，让他们跌落尘埃。

婚庆是人间欢喜事，大欢喜。男女情爱，阴阳之爱，乾坤之爱。就像那戏文里唱的：把一块泥，捻一个你，塑一个我，将咱两个，一齐打破，用水调和。再捻一个你，再塑一个我。我泥中有你，你泥中有我。我与你生同一个衾，死同一个椁。这样的戏文，听上去耳熟眼热，却让人觉得不够诚恳，像少年人的心事。欢乐趣，离别苦，数十寒暑，真的不是那么轻易跨越。谭嗣同与李闰的婚姻，遵从的是父亲之命，他甚至觉得自己是这场婚姻的牺牲者。不是感情成全了他们的婚姻，而是来自两个家庭的权力叠加，是当时最流行的婚姻构建方式。在谭嗣同看来，传统男权文化哺育出来的婚姻是畸形的。它粗暴地将道德的重量，压在女人那副柔嫩的双肩上，让她们负载难以承受的厄运，借以匡扶男权秩序的脊梁。如此情态，在《聊斋志异》中俯拾皆是，那些自荐枕席、出钱置地、红袖添香、担水洒院、委曲求全的狐媚女子，她们的出现就是为了充当救世主，一边要满足那些现实世界里四处碰壁的小男人的形而下之欲，一边要成为他们精神世界的探照灯。

这是道貌岸然者的情欲做派，在他眼里，他的父亲谭继洵即如此。谭嗣同不同，他将情义看得重于情欲。或许是因为母亲早逝带来的伤痛，让他同情在婚姻关系中处于从属地位的女性。谭嗣同的岳父李寿蓉也非寻常文人，有人将他与曾国藩、王闿运等六人列为湖南六大对联大师。此人进士出身，户部任职时，颇受时任户部尚书肃顺赏识与器重。咸丰九年（1859），肃顺严治亏空，屡兴大狱，李寿蓉因库银短缺，被追究责任，入狱三年。李寿蓉生性恬淡，但命运坎坷，原配熊氏二十五岁就去世，未留下一儿半女。李寿蓉身陷冤狱时，继配夫人蒋氏正身怀六甲，听说丈夫下狱，忧急相交，两天后就血崩而亡，留下一幼女。李寿蓉出狱后，续娶王氏，接连生下三个女儿，长女即李闰。在李闰六岁那年，王氏又去世。所幸保姆高氏受王夫人临终所托，尽心抚养李闰三姐妹，视同己出，令她们学习诗文和礼节，教导其贤淑女子的种种规矩。后来姐妹皆以贤闻名，高氏离世时，李闰为其写下题照诗，云："髫龄失母实堪怜，朝夕相依十六年。问暖嘘寒勤抚恤，追随不异在娘前。"

谭继洵很早即与李寿蓉约为婚姻，聘其长女李闰为媳。李闰于同治十年（1871）四月二十日生于北京，字韵卿。李寿蓉复官户部时，谭继洵亦任职户部。两人既为同乡，又为同僚。同僚兼同乡，这真是儿女婚姻的最好模板。李闰与谭嗣同都出生于北京，又都幼年丧母，有着相似的早年经历。当时李家寓所"距琉璃厂才数百步"，与谭家所住北半截胡同相去不远。

此后不久，李寿蓉捐资道员，分发湖北，以道员在湖北候补，携全家迁居至武昌。光绪九年（1883）三月，谭继洵从甘肃巩秦阶道升任甘肃按察使，经与李寿蓉相商，定下良辰吉日，为谭嗣同与李闰完婚。于是，谭嗣同奉父命奔赴千里外的武昌。李闰，一个知性的人间女子，就这样走进了谭嗣同的生命中。随着相处日久，谭嗣同愈发尊重妻子，在他看来李闰是上天赐予自己的最美好的礼物。他的这份感念，源于对岳父李寿蓉的感激。他称岳父家是"内外群从，率皆豪俊。登山临水，觞咏不绝。剑客奇才，献技在门。一童工书，一仆善棋，府史吏卒，傲脱不俗。所谓卖菜佣皆有六朝烟水气矣"。也就是说，不仅岳父才华出众，就连他们家的仆人也都身怀所长，或长于书法，或长于下棋，就连买菜的仆人也活得像魏晋南北朝的士人那样，很有文化气质。

妻子李闰生在这样的家庭，自然受到良好的文化熏陶，从小知书达理，非常贤惠。所以谭嗣同觉得自己捡到了宝，婚后琴瑟和谐，也让他消解了许多人生的烦恼。谭嗣同常年奔波在外，李闰将家中事务处理得井井有条。所以谭嗣同曾在结婚十五周年送给妻子的诗中写道："十五年来同学道，养亲抚侄赖君贤。"

除了门当户对，谭嗣同和李闰的婚姻能够幸福还有一个非常重要的原因，那就是谭嗣同与众不同的男女观和夫妻观。谭嗣同向往的爱情，和那个时代大多数没有爱情经历的婚姻者一样，都是他们心里虚构的爱情。那是一个红袖的世界、花的世界、颜如玉的世界。但与他们不同的是，谭嗣同有一个相对平等的世界观。

男人和女人都是天地间的精英，都可以成就大事业，两者是平等的。这种观点在那个时代令人震惊。谭嗣同主张"夫妻皆朋友"，夫妻双方没有尊卑高下，而是平等的朋友。彼时中国，像他父亲谭继洵那样有些财富和地位的男子娶妾，是最为平常之事，很多人一娶就好几房。谭嗣同认为在婚姻问题上，妇女的人格尊严完全被漠视。而造成这一切的，皆因三纲之苦。夫既自命为纲，女性则沦为从属，因而不以为耻。婚姻关系，应出之两情相悦，伉俪笃重，女家不要索取财力，男家不得以嫁奁不厚而生菲薄之意。时至今日，其中弊病仍风行于世，不时酿出人间悲剧。不由让人喟叹，问世间情为何物？婚姻又为何物？与其父不同，谭嗣同始终提倡一夫一妻的婚姻，一生未曾纳妾。

结婚之日，岳父李寿蓉亲笔书赠对联一副："两卷道书三尺剑，半潭秋水一房山。"上联言养气，下联言定心，显得意味深长。李寿蓉很赏识谭嗣同这个女婿，认为他是一个有大情怀的青年，将来定能成就一番事业。岳父看姑爷，也是越看越喜欢。李寿蓉生性平和，风趣横生，这与他的亲家翁谭继洵截然不同。谭继洵是个循规蹈矩的官员、板着面孔的家长，他不怎么亲近儿女。而李寿蓉则不然，他从不在子女和下人面前摆架子。用今天的话说，他有一个有趣的灵魂，平日里喜欢听人讲故事，自己也喜欢讲故事，他还会将那些故事记录下来。他很是欣赏自己的女婿，给予谭嗣同很多慰藉。每次谭嗣同去看望他，李寿蓉都非常开心，好吃好喝地招待，嘱咐家人为其铺上暖和的被子。谭嗣同也喜欢去岳父家，甚至觉得在岳父家比在自己家里还要舒心。后来李寿蓉调往安徽为官，谭嗣同还不顾路途遥远多次与妻子李闰一道去看望岳父。他后来回忆岳父对自己"恩礼绸至"，十分关照。两人虽为翁婿，但更是志同道合的忘年交。

自母亲徐五缘过世后，卢氏不待见他，加之不得不南来北往地奔波，谭嗣同时常陷于苦闷之中。光绪十年（1884），谭嗣同再次回到兰州，他拥有了一个新的身份。在谭继洵的安排下，谭嗣同与仲兄谭嗣襄都进入兰州的新疆甘肃总粮台谋职。人都需要身份，没有身份，人就容易被人群淹没，无从辨认。这世上沉默的大多数，都是身份模糊的人，生也好，死也罢，记住他们的是他们的亲友。活着的人，都想将自己的名和姓留下来，或跻身于史册，或镌刻于金石。于是，身份也就成了活人的通行证、死人的墓碑。这一年新疆建省，也就有了"甘肃新疆省"这个特殊的省名。"甘肃新疆省"并不是我们今日所理解的"超级行省"，涵盖甘肃和新疆两省。最初的"甘肃新疆省"不包括新疆东部地区，甘肃即甘肃，新疆即新疆。两地因为地缘关系，难以分割，需要一定的"缓冲带"。第二年，清政府在筹建台湾省时提出："台湾虽设行省，必须与福建联成一气，如甘肃新疆之制，庶可内外相维。"也就是说台湾设行省，必须与福建联成一体，可以借鉴"甘肃新疆省"的制度和办法。

清廷设立"甘肃新疆省"，由督办新疆军务的钦差大臣刘锦棠任甘肃新疆巡抚，谭钟麟任陕甘总督，谭继洵升任甘肃布政使。谭继洵与刘锦棠关系密切，结为儿女亲家。儿女的婚姻，亲上加亲，共生共荣，这也是官场中人将权力升级的手段。谭氏之女嗣嘉嫁于刘氏之子、新疆疏勒县知县刘国祉。谭氏兄弟在此间谋事约一年时间，谭嗣同回忆称："陕甘粮台有汇兑之票，可汇银往应解陕、甘协饷之各省，毫不需费，票至，各省由藩库发兑，以代运饷，立意极为灵巧。"刘锦棠考虑到新疆"汉、回杂处，语言文字隔阂不通"，认为他们不适宜久留此处，就以向朝廷"疏荐"为诺，将他们劝往他处。事后，刘锦棠奏保嗣襄以直隶州知州用，嗣同以知州补用，先换顶戴。从此，谭嗣同就有了候补知府的头衔，知府相当于汉代的太守，故朋友之间有时也称其为"复生太守"。

一个人有了地位，别人便不再将其视为独来独往的个体。置身于大时代中的每个人，谁又能完全代表自己，权贵不可以，圣贤也不可以。人与需合而为儒。可见读书人在那个时代里，很难读出境界，读出的往往是野心和欲望。于是乎，那大写的儒便是有所求、有所为。人有所为，方可立世；人有所需，则摧眉折腰，虚弱不堪。由是，所谓儒，也就成了内心懦弱之人。

光绪十一年（1885）年春节后，谭嗣同从兰州启程返回湖南，四月中旬到达浏阳。这一年八月，谭嗣同在长沙通过"录科"（未参加科试的生员等，须经学政考试，合格的才有资格参加乡试），继而参加乡试。清朝的乡试和会试，名义上分作三场来考。头场时文（八股文），二场经文（阐述五经内容），三场策问（提出有关经义或政事等问题，要求考生对答）。实际上，考官在评阅试卷时偏重头场（即偏重以朱熹注释的《四书》命题的八股文），二、三场试卷的字句只要无大毛病，就算"中式"。谭嗣同治学务求博通，二、三场考试当然能取得好成绩，但头场所考八股文，却由于他对此种形式上极其呆板、内容上只可转述朱熹的注释而不许作者自由发挥的文体，素来厌恶，即使为了应付考试去迎合，去揣摩，也难以写得完全符合考官的要求。于是，落榜也就成了意料中的事。

谭嗣同在科举考试方面没有天赋，他的功名始终停留在监生这一资格上。就连监生，也是依托在朝为官的父亲打下的经济基础。谭继洵掏腰包，捐纳使其获得监生出身，算是为他叩开了那道仕进的窄门。在科举这条路上，谭嗣同始终没有停下奔忙的脚步，他先后六次赴南北省试，合计八万余里。如果将这个距离叠加，可以说谭嗣同为了科举整整要绕上地球一周。虽然付出如此之大，但他还是无法体验成功的喜悦。一次次铩羽而归，谭继洵对儿子屡试不中的状态很不满意。

他对谭嗣同的忠告，无非是读书求进的要领。当然他说的那些话，谭嗣同还是记住了一点。身在天地牢笼内，就不要一天到晚想着做一个自由人，更不要被自己一时的情绪所左右。虽然读的都是《四书》，但不同的人得到的东西也不尽相同。有人得到的只是考试的题目和制艺的材料；有人则热衷于故纸堆中的笺注校勘；还有人洁身自好，将其视作自身道德修养的门径；也有人从中发现了古人的微言大义和先王之志。但说一千道一万，若无科举考试，还有几人会用心读那些儒家经典？

谭嗣同厌恶科举那一套，无法像父亲谭继洵那样，做个束手束脚的人，文也循规，人也蹈矩。他们的人生一眼就能望到头，既享受着权力带来的便利，又抱怨着枷锁缚身的煎熬，每日就在这纠结中度过。临了，墓碑上刻满这一世的头衔。他承认自己在八股文写作方面缺乏天分，不合乎规范。在这方面，他受到老师欧阳中鹄和刘人熙"有复古之思，用世之志"的影响，从内心排斥千百年来读书人所走的那条老路。当然，这样的人生选择也和他与生俱来的叛逆精神相契合。

谭继洵对谭嗣同兄弟有着分工不同的安排，嗣同带在身边，督促学业，嗣襄则回浏阳经营家业。谭继升在世时，谭继洵在浏阳的地产由其代管，嗣襄辅佐。光绪十二年（1886年），谭继升在浏阳病卒，由其子谭嗣棨接替家庭地位。同时，谭嗣襄在经营田产方面，获得了极大的自由度。谭嗣同记载：仲兄归乡经营家政，勤敏异常。米盐钱刀琐屑之事，读书人不屑为之，他却能将其处理得井然有序，人莫能欺。不到十年时间，增置田产百余亩。他为人慷慨好施，以义自任。他凡事亲力亲为，以己度人，就连烹饪洒扫之役，也亲自察看并记录下来。

谭嗣襄善于经营的能力，在家乡被人视为"奇士"，而嫉妒他的人并不这么认为，他们在背地里讥议，说他不过是个败家子。就连他的堂兄谭嗣棨也不以为然，多次写信向叔父谭继洵告状。于是一封封从甘肃寄来的训诫书信，让谭嗣襄难以应对。就连他的老师欧阳中鹄也闻得风声，提出告诫："吾弟此归专为经理家事，以尊府光景，根本不用担心家无余粮。你应该关起门来读书，涵养德性，宏阔志气，这才是一个君子应该做的事，不必纠缠于买贱卖贵，仿效那些商贩所行所为。"

谭嗣襄心绪难平，自认为在浏阳难以安身，便要抽身离去。他的性格与谭嗣同极为相近。性情中见筋骨，不移不屈，不失本色。他在写给友人的信中如此感叹：人生世间，天地必有以困之：以天下事困圣贤、困英雄，以道德文章困士人，以功名困仕宦，以货利困商贾，以衣食困庸夫。天要困我，我必不为所困。

这样的话听来像是谭嗣同说出口的，可见兄弟二人朝夕相处，有太多共通之处。谭嗣襄决意离开浏阳，自谋出路。他想要北上京师谒选，谋个实职，但又苦于缺乏经费。谭继洵一直没有给嗣同兄弟析分财产，只是每月给些定数的零花钱，也不多给。他们没有独立的生活来源，经济上完全依赖谭继洵，颇为窘迫。

这时，谭嗣同怀着悲喜难明的心情再次回到故乡。虽不免伤时感事，但见到仲兄谭嗣襄仍是最大的喜乐。回到浏阳，除了跟堂兄弟们把酒言欢，大多数时间都待在仲兄身边。自从母亲和伯兄、姐姐去世，他和仲兄谭继襄本就亲近的距离拉得更近了。无须酒酣耳热，兄弟二人坐于书斋，纵情高论。他们在一起似乎有着说不完的话，感情在岁月中的积淀一时得以宣泄。他们是血亲兄弟，也是世间知己。彼此不讲什么礼数，自由自在。梅花巷的东面有一片竹林，绿荫蔽天，其中生长的竹笋鲜脆可口。他们经常会走到这里，望着不远处的浏阳河，感叹人生的顺境和逆境。

他们的父亲谭嗣洵总说，这个世道是公平的，有能力、有才学才可以进入体制内吃上一碗官家饭，有本事的人才能得到提拔重用。谭嗣同私下也与哥哥聊过，他们认为，吃上官饭，是一个人展示才能和本事的初始阶段。所谓的本事，不过是低级的奉迎之道，是人性卑劣的自然反应。而他们的父亲做不到，虽然有吃上官饭的才学，却没有混迹官场的本事。

谭嗣同和哥哥一次次走进考场，又一次次承受着榜上无名的屈辱。在这段时间里，兄弟二人不停地辗转于科场，就像是冲锋陷阵的战士，持心中之剑去迎接命运的各种挑战。可很多时候，这个世俗世界为他们安排下的"有物之阵"就像一件华美的袍子，掀开来看，从里面蹦出来的全是跳蚤。用一把心中之剑去对付一只只跳蚤，实在是说不过去。

因为他们的父亲是地方大员，他们自然被体制内人士高看一眼，但其中苦涩的滋味只有他们知道。父亲像一座山，将他们压得死死的，动弹不得。他们的路，是父亲道路的延续。他们是宗族血缘链上的其中一环，他们不属于自己，或者说自己对于宗族来说，只是一个虚词。实实在在，又若隐若现。十一月间，谭嗣同告别仲兄动身前往甘肃，在陕西度岁，到次年正月才到达兰州。到达兰州后，他就在布政使署憩园的一间简陋的房子里住了下来，潜心向学。此时，正值春雨连绵，房屋四壁长起点点青苔，雨水从破瓦缝里落下来，淋湿了屋中地板，外面廊阶也为积水所淹。尽管环境和气候不好，但他处之泰然，觉得这比跟着父亲和庶母住在一起要心情舒畅些。

5

1885 年，中法战争进入尾声，李鸿章被推到舞台中央。灯光骤亮，锣鼓喧天，一出好戏上演了。戏如人生，戏也如历史。每个登台的人都有各自的角色，化好了装，甚至连唱词都有人给你准备好了。舞台上的那个人，不过是借了一副皮囊而已，饮食男女，吃喝取乐，甚至签字画押。谭嗣同回到浏阳不久，就听说李鸿章与法国代表、驻华公使巴德诺在天津签订《中法新约》（即《中法会订越南条约》），清朝承认越南为法国的殖民地。世人因此约丧权辱国，且签订于清军作战获胜之时，故称中法战争的结果为"法国不胜而胜，吾国不败而败"。

中法战争因越南问题而爆发。19 世纪 60 年代，法国侵略越南。刘永福率领广西的一支农民起义军——黑旗军转移到中越边境。应越南政府的要求，黑旗军和越南人民并肩作战。在中越人民的联合打击下，法国吃了大亏，两个侵略军头子安邺和李维业在河内城边先后被击毙。与此同时，清政府应越南政府之请，也派兵援助越南。

越南战场上，双方互有胜负。为了呼应战局，法国派海军在中国沿海进行海盗式骚扰，趁机将战火延烧至中越边境。1885 年年初，法国侵略军得到增援，一度占领中越边境的中国要塞镇南关（今友谊关），并在关前插立木柱，用中国字写着"广西的门户已不再存在了"，气焰嚣张。

危急关头，时任两广总督的张之洞举荐广西提督冯子材出任前敌统帅。三天血战，法军伤亡惨重，全线溃退。冯子材率军追敌出关，又在谅山大败法军。在东线大捷的同时，越南战场的西线也捷报频传，黑旗军在临洮痛击法军。尤其是越南民众的抗法起义，风起云涌，更给侵略军以沉重打击。法军战败的消息传至巴黎，导致茹费理内阁倒台。

在战与和的问题上，清廷最高决策机构举棋不定。以左宗棠、张之洞、曾纪泽为代表的主战派，力促扩大战果。而掌握外交、军事实权的李鸿章则力图避免战争。其理由有三：中国没必要因越南卷入战争，中国无力与法国开战，朝廷财政吃紧。李鸿章的态度激起"清流派"的反感，有官员直斥李鸿章有"六可杀"。当慈禧将这个折子交给李鸿章看时，李鸿章知难而退，不再轻易言和。

面对千年未有之大变局，李鸿章一天也没闲着，真个是官身不由人。自鸦片战争以来，这个庞大的帝国将数千年积蓄的荣光与傲慢耗损殆尽。清廷全力对付法国的时候，新兴的日本在朝鲜制造了"甲申事变"。朝鲜亲日派乘清廷因中法战争从朝鲜抽出兵力的机会，发动政变，逮住国王，并杀死亲华的官员。正如英国人、时任大清海关总税务司的赫德所言："中国如单独对付法国，我以为还可以好好打一阵子，但是一旦中法真正开火，日本就会跟法国合作……"与此同时，俄国正对中国的东北和朝鲜虎视眈眈，英、德、美等列强也想借机谋取更大的利益。

在这种情况下，大清国不得不与法国进行停火谈判。李鸿章并没有参加中法谈判，所有的条文都是由时任大清海关总税务司赫德等中方外籍官员与法国谈判后拟就的，李鸿章只不过按照朝廷的要求进行签字画押。坐在谈判桌上的李鸿章，只是提线木偶，不管他愿不愿意，都要签订《巴黎停战协定》及

《中法会订越南条约》。法国不胜而胜，中国不败而败，就是这个道理。

光绪十二年（1886）春天，谭嗣同在兰州安顿下来。在随后的五年时间里，谭嗣同除了光绪十四年（1888）回湖南参加过一次乡试，几乎都待在兰州读书。

他和妻子李闰在兰州期间，住在甘肃布政使署。署衙内养了许多鸽子，聪灵异常。谭嗣同在笔记中写道："甘肃布政使署多鸽，《池上草堂笔记》记其灵异，皆不诬，岁出帑百余金，酬其守库之劳。"府库每年要拨出百余金，用来养鸽子。这些灵鸽不是养着玩的，而是为守备藩司库往来送信的。上世纪60年代，甘肃布政使署旧地的二堂前曾摆放过两个石碗。石碗大有来头，据说是当年某任甘肃布政使派人放置的，供鸽子饮水用。对于署内二堂的修建，谭嗣同记载："大堂左右为外库，二堂则内库也。故无二堂。大人（谭继洵）重修内库，因辟其中为二堂，而气象一新。亦可见储藏不及曩年，而库可减也。"最让谭嗣同难以忘记的，是布政使的后花园——憩园。此园为康熙年间甘肃提督靖逆侯张勇驻节兰州，邀请李渔设计建造的。李渔，17世纪最著名的剧作家、出版家和建筑家，还要加上生活家，他的那部《闲情偶寄》可谓享乐主义者的圣经。这位生在江苏如皋，祖籍地在浙江婺州府兰溪县的中国南方人，在经历了家国离乱之后，开始向享乐主义者转型。不到四十岁年纪，李渔给自己取了个号——笠翁。若是允许关公战秦琼，我真想让谭嗣同和李渔相会在这憩园之中。如此，他们见面会是怎样一番情景？

李渔说：复生贤弟，既然天不与尔，则何不享受生活。跟着我一起，喝酒，唱戏文，吹着西风吃蟹，对着一张施工图纸布置园中的石头和水流，岂不欢喜？

谭嗣同摇头道：笠翁兄，我羡慕你啊！你的那句"追忆明朝失政以后，大清革命之先，予绝意浮名，不干寸禄，山居避乱，反以无事为荣"，我可是铭记于心。你我都处于多事之秋，天公不语对枯棋，我不如你洒脱。我若是身在你的时代，只怕早就投身湖海，或是戮于刀兵，殉了那夭亡之国。

两人虽无法完成时空对话，但憩园却在无意间成就他们之间的虚空对话。虚者，也空，也不完全空。虽然时空迭代，关公战不得秦琼，但好汉气息相通，聊胜于无。在这期间，陪伴在谭嗣同身边的是夫人李闰。入夜窗边闲读，空气清凉，其情也真，其境也实。李闰也能作诗吟咏，琴瑟相和，这让谭嗣同体验到难得的人间温暖，夫妻感情日笃。

憩园，处处可见苏州园林的影子。园内有亭、台、楼、阁、假山、池榭，极具江南风格，初建成取名为"艺香圃"，后又更名"鸣鹤园"。道光年间，甘肃布政使程德润修葺一新，取名"若已有园"。当年林则徐被谪新疆途经兰州时，程德润曾在"若已有园"为他设宴洗尘，并以诗为赠。林则徐以其韵回赠七律二首以示答谢，其中一首中有"短辕西去笑羁臣，将出阳关有故人。坐我名园觞咏乐，倾来佳酿色香陈"。诗中所称"名园"，即"若已有园"。光绪初年，杨昌浚任甘肃布政使时，又将此园更名为"憩园"。彼时的兰州，牡丹遍及城区各处，布政使署后园牡丹为兰州之冠。清末编纂的《甘肃新通志》曾有牡丹在甘肃"各州府都有，惟兰州较盛，五色俱备"的记载。春事烂漫，一朵朵牡丹又简静又欢喜。谭继洵出任甘肃布政使之后，全家迁居憩园。在那片牡丹园中，谭嗣同才思奔涌，创作了很多联语和诗词。

憩园，园如其名：人影镜中，被一片花光围住；霜华秋后，看四山岚翠飞来。在谭嗣同的眼睛里，憩园，不只是休憩之园，更是园中之园。人在其间，只想大梦一场，梦他个时空颠倒。对于谭嗣同来说，这是他人生中难得的安宁时光，每每闻鸟而醒，耳畔清越短促，叽叽喳喳全是鸟声。推窗临风，空气中弥漫着醇厚的花香。窗外花影在风中颤起韵致，无酒亦起酒意，再起倦意，索性又睡他个天翻地覆。谭嗣同在这北国的江南园林里，产生了诗意，他以清新明快的笔调，意深景新、生动自然地描画出了憩园美丽的景色。如《憩园雨》（三首选二）：

淅沥彻今夕，哀弦谁独弹。响泉当石咽，暗雨逼镫寒。

秋风悬孤树，河声下万滩。拂窗惊客语，话竹两三竿。

憩园三月雨，四壁长苔衣。积水循阶上，低云入户飞。

钟鸣龙欲吼，尾漏鼠常饥。一发青山外，层阴送夕晖。

另外他还写有一首《憩园秋日》：

小楼人影倚高空，目尽疏林夕照中。

为问西风竟何著？轻轻吹上雁来红。

憩园最热闹当数春夏时节，但谭嗣同诗里写的却是憩园的秋日。秋天，总是让人有些伤怀，一帘风月，满庭闲花，小楼人影，疏林夕照，窗外有雨，也有西风。想到谭嗣同在这样的季节里拨弹箜篌，不禁为之神往。十年前，谭继洵补授甘肃巩秦阶道，于次年秋，抵达秦州任上。那也是谭嗣同第一次来到兰州，流光易碎，十年一梦。而在这一梦十年里，谭嗣同已经五度往返兰州。

谭嗣同喜欢憩园，也喜欢那座位于旧城鼓楼西侧的庄严寺。一日，谭嗣同访僧归来，提笔写下："访僧入古寺，一径苍苔深。寒磬秋花落，承尘破纸吟。潭光澄夕照，松翠下庭荫。不尽古时意，萧萧雅满林。"庄严寺相传隋代为金城校尉薛举宅，唐初改作寺庙，取名庄严寺。寺院在元、明、清都重修过。谭嗣同来到这里，见台阶上布满青苔，禅室空寂无人，灰尘落满窗棂。不经意遇见僧人，一席袈裟随风而动，一派徐然，有古意，也有秋意。这时候，谭嗣同对佛教虽有好感，但并未精修，只觉在这种环境里休养生息，想必会让人气息脱俗。

谭嗣同除了诗文，又开始考虑他关心的时事。他这时候考虑最多的是中法战争的战和问题，以及治理国家的方策。一想到时事，谭嗣同的胸中就会激荡起闷雷般的潮声，后浪赶着前浪，前浪叠着后浪，大有排山倒海之势。此次，他愤而作《治言》一文，字字铿锵，听上去比春天的惊雷还要响亮。他发出的愤慨之音，音调虽孤高，但大多集中于"正心诚意"的论调，还没将"圣人之道"和天人性命之学运用于政治社会之用，即所谓的致用之道。虽然远离京师，但人在署衙，时代风潮依然环绕于身，缭绕于心。他在中法战争爆发后，愤而作《治言》，煌煌四千言，有"嗣同最少作"之称。谭嗣同在《治言》中全力宣扬"正人心"而"败夷狄"的儒家学说。他认为"船坚炮利"和西方制度的优越并不是他们获胜的主要原因，而是朝廷出了问题，士大夫心术已坏，学问求知偏离方向。

暮色苍茫，一只倦鸟越过灰色的云层，飞向就要沉下地平线的落日。这是1886年的兰州。彼时，传统中国的空间世界迎来它的晦暗时刻。但是，文明继续着，人们依然遵循先知启示的真理在解释这个世界。谭嗣同用古老的"忠（忠诚）、质（质朴）、文（文华）"三个概念，阐述国家强盛的三个阶段。当世人"薄儒"之时，他也会奋然作色，"奈何诋儒术无用乎？今日所用，特非儒术耳"。他在信守儒家学说的前提下，提出学习西方的主张，宣传他的变革思想。

江山社稷的发展轨迹或兴或衰，遵循着天地化合之道。对治理者来说，依形势治理，不能乱了秩序。古人说，一个时代的罢风不息，斯文不坠，一定是有英绝的领袖在维系着。《治言》是变与不变的矛盾结合体，谭嗣同认为世界文化是一条循环往复之路，今日中国虽是惨淡经营的败相，而西方却蒸蒸日上，但是继续走下去，中国必然会进入上升期。天下循环而运，一左一右，相反也，而卒于相遇；绕地球而行，一东一西，相反也，而卒于相遇。正因如此，此时的谭嗣同才会笃定地认为，世界文化此起彼伏。至于眼前的困境，完全是咎由自取。战，不知何恃以战；和，不知何恃以和。退，为的是保全国力；守，庸臣的欺人之谈，更是将其作为首鼠两端、借以透过的花招，致使国家陷入"不存不亡亦不安"状态。

谭嗣同并不认同完全不变的"道"。对于一个始终进步的青年人，其思想处于时时日日有不同的变化中。虫豸蝶变，大人虎变，小人革面，君子豹变。庸常之人，一日三变，变化多端。大人虎变，君子豹变，之所以烈而猛，是因为时间的积累，漫长而艰辛。待到十年后，当回望《治言》之论，谭嗣同又会产生批评式的自我反省。他说"（《治言》中所论）中外是非得失，全未缕悉，妄率胸臆，务为尊己卑人，一切迂疏虚骄之论"。他反复强调自己的过错，甚至希望时光能够倒流，与曾经那个虚妄的自己见上一面，当面忏悔。当然，我们今日看来，既不能全然不顾二十岁的谭嗣同"势所必变"的革新一面，也不能只看他的反省之辞。

光绪十三年（1887），谭嗣同仍在憩园读书。这一年，他除了阅读经、史和写了几首抒情诗之外，还对"时文制艺"作了一些研习。为了能够科场中试，他还耐心地揣摩了近几年的"闱墨"，直到次年春季，他仍为应试而孜孜不倦地研读。可是，他在回到浏阳与仲兄谭嗣襄同往长沙参加乡试时，头场考试所做的时文（八股文）还是不符合考官的要求，谭嗣襄亦如此，兄弟二人双双落榜。

他们在浏阳听到落第的消息，心里都很难过，特别是谭嗣襄，长期研习时文制艺，比弟弟谭嗣同耗费的精力大得多。每次参加乡试都遗憾收场，极大地挫伤了他由正途入仕的积极性。谭嗣襄觉得不能再走这条路，他决定渡海赴台湾，投靠有亲戚关系的在台湾任道员的唐景崧（谭继洵的次女谭嗣淑嫁给唐景崧之弟唐景對为妻）。此时台湾建省不久，急需人才。

谭嗣同见兄长决心已定，他也打算再度出塞去甘肃。于是，兄弟二人在深秋时一起坐船出发。他们沿江而下，一座座码头，一段段故事在眼前铺展。谭嗣同记得第一次坐船便是和仲兄一道回浏阳。与仲兄在一起的时光是美好而短暂的，而这种美好把人的五脏六腑也撑得饱满起来。很多个夜晚，船在黑暗的江面上无声地前行，谭嗣同都会有一种恍惚感，就好像它正载着自己穿越时间的隧道，回到生命的初始。

将至汉口时，忽然刮起了大风，接着又冻雨如注。江面上波浪翻涌，船也随之颠簸，撑船的人大惊失色。谭嗣同兄弟毫无惊惧之色，甚至"相视而笑"。一叶扁舟置身风浪中，它的命运会是怎样的呢？滔天的巨浪击打着船头，那声音喧闹轰鸣，犹如旱天惊雷。一个逆风而起的意象在谭嗣同的印象里，逐渐形成。张开的帆如同灌满风的口袋，里面塞满一个漂泊者的历险和前途。在一场惊人的风暴面前，人和命运都在抗衡，看似无心的天地造化，仔细留意，却发现出于某种安排。在猎猎的江风中，谭氏兄弟露出他们顶风而起的背脊。谭嗣同凝思片刻，"口占二诗"。其中一首是："白浪舡头聒旱雷，逆风犹自片帆开。他年击楫浑闲事，曾向中流炼胆来。"

若真能有那么一天，实现中流击楫、重整河山的理想，不管遭遇怎样的惊涛骇浪，也完全看成是平常之事，因为他们曾在狂风巨浪中锻炼过自己的胆量。谭嗣同与仲兄在冷酷的家庭环境里相依为命，兄弟二人就要天各一方，真是让人伤感。当他们在汉口分手时，谭嗣同的情感也随之勃发。他写下这样一首凄恻动人的诗：燕燕归飞影不双，秋心零落倚船窗。波声和梦初离枕，山色迎人欲渡江。泪到思亲难辨点，诗因久客渐无腔。填胸孤愤谁堪语，呜咽寒流石自凉。又是一首思亲的断肠诗。谭嗣同一想到从此将与仲兄谭嗣襄隔山隔海，飞影不双，秋心凋落，就足够让人心碎。舟行江海，固然豪迈，也着实悲凉。

秋日的天空浩渺悠远，人的愁绪如同这天地一样恒定，积压在心头。离别的愁绪就像落单的燕子，在天空中画不出成双成对的影子。人生来忧患，心思无处安放，夜雨敲窗，江水聚浪，不过是满腔孤愤无人诉。想到仲兄此去迢迢，谭嗣同在深秋散乱的梦境里怅然若失，泪水打湿了枕头。人生的离别和欢聚不过是外在形式，它们都是我们的身心状态，从我们的身心感受中显现出来。它们又都分散在我们的身心之中，也聚合在我们的人生道路上。

此时船已靠岸，兄弟二人"从容拂衣而去"。接着，他们就在汉口分别。谭嗣同仍由水路坐船到紫荆关，继续前行。光绪十五年（1889）正月，谭嗣同回到兰州。这一年正月二十七，紫禁城里正在操办光绪皇帝选妃的大事。在慈禧的亲自操纵下，年轻的皇帝将象征着皇后的如意交到了另一个叶赫那拉氏的手上。此女是都统桂祥的女儿，是慈禧太后的亲侄女，她被封为隆裕皇后。王朝的命运，就这样不断以家族的形式递延着。一个王朝的历史，从某种意义上说，就是一个家族的历史。宫廷的纷争，本质上也是血缘亲属间的博弈，任何亲人，无论夫妻、母子，还是兄弟，都可以被皇权定义为敌人。在光绪帝完婚的前一天，慈禧太后归政。

这一年，清廷颁下诏谕，命于本年举行"恩科"会试（清循明制，每遇皇帝即位和其他重大庆典，便增加举行乡、会试，称为"恩科"）。谭继洵认为这是谭嗣同由"正途出身"的好机会，便让他赴京，充分做好应试的准备。

谭嗣同赴京以前，接到仲兄谭嗣襄从台湾寄回的信，这封信使他深感怅惘。原来，谭嗣襄到台湾后，唐景崧留他在当地任职，并将其推荐给布政使沈应奎，沈又将他推荐给巡抚刘铭传。刘铭传接见他以后，与其纵论时事，觉得他很有才能，就委派他管理凤山县盐税的征收工作。据记载，"凤山地居台南，民贫赋重"，来到这里的吏员大多假公济私，将盐税视为财利聚集之处，贪污中饱，百姓深受其害。谭嗣襄到任后，改订章程，稽核账目，赏罚分明，毫无偏徇，仅仅数月就使盐局的面貌完全改变。但这样做，自然得罪了不少人，那些人对他进行毁谤、排挤。刘铭传了解情况后，召见他加以鼓励，打算提拔他管理台南府的盐税。但是，谭嗣襄有些意兴阑珊，他想到自己全身心投入其中，却招众怨，陷于孤立状态，心情非常抑郁。因此，他在写给谭嗣同的信中就自然地流露出伤感。

谭嗣同立即回信，并附上两首诗给哥哥谭嗣襄。其一诗云："飘荡嗟如我，蜚腾时望君。谁知万里外，踪迹困尘氛。"那一天晚上，油灯渐渐熄灭，月光像时间探出的一双手伸进了房子，让人恍然隔世。谭嗣同将信翻来覆去地看了几遍，内心愁绪翻腾。他多么希望兄长能够在官场上有所作为啊！不要像他四处奔波、行踪无定，最后徒留风里的一声叹息。此时他还不知道，嗣襄在台湾过得并不如意，依然困顿不安。以常理衡量，嗣襄以候补知州任县中盐税，地位很低。当时台湾巡抚刘铭传乃淮军出身。嗣襄一湘人，又无有力背景，人生地疏，很难施展抱负。

春节过后，谭嗣同启程赴京，先与侄儿谭传简（堂兄谭嗣棻之子）同往安定防军驻地，向自己的挚友刘云田告别。风雪漫天，马踏寒冰，这对身份不对等的异姓兄弟在军营燃起的篝火旁纵酒高歌。那天晚上，他们聊到很晚。谭嗣同说到刘云田在陕州给谭继洵延医治病和举着火把去买药的往事，不禁生出诸多感慨。分别之日，刘云田送谭嗣同叔侄上马，他站在马前，久久不愿离去，泪如雨落。谭嗣同极少见刘云田如此伤感，这个平日硬得像石头一样的汉子，在那一刻哭得状如小儿女态，实在是情深之人。那一刻，谭嗣同内心生出了隐隐的不安。这世上的种种忧患真是让人心意难平。果然，这是他们最后的诀别时刻。第二年，刘云田患病逝世。

谭嗣同叔侄经陕西，出潼关，渡黄河，入山西，经河北，行旅匆匆。年年山风，春草复生，这条路他走过不止一次，虽然艰苦，但苦中作乐，也别有滋味。四月间，谭嗣同再次抵达北京，居住浏阳会馆。

6

光绪十五年（1889）四月，北京城的天空显得阴晴不定，雨水时下时停。太阳如一枚镶嵌在天空中的铜镜，被风擦拭得锃亮。地气回暖，胡同里的柳树抽出密密匝匝的绿叶。人行于街上，可以嗅到地面泛起的春天的气息，让人有一种时间的恍惚感。这一天，刚从工部衙门归来的刘人熙，在湖广会馆见到了谭嗣同。谭嗣同主动上前拜师，并奉上父亲的书信。也就是从这一天起，谭嗣同投入刘氏门下，恭执弟子之礼。

刘人熙居于西砖胡同"蔚庐"，也在宣武城南，距浏阳会馆咫尺之遥，两处来往极为便利。刘人熙对这位新入室弟子颇为赏识，在日记和信函中一再提及："谭复生嗣同，少年振奇人也。""谭生好学深思，有不可一世之气，从余游京师，余甚异自。"谭嗣同身上有着不同于一般世家子弟的英武之气，爱好广泛，志趣高雅。刘人熙说他"雅好音乐，善南北昆曲，能歌乐章"，这是谭嗣同不为外人所知晓的另一面。有一天，刘人熙发现，谭嗣同正在捧读他所著的《琴旨申邱》。这是一本在他人看来，完全可以忽略不论的音律理论书籍，而谭嗣同却读得津津有味。惊喜之余，他决定开始教授谭嗣同弹奏古琴。一日，刘人熙同自己的门人带着埙篪、箫管等乐器，在浏阳会馆举办了一场音乐会。几个人演奏得酣畅淋漓，兴致盎然，就连围观者也忍不住拍手叫绝。

刘人熙对谭嗣同的喜爱，几乎到了逢人便夸的地步。当他发现谭嗣同的学术不够纯正时，便有意识地用自己的方式加以改造，试图将他培养成为可以继承"周孔之学"的栋梁之材。针对谭嗣同喜欢谈论"经世之略"的特点，刘人熙引导他学习北宋理学家张载所提倡的"知礼成性"说，以知、礼为崇德修业之本。同时还引导他致力于王船山的《四书训义》，因为这部书比较系统地阐述了朱熹的观点。刘人熙似乎并不看好以叶适为主的永嘉派的思想，认为那是功利之学，极力贬抑。他认为，自孔孟以来，诸子百家持有不同观点的学说，其中只有儒学是正统，其他学说都属异端。因为除儒学之外的三教九流以及陆九渊、王阳明的心学等，都与圣人之道背道而驰。他们中的卑下之人沉溺于功利，而高尚之人又崇尚于虚无，这都是不可取的。只有儒家学问由孔孟传到程朱，才属于正统的圣人之道，是安身立命的根本。

刘人熙反复告诫谭嗣同，永嘉之学"尽弃性命之理，而以事功相标榜，以掩其肤浅之实"，让谭嗣同不要受其迷惑。在此之前，谭嗣同一直推崇永嘉学派的务实态度，甚至将永嘉之学纳入自己喜欢的"任侠"一派。如今，刘人熙让他放弃对永嘉之学的追求，并非易事。那段时间，浏阳会馆经常会传出辩论争执的声音，来自师生之间的激烈碰撞也是火星四溅。

面对刘人熙"纯粹精"的博大学问，谭嗣同终究还是败下阵来，他承认自己的浅薄，也由衷地夸赞老师"学穷奥域，贯彻天人"。与其说是刘人熙改变了谭嗣同，不如说是由于命运的关系，谭嗣同才会服从于某种选择。他后来在写给朋友的信中承认，他于北京求学后开始认识到永嘉学派的弱点，从此将其束之高阁，被刘人熙称为"由永嘉返濂洛（北宋理学学派周敦颐和程颢）"。如果说在此之前，谭嗣同属于经世学派，对心性之学颇为不屑。那么短暂的京城求学生涯，治学重点由"治人"向"自治"转变。对于刘人熙来说，他最欣赏的学生能够迷途知返，走上他所认为的学术正途，这让他感到幸福和满足，足够人生浮一大白，再浮一大白。

那个摇晃的时代，程朱理学的巍巍大厦已经四面透风。来自各处的批判和非难，如罡风劲荡，使得这座大厦千疮百孔。刘人熙好像并未受到影响，他仍像一个忠诚的战士，苦苦地守着那块即将沦陷的阵地。他与自己的老朋友、谭嗣同的另一个老师欧阳中鹄都推崇一个人，那个人便是王船山。他们坚定地认为王船山直接继承了孔孟的衣钵，集程朱理学之大成，是儒学史上仅次于孟子、周敦颐的人物。故而在教授谭嗣同的时候，他们总是不断地引证王船山，并反复地介绍王船山的著作和思想。这让本就对王船山学问和为人非常景仰的谭嗣同坚定了研究王船山的信心和决心。

师从刘人熙之后，谭嗣同购买了全套的《船山遗书》。无数个夜晚，王船山的思想如灯，如月，如一切明亮的事物，透过肺腑、心神与其汇成一体。谭嗣同如饥似渴，一本本地研读，一句句地冥想，他在哲学观念上不断地向王船山靠拢。这一时期，说谭嗣同是王船山的信徒也丝毫不为过。他对友人说："五百年来学者，真通天人之故者，船山一人而已！"

作为一个忧国忧民、有着强烈政治抱负的年轻人，他不甘愿做一个平庸无能的"官二代"。他实在不明白，在这茫茫不知前路和归途的仕宦之道上，自己的人生价值在何方，难道说绵延不绝的人类历史就是人性的神话破产的历史？虽然想象中的前路充满了诱惑，有时这种想象似乎比真实更加真实，但它始终是一种虚妄，无法给人心以光明指引。

谭嗣同经常会换位思考：如果那些所谓圣贤者处在他的位置上，他们会怎么想、如何做？他从小受儒家教育的熏陶，圣人学说早就烂熟于心。但很多时候，他想的却是摆脱知识赋予的人生经验，用最简单的方式找到那个最简明的精神支点。就像我们抬头望天，星星就在头上，可为什么常常看不到？因为被太多的云层遮住了，一旦遮住就什么都看不见。看不见就可以自欺欺人地以为，这天上是没有星星的。那些圣人之说于他而言，更多是道德层面的打磨。而在欧阳中鹄和刘人熙等湖南士人的影响下，同时受时代空气的感染，谭嗣同也成为王夫之的崇拜者。他在二十五岁以后受了王夫之思想的强烈影响，并提出王夫之的道器论。

在这里，有必要将晚近以来，王夫之与湖南学人的精神联系做一处观照。明清数百年间，湖南产生的精英学者甚少，从当地通过科考成为举人和更上层楼成为进士的士子人数来看，湖南在诸省中也是敬陪末座。其他省份的人戏称湖南人为"骡子"，说他们有着像骡子一样吃苦耐劳且固执的个性，但这种个性的人里面几乎出不了一流学者和大人物。诚如晚清湖南学者邓显鹤所言"洞庭以南，服岭以北，屈原、贾谊伤心之地也，历代通人志士相望，而文字湮郁不宣"。

直到嘉庆十五年（1810），湖南这个向来以偏僻、落后而闻名于世的内陆省份，才迎来了现代精神的第一缕曙光。而打开这扇天窗的不是别人，正是那个看清湖南知识人命运的邓显鹤。我们可以想象，那个叫作邓显鹤的湖南新化人，与当时绝大多数湖南的士子一样，穿着一双芒鞋，满载家人的希望，跋涉于自古以来传统学子的奋进之路上，以期通过科举实现他们经国济民的志向。

邓显鹤始终没有迎来自己的显赫人生，屡试不第，仕途越走越窄。因而，他在困境中做出了一个重要的抉择，立下了"期以一寸心，遍饷百世士"的宏愿，即淡于仕途，专注学术，奋志搜访湘学散佚文献，纂辑刊刻，借以补《四库全书》之遗，匡正史之谬，让湖湘先贤前辈的事迹和精神得以流传于后世。一次，他从某文献里得知有一本明朝散佚之书《楚宝》，文献中宣称这本书收录了湖南地区历来出过的诸多大儒。

邓显鹤花了十年时间寻找该书，终于在湖南商业城市湘潭的某处私人藏书里找到一孤本。《楚宝·文苑》第一章以屈原为始，以将近两千年后另一位同样悲剧性人物作结，此人便是忠诚于明朝的学者王夫之。被邓显鹤称为"吾师"的王夫之，二十五岁遭逢明亡清兴之变。邓显鹤写道："北京陷，夫之涕泣不食者数日。"王夫之回到故乡湖南，回到深山中的老家"续梦庵"。他在此度过余生，过着与屈原、贾谊有诸多相似之处的幽居流放生活。

王夫之在湖南中部度过了四十年的隐士生活，钻研中国传统典籍，追索明亡之因和天下拨乱反正之道。让我们回到 17 世纪中叶，明朝灭亡时，年轻的王夫之不得不去面对一个残酷的世界：让他寄托了无数人生梦想的王朝，土崩瓦解，被各种竞逐的残暴、野心、绝望、贪婪的力量撕裂。他还那么年轻，人生才刚刚开始。他无力起而反抗，也无法再常年流离，于是，他选择了回到自己的出生地。他要用笔重塑、撑起被毁坏前的世界。在"续梦庵"续他的圣贤大梦，茅椽蓬牖，瓦灶绳床，满径蓬蒿，食粥赊酒。一个卑微的写作者，在没日没夜地续着他的梦。天地如何，笔墨可渡。墨在砚台里，一切归于平静；墨一旦诉诸笔端，便可与星月同游，风雷伴生。

王夫之的后人将其诗作和儒家经籍的手稿交与邓显鹤。邓显鹤最后只刊行了十八部著作，且全是注解经籍的著作，其中最著名的《船山遗书》的存世时间并不长，从鸦片战争结束到太平天国运动爆发。太平军攻入湘潭城时，找到《船山遗书》的雕版，将其烧掉。太平军进攻长沙时，郭嵩焘和左宗棠、左宗植等人逃到山中，左氏两兄弟曾任《船山遗书》主编，逃难也不忘带上一套《船山遗书》。而在此次避难中，郭嵩焘开始读王夫之的《礼记章句》，并在四十年后写下《礼记质疑》一书。以王夫之为指引，郭嵩焘开始研究《礼记》，且终生不辍。

参与1842年《船山遗书》刊印之事的学者，全部都与湘军诸将领关系密切，为《船山遗书》作序的唐鉴是曾国藩的恩师。同治元年（1862）八月，曾国藩等湖南人带领的湘军夜以继日地攻打南京时，战争形势混沌难明，曾国藩却在这时启动《船山遗书》的重刊工作。攻打南京之役打了两年多，重刊的编辑工作也耗时两年多。

同治五年（1866），雕版这一工作已完成，曾国藩用了四个月的时间精读王夫之著作，然后为新版《船山遗书》作序。他在序里写到王夫之，说他"荒山敝榻，终岁孜孜，以求所谓育物之仁、经邦之礼"。太平天国运动失败后，长沙的书院文化已根本瓦解。即使太平军打过湖南时未毁掉的书院，也已遭到弃置。郭嵩焘主持重建长沙古老的城南书院，同时在该书院内建了一座新祠，以纪念王夫之。

郭嵩焘的《船山祠碑记》中透露了自己内心的想法：建此祠"将使吾楚

之士知有先生之学，求其书读之，以推知诸儒得失，而于斯道盛衰之由、国家治乱之故，皆能默契于心，又将有人焉，光大先生之业。"借此向世人传递王夫之著作的精神，以实现"使湖湘之士共知宗仰"的梦想。郭嵩焘有意将此祠作为湖南学问重现光彩的开端，在楚地"草莽"中辟出一处花园。

郭嵩焘从英国伦敦返乡后曾专门拜访过谭嗣同的老师欧阳中鹄，并称其"极肯向学，诚笃士也"，还说"于乡人得欧阳节吾……稍令人意醒"。郭嵩焘很少夸赞人，他对欧阳中鹄真的欣赏，二人都是王夫之的忠实崇拜者。作为彼时浏阳之学的代表人物，欧阳中鹄与刘人熙的关系极为密切，彼此之间不仅以君子相待，相互推崇，而且以婚姻结为亲戚。他们在不得志时，都以讲学传道为己任。刘人熙曾在写给欧阳中鹄的信中说："居乡讲学，能收拾一二英才，其功倍于作吏。"

刘人熙熟读经史，博览群书，加上用力研究过老庄和佛教的学问，并致力过陆九渊、王阳明的心学，能够对各种学说进行比较，指出各类学问的优点和缺陷。这对于谭嗣同后来知识的积累和思想来源的驳杂产生了明显的影响。不过，刘人熙死守儒家孔孟之学，将其他学问统统斥为异端，又在很大程度上限制了自己的思想。他不能明白儒家孔孟之学问，在近代中国面临着重大社会危机的时候，是不能找到解决社会危机、国家危机、民族危机的办法的，而一味地将自己禁锢在儒家学说中，努力在儒学中寻求挽救危机的方法，就让刘人熙显得保守。他提出的诸多解决中国问题的办法，在今天看来是非常愚昧的。谭嗣同在接触到西学之前，思想曾经也是非常保守的，这在很大程度上是受到刘人熙的影响。

在刘人熙看来，中国传统文化优胜于西方近代文明，在政治制度、伦理道德等方面都要比西方优越。中国是礼仪之邦，伦理道德如同无形的战船和武器，无往而不利。中国应该用自己的伦理道德去改变西方，而不是妄自菲薄，导致夷夏不分，甚至以夷变夏，败坏中国的伦理道德和社会风气。他一再强调，中国要想抵御外夷的侵略，除了使用孔孟之道外，别无他法。刘人熙将自己的主张概括为：今天的中国还是过去的中国，今天外夷的情况还是原来外夷的情况。中国的立国之道，仍然是了解夷狄之情并驾驭之。方法可以不断变通，但根本不可改变，只要中国的孔孟之道得到延续和发扬，则中国可以永远立于不败之地。他的这些言论就如同当年反对洋务运动的守旧派官僚一样。由此可见，刘人熙的思想已经落后了不止一个时代，但就是这些极为陈旧的观点，仍然对比较年轻而且还没有接触太多西学的谭嗣同具有重要的影响。就中外关系以及中外优劣之比较方面，谭嗣同在作《仁学》之前的作品中，其论调几乎同刘人熙如出一辙，甚至在论述这方面问题时，谭嗣同都照搬照抄刘人熙的词句，可见受影响之深，唯一不同的地方，就是谭嗣同能够承认西方的科学技术先进及其在现实中的作用。

在身心投契的学习之余，谭嗣同经常会领着自己的侄儿谭传简到宣武城南去游览。这是他童年时和仲兄谭嗣襄读书求学的地方，追念往事，历历如在目前，不免有所感触。这一天，当他们回到浏阳会馆后，忽然听到谭嗣襄在台湾患寒疾而亡的消息。谭嗣同痛不欲生，泪如泉涌。他还同时收到兄长的遗书，说自己患的是感冒，医生也说过几天就会痊愈，但他执拗地认为自己得的是死亡之症，说自己即将病死，并将父亲和儿子一并托付谭嗣同。他还叮嘱将他从朋友那里借来的明代才子文徵明的一幅字画，即日送还。

五月五那天，谭嗣襄移居台南府安平县蓬壶书院，让人大感意外，他竟然真如自己所言，悄无声息地死了。据说在他去世的那天上午，还与宾客、随从谈笑风生，神态怡然。甚至有传言，他死于自杀。若然如此，以谭嗣襄的个性，很难见容于官场。据记载，谭嗣襄供职的凤山，地处台湾南部，百姓赋税沉重。那些来此任职的官员，往往会将盐税视为私利，予取予夺。对于有才华且有抱负的青年，此处显然是考验身心的一处炼狱。果不其然，谭嗣襄还是将命丢在了这里。

自从谭嗣同的母亲、伯兄和姐姐去世后，他与仲兄谭嗣襄在冰冷的家庭生活中抱团取暖，挨过了青春期那段敏感且艰难的岁月。谁知，兄弟二人在汉口分手，这一别阴阳两隔。仲兄去世的消息传来，谭嗣同"创巨痛深，瞢不省事，哭踊略定，则志𬨎形索，清刻至骨，自顾宛五六岁孺子也"。兄弟情深，令人为之动容。在谭嗣同眼里，兄长是仁孝和侠义的化身。他说："兄孝友英笃，至性过人，弥留之际，首以老亲为念。平生好交游，重然诺，虽一图画之微，濒死犹恐遗失，以负其初心。"

谭嗣同无心留京应考，他辞别刘人熙，星夜南奔。到达上海时，接到唐景崧从台湾发来的电报：殓事已毕。于是，谭嗣同便留在上海迎接哥哥的棺木，护送回浏阳安葬。

谭嗣襄的死亡，是继母亲之死后，谭嗣同精神上所遭受的又一次沉重打击。其悲痛之深，久久难以平复。他和仲兄有着相似的人生经历，无论是精神层面，还是情感契合，他们就像是一对连体人。如今仲兄死去，谭嗣同感觉自己的身心仿佛也被生生地切去了另一半。嗣襄因科举仕途屡遭挫折，远离乡土之地，寄身孤岛之所，最后落得黯然而逝。他的命运可以说是当时许多年轻知识分子命运的缩影，不仅是个人的悲剧，也是社会和时代的悲剧。

谭嗣同回顾仲兄嗣襄的一生，写下长篇挽联寄托哀思：空回首三十三年，盖世才华，都被艰难磨折尽，为君计较大端：以妙理启深思，君善于学；以滑稽演文理，君善于词；属怵目惊心，处家庭非常之变，君又善于行权；卒至窜身荒岛，委命穷乡，倘泉壤有灵，应慨壮游万里，吞声怕念家山，寂寞琴书，藐藐遗孤尚文褓。莽伤心五月五日，蓬沄风色，竟教噩耗远飞来，顾我犹深隐痛：当平居失弟道，我负其生；当含殓未躬亲，我负其死；值盘根错节，无缓急可恃之才，我尤负其期望；徒然翘首天涯，羁留沪上，忆汉阳语谶，终成一别千秋，衔石谁填恨海，苍莽烟水，飘飘何处着冤魂？

如果说母亲和伯兄、姐姐当年横遭瘟疫死亡时，谭嗣同少不更事，对于死亡的认知还很浅显。小时不识死，认为它只是人生的一次远行。如今，站在仲兄的棺木前，谭嗣同对于死亡有了更为深切的感受。他从千里之外赶来，只为了接最亲的人回家，他仿佛能够感受到棺中之人的呼吸，感受到棺中之人的忧伤。他看见哥哥的身体用白布包裹着放在棺木中，就像一只沉重包袱，塞满了无穷无尽的烦恼，也塞满了无穷无尽的痛苦。

夜色多么皎洁，一轮明月垂落在他和亲人之间，而旁边是一群在暗夜里游荡的蝙蝠，它们盘桓在树枝之上，在最为繁茂的葱绿中，练习着它们四肢的平衡，从而吮吸夜中的芳香。也仅在一挥手之间，眼见着生命的小舟载着仲兄越走越远，消失永不见，嗣同不由哀伤难抑。他黯然回到浏阳城北门口那座空荡荡的院落，念及亲人都不在眼前，滚滚感伤如河水东南流、崇云西北没。

对于谭嗣襄的死亡，有不同的说法，或曰病死，或曰谋杀。仲兄死后不到一年，与谭嗣同平素最为亲近的从子谭传简也离开人世。亲人死亡所带来的一连串打击，让谭嗣同经受了一次又一次的精神酷刑，无法愈合的伤口不断撕裂。在这旧痛新创的交相侵蚀之下，谭嗣同对生命的意义充满了怀疑和厌倦。生与死在不停地转换，方生方死从未停止过。

亲人一个个都消逝在那神秘的"幽宫"里，而且一旦消逝，便"音容终古杳"。他不知多少次站在北京城南的书斋前，凭吊亡人，那里是他和两个哥哥童年读书的地方。书斋不远处是一片坟场，尸骨累累，"然名胜如龙泉寺、龙爪槐、陶然亭、瑶台枣林，皆参错其间"。在儿时，那些地方是他与二位兄长常往游憩之所。

物是人非，悲伤像一枚钉子深深扎进心里。谭嗣同用文字直叩死亡之门，向坟场中的鬼神倾诉内心的悲痛和哀怨：峨峨华屋，冥冥邱山。人之既徂，鬼鸣其间。曰鬼来前，予识汝声。二十之年，汝唱予听。予于汝旧，汝弗予撄。昔予闻汝，雍穆群从。妄谓永保，交不汝重。岇然惟汝，孑然亦予。予其汝舍，予又奚趋？星明在天，雾暗覆野。……毫乐纤哀，奔会来向，明明城南，如何云忘？城南明明，千里恻怆。他写下了《城南思旧铭并叙》，怀念突然离世的仲兄谭嗣襄。兄啊！你已经不在世上，群山还是群山，星辰还是星辰，大地还是大地。纵然你化为鬼魂，走近我，我也识得你的声音。那些逝去的岁月里，都是你在唱，我在听。如今，你离我而去，化为群山，化为星辰，化为大地，空留下我孑然一人，如孤雁念群，只影求伴。你舍我而去，我又怎能舍你而去。虽然星明在天，但挡不住我的内心如雾暗覆野。晚上读谭嗣同的这些悼亡诗，读的人内心如深海暗潜，凉意入骨。

死亡恐惧是人类心理最为普遍也最深刻而隐蔽的不安，这是人类与生俱来的致命之伤。谭嗣同在一首叫作《残魂曲》的诗中喟叹："人生穷达空悲慕，金碗荒凉同古墓。"至亲至爱之人一个个离开人世，此生再无欢聚之日，怎不令人黯然神伤。如果人生一世，无论穷达，最后都要同归于阴暗的坟墓，那么人活在这个世界，其意义何在？

幸运的是谭嗣同没有从"人注定要死"这样的命题中走向消极，反而激发他去不断地追求真理。天地没有终结，人只有短短的一生，倘若个人不能在短暂的生命周期里，按照自己的意愿去实现自己的抱负，岂不是太可惜？陶渊明在《归去来兮辞》中说："云无心以出岫，鸟倦飞而知还。"人如无心之云，载浮载沉，人身难得，人生也难得，人感念着造化的恩惠，不得不走着自己的路。

这种对声名的怆然之感，也成为谭嗣同心灵的酵母，是他内心不断挣扎的动力。谭嗣同"由永嘉返濂洛"的思想变化，与他个人生活悲剧及其精神危机有着很大关系。仲兄嗣襄死后，谭嗣同"内顾诸家既如此，外顾诸世又如彼"，不能不感到极大的悲愤和哀伤，长期以来压抑的痛苦猛烈地爆发出来，一时陷入巨大的精神危机之中。

谭嗣同开始向人生索取一种真理，这种真理既是他的价值标准，也是他认识宇宙的底蕴，是他的探索、他的天问，是他化解悲观情绪和生存惶惑的路径。至于这条路径将会把他引向何处，在于个人的造化。

第三章

守常与日新：冲决网罗与虚空

1

　　光绪十六年（1890）春，谭继洵就任湖北巡抚，谭嗣同亦随家人移居武汉。武汉位于长江中游，"扼束江湖，襟带吴楚"，四通八达，风气远较兰州开放。武汉三镇，武昌为行政和文教机关所在地，汉阳属工业区，外国租界和领事馆则设在汉口。特别是张之洞于上年就任湖广总督后，大刀阔斧推行洋务，使得武汉在短时间内为世人所瞩目。

　　谭继洵为官三十年，在京城为官时，他就将忠于职守、拾遗补缺作为自己的为官准则。等到外放地方，他又将清正清廉、重农恤民作为应尽本分。谭继洵是个守成之官，绝无冒险开拓的魄力。这些年，他一直遵循中国传统的儒家经典。虽然西学东渐之风已劲吹半个世纪，但他不屑于西方的那一套，更没想过自己去办洋务、倡西化。他认为那些不是一个正经官员应做之事，也不是为官的职分所在。张之洞办铁厂、枪炮厂，建织布局、纺纱局，建立了两湖书院、湖北舆图总局、自强学堂，等等，虽然闹哄哄，却不是一个总督应办的事。

　　谭继洵不认为洋务能致中国富强。中国有中国的国情，中国的富强只能按照圣人所教的那一套去办。至于张之洞忙活的那些事，纯属谋私利出风头。湖广总督和湖北巡抚同居武昌一城。湖北巡抚署设在武昌忠孝门内前所营，与总督府的喧腾不休相比，巡抚衙门冷清许多。谭继洵不喜洋务，湖北的洋务事宜任由张之洞一手把持。谭继洵作为署理总督，还未踏足吴楚之地，就听到张之洞办洋务的风言风语，诸如糜耗钱财，挥霍浪费，人浮于事，管理混乱，裙带成风，事倍功半，铁厂为贪利之徒开敛财之门、为幸进之辈谋晋升之阶，几乎都是指摘讥讽，少有赞赏的。由于谭继洵不喜洋务，督、抚之间隔阂渐深。直到随后而至的陈宝箴就任湖北按察使后，调节于督、抚之间，形成了张、谭、陈三驾马车的局面。据陈宝箴长子陈三立说："时总督为张公之洞，而谭公继洵为巡抚，两公颇异趣，要皆倚府君（陈宝箴）为助。"

谭继洵公务繁忙，官场应酬使他几无恬淡之日。一个巡抚的日常生活是忙碌而充实的，看戏、宴请、交游，几乎填满了谭继洵公务之外的时间。谭嗣同平日也是深居简出，虽然偶尔会参与抚署公事，起草奏稿函牍，但非其兴趣所在。谭嗣同的生活从他与师友的书信中可见端倪："近自家大人使蜀，颇富闲暇，忘其专辄，粗欲有事捃拾。而官事转捩，时复与达官往还，哇言尸貌，实违鄙心。署中度岁，薪米要会，性尤不近，论说之友，又终阙如，以此居恒邑邑。"谭嗣同依然无法适应上流社会的应酬，隐然桀骜自傲。这些刚柔并济的文句，让人读来，反倒比那些独善其身的修辞来得真实。我好像从中看到身材峭拔的谭嗣同面沉如水，每日读书于抚署后园。夕阳西下，他登临园中的六虚亭，望着不远处江水卷风，帆影出没，那一刻他忘记自己置身何处。落日的余光从树叶的缝隙间透下来，构成交错的光柱与花斑，加剧了现实的离奇，让人不知今夕何夕。

谭继洵出任湖北巡抚后，浏阳士人纷纷来到武汉谋事。一时间，武昌抚署成了浏阳士人聚集的中心。先是欧阳中鹄抵鄂入谭继洵幕，此后，王信余、贝元徵、涂质初相继来此，并先后入湖北抚幕任文案。谭嗣同得以再次追随欧阳中鹄求学，并与其他人成为无话不谈的朋友。

抚署的后花园成为他们经常聚会之所，那里成为他们生活中形而上的乐土，透过其中的香气在思考、沉默和叹息。这一时期，谭嗣同结识了一些新的朋友。他从朋友们身上获得了极大的安慰，他们之间的交流来自见识、书籍和自我判断。每个人都像是这园中的一种花，散发着不同的芬芳，交织在一起就成了不可穷尽的河流。他们经常通宵达旦，乐此不疲，直到露水洒入鲜花的馨香。

谭嗣同后来回忆道："家大人开府湖北，宾从文宴，盛极一时，瓣姜师外，若王君信余、吴君小珊、张君憩云、涂君质初、贝君元徵，方诸芝兰，吾臭味也。"朋友们都是这园中的芝兰，只有他的身上散发着臭味。谭嗣同最先结识的是在湖北巡抚幕府谋事的吴小珊和张憩云。他称"诗文旨趣，尤与吴君合"，并曾题《菊花石砚铭》赠之，字里行间，流露出少有的愉快心情。谭嗣同就是在那样的感受中缓解了精神上的痛苦，然而在逝去的记忆里，他无法不想到仲兄谭嗣襄。此时浏阳士人群体也达到了全盛时期，越是完满，越觉得仲兄的离去是巨大的缺憾。

天空散布的星宿显示了一个人的生活记忆，真可谓年华世事两迷离。这一时期，浏阳士人行踪不定，时有聚散。比如刘人熙改官出署，外用直隶州知州，分发河南，离开了谋事十余载的京师工部衙门。不久又入开封河道总督府，总理文牍。公务之余，刘人熙在河南讲学不辍，广布船山之学。此时，陪伴在谭嗣同身边讲学的是欧阳中鹄。欧阳中鹄除了指导谭嗣同系统地钻研王船山的《四书训义》外，还特别叮嘱须以王船山所著的《俟解》作为立身处世之本。两部书虽有可取之处，但糟粕着实不少。它宣扬三纲五常，轻视庶民百姓和强调"存天理、去人欲"等。在对弟子的教育中，欧阳中鹄强调立身的重要性。他认为人之根本在于"自治"，所谓"自治云者，培其所独禀，而完其所不备"。他要求弟子们注意平日言行和待人接物。

这是谭嗣同内心最为寂寞，也是身体周遭最为热闹的时期。他经常会望着园里的一朵花出神，想到无法抗拒的凋谢的命运，便无端地伤感起来。光绪十七年（1891），干支为辛卯，八月将举行正科乡试。因此，谭嗣同于春、夏两季都在抚署发奋读书。七月，他往长沙参加乡试。与他同赴乡试的还有他的同窗好友唐才常。他们曾一同师事欧阳中鹄，平时关系最为密切，就像是浏阳之地生起的两团火焰，互相点燃了对方，似乎从此找到了生命参照的意义。谭嗣同称其"嗣同同学，刎颈交也。其品学才气，一时无两"。光绪十二年（1886），唐才常应童子试，以县、府、院三试冠军入学，俗称"小三元"，为有清二百年来第一人，随即就读于长沙岳麓书院兼在校经书院附课，为时五年，课卷文字多名列前茅。反倒是谭嗣同，好像对自己应试并没抱多大希望，但他始终看好唐才常。

在那个秋风萧瑟的夜晚，一对同窗密友坐在长沙街头的酒馆里咽下苦涩的滋味。谭嗣同再度落榜，而他看好的唐才常也同样落榜。难兄难弟，借酒浇愁。迷茫是这对年轻人最大的恐慌，他们在大时代的街头分享着彼此的困惑。谭嗣同在自己所作画像边如此慨叹："其文多恨与制违，然能独往难可非。"文章入制，难入得心；文章入心，却又难入制。夜色裹住人，人想着一腔心思。这样的时刻，谁又不曾经历过呢？我在叙述他们的时候，会想到奥地利诗人里尔克的那句诗："有何胜利可言，挺住便是一切。"

当他们在长沙的街头拱手道别时，谁都没有说伤感的话。他们并不认同这个世界赋予他们的秩序，虽然眼前他们所能做的只是忍耐。他们知道彼此想对对方说些什么，就像里尔克在一封信中所写："我咀嚼一下自己的滋味，尝到的只是忍耐，纯净的、平淡的、没有一点拌料的忍耐。"在那个时代，要成为一个幸福的人纯属枉然。谭嗣同没有回到浏阳，而是匆匆奔着武昌去了。他们的人生轨迹与一个人有着密切的联系，那个人就是他们共同的老师欧阳中鹄。那年冬天，唐才常经欧阳中鹄推荐，赴成都入四川学使瞿鸿禨幕，任阅卷和兼读。而谭嗣同则回到父亲的抚台公馆继续读书。

欧阳中鹄仍旧指导谭嗣同研读《船山遗书》，除要他温习《四书训义》外，还教他读《周易内传》《礼记章句》，并要他浏览王船山对《周易》《尚书》《诗经》的笺注性著作。谭嗣同的求知欲很强烈，他不以此为限，还钻研了王船山的其他哲学著作。这一时期谭嗣同开始接触西学，并将其与船山哲学结合起来。当时上海江南制造局翻译出版的有关声、光、化、电、天、地、图、算等书籍，和由英国人傅兰雅主编的科学杂志《格致汇编》等，成为谭嗣同了解"西人格致之学"的主要途径。如果说在此之前谭嗣同的知识结构完全限于中国传统学术，现在当他一接触新的知识门类，如同步入另外一个天地，并很快为近代科学的明晰透彻所吸引，开始如饥似渴地阅读和钻研。

谭嗣同开始广泛涉猎各种关于历史、地理、天文、文学等方面的书籍，并对数学中的几何学产生了浓厚的兴趣。在这方面，他曾经得到刘人熙的指点。刘人熙对《周髀算经》和《九章算术》中涉及图形面积的计算部分，都有所领会，因而他在谭嗣同问学时能作一些基本的开导。诚如他所说："睹西书，独酷嗜若性成，求通算术亦未尝去诸怀。"谭嗣同在写给友人刘淞芙的信中谈到自己的学习感悟："西法易者极易，难者极难。读《几何原本》至五、六卷后，即惝然莫辨途径。"他说，中国人近来所说的测量，用西方人的术法极为简单，苦无仪器，才无从着手。他掌握的算学，大多是从上海书局所刻的《中西算学大成》中获得，先是从第十八卷笔算入手，及至于比例、勾股等算法，由勾股而三角，由三角而割圆，难度渐渐加大。总之，算学及机器，还是天下最难的学问。天下最难的令人望而却步的学问，是舆地（地理学）。

谭嗣同通过自学掌握了一定的科学知识，可谓芜杂与精深并存，其中包括数学、物理、化学、光学、生物学和天文、地理，今日看来较为零乱，也无法形成完整的知识体系。尽管如此，在那样一个知识匮乏的时代，谭嗣同已经打开了一扇能够看到新世界的窗户。他"好格致算学，时时谈西法"，并很快建立起对西学的信仰，坚信科学知识不可改变。对比之下更使他感到中国科学的落后，他感佩西人致思之精，而慨叹华人之无学。他甚至认为，西方人掌握的科学知识，中国的先贤们早就证明了。孟子说，学问之道没有其他，不过是找回自己的本心。有的人，鸡狗丢失了倒晓得去找回来，本心失去了却不晓得去寻求。

18 世纪的德国诗人赫尔德曾经说过："人类的气息成为世界的图景，它是我们思想的形态和他人灵魂中的情感。在这流动的空气中寄托着人性的一切，那大地上的人所曾经思考过、想象过、做过和将要去做的一切。如果这种神圣的气息还没有在我们周围吹拂，如果它不像一阕魔音般回旋在我们唇边，我们就仍将在密林深处漫游漂泊。"谭嗣同一边惊诧于西方的科学，一边自欺欺人地固守着天朝上国的中心学说。文明是从一条河流到另一条河流，可惜的是，我们一路上将老祖宗的宝贝都丢弃了，结果被人家捡去。比如，谭嗣同认为张载的地动之说符合科学，他努力用近代科学知识去证明古人的科学成果。这种以我为主体的逆证，是近代学人的惯常思维。谈不上其他，而是人的知识结构使然。用熟悉的，去试探陌生的；用我知，去试探你知和他知。

万事万物恒定如斯，科学知识与哲学观念让天地有了新的变化。没有一种文明可以超逾界限伸展到边缘，没有一个人不是在动荡之中把握生，走向死，生与死耗费着肉体和灵魂。谭嗣同力图将科学知识与中国古典哲学观念，特别是与张载、王夫之的"气本论"哲学结合起来。在西学中，"气"是一个物理学概念，而在中国人的学问体系里，"气"则是指"元气"，是一个关乎生死的哲学范畴。

西方人论气，由地而上，从空间升入空间，乃二百里之气，逾界则休。而王夫之所谓"气"，乃天地往来之气，无尽无休。中国人所谓"气"是形而上学发展的一条道路，它是人道，也是天道，无论是隐形与显露，损害与收藏，它们处于抉择与转变之中，是为了在神性中无休止地循环。王夫之反对的是程朱理学将道器、气理、天理、人欲都截为两段的二元论错误，气一元论主张

"理与气互相为体，而气外无理，理外亦不能成其气"。谭嗣同深刻理解船山学的这一层意思，所以他在解释"形而上者谓之道，形而下者谓之器"时明确指出"曰上曰下，明道器之相为一"。后来，谭嗣同的仁学仍然强调"道通为一"，反对体用和道器的割裂。

王夫之论天道，强调其变动无常；但其论人道，则又偏重以常治变，即所谓"变在天地而常在人"。谭嗣同在钻研船山之学时，也认为："夫《易》，言变者也；礼，不变者也……不变者，质文损益，万变不离其宗。"主张"于礼得其体，于易得其通"。如果说，在王船山时代，变与不变的矛盾还是潜在的，那么到了谭嗣同的时代，它们就成了极其尖锐的矛盾，成为每个人无法回避的现实问题。在黑乎乎的布景般的万物中，忽然透过来一丝光亮，每个人眼睛里看见的事物开始慢慢苏醒。谭嗣同的态度是："嗟乎！古今之变，亦已极矣。变者日变，其不变者，亦终不变也。"他设想的是，先立天下之不变者，乃可以定天下之变。何为天下不变者，在谭嗣同看来，自然是中国几千年来的圣人之道。

严格说来，在春风沉醉的夜晚，人的内心最容易滋长的，便是对于某种神圣之物的念想与渴望。那一刻，谭嗣同就像一位坚信上帝必然到来的信徒，竖着耳朵聆听，在不住的聆听中，等待一束光在一个凌晨出现。武昌城的许多个夜晚，谭嗣同捧着《船山遗书》通宵达旦，如痴如醉。王船山对谭嗣同影响最大的是气一元论思想，即气理之学。气理之学是谭嗣同仁学的第一块基石。王夫之从对自然的理性观察出发，提出"理只是以象二仪之妙，气方是二仪之实"的观点，认为阴阳二仪统一于气而非理，气才是实有，乃是理之依。由此气理关系，推导出器道关系。气也就是器，"天下惟器而已矣"，所以器为体，道为体之用。王夫之的气理之论像是一道明亮的光，照亮了谭嗣同内心那些混沌不清的角落。他说："道，用也；器，体也；体立而用行，器存而道不亡。"他曾经和那些误打误撞的自学者一样，以道为体，使得道陷入迷离恍惚之中，好像成了一种抓不住的虚幻之物。

诗人博尔赫斯生活在他用精确的想象力看见的并不明确的世界之中："从这里，通向一道盘旋的梯子，往下，到达无底的深渊，往上，升到遥远的高处。门道里有一面镜子，忠实地重复着映照的事物。"武昌城里的谭嗣同在某个时刻，便是博尔赫斯。他每天都在吸收着新的知识，他的学术思想结构虽然没有发生改变，但新的因素在不断的积累当中。知识不是一块板结的土地，它是一条河流，它的变化随着地形的变化而变化。随着科学知识，尤其是进化观点的不断输入，与所谓的"圣人之道"之间的矛盾变得更加尖锐。我们可以想象，谭嗣同置身于后花园的某个夜晚，迷失在彼时复杂而模糊的认识里。那一刻，也就是面临着既有刺又有香气和矛盾的时刻，他产生了怀疑。而这种怀疑，又将他的思想推向突变的门槛上。

很多年后，谭嗣同回忆起那个春天，很多东西和记忆都发生了强烈的变化。他那本充满了告别和总结性文字的自述，虽然没有提及某个失眠后的夜晚，但他却用简短的文字，记下了彼时内心一闪而过的迷惘与怀疑。他开始琢磨一个词："变革"。《周易》"革"卦为"更新"之卦，其象辞曰："革而当，其悔乃亡。天地革而四时成，汤武革命，顺乎天而应乎人。革之时大矣哉！"此时在浏阳士人群体内部发生了一场关于守常与日新的争论，从思想演变的角度来看显得意味深长。这一年春天，贝元徵从淮宁致函谭嗣同。贝元徵于光绪十八年（1892）离开湖北抚署，前往河南开封，投奔其外舅刘人熙，次年转赴淮宁谋职。

贝元徵在信中毫不客气地批评谭嗣同治学不纯，徒事纷扰，并对此提出规劝。谭嗣同在回信中剖析了自己的性格，也委婉地接受了好友的批评。他说，他的忧虑，在于急着想要自我更新，而无法达成所愿。他天生性急，又无法接受小有所成。不乐小成是他所长，而性急则是他所短。性急则凡事求快，凡事求快则会逾越事物发展规律，结果终无所获。不得已，他又会转向其他方面，又无所得，则又转向另外方面；且失且徙，越失越徙。其弊端在于不守秩序，所以自我纷扰不断而无休无止。

谭嗣同并不回避自己的短处，他的这一分析也切中自身之失。他认为，自己与贝元徵的分歧之处在于：贝元徵重视守常，强调择善固执，而自己则肯定王夫之的"日新"思想："天以新为运，人以新为生。"他强调日新在于实践，所谓"盖日新者，行之而后见"。若一个人只懂得坐而论道，不去实践，只会滋生出更多的陈词滥调，难以推陈出新。

他向贝元徵提出告诫：不停地实践是日新的本体，遵守秩序是日新的实用。而一个人若是墨守成规，又岂能有所进步。我的朋友啊！您向来自治甚严，自观甚密，觉察出我身上有近似于纷扰者。嗣同是个愚钝虚妄之人，自以为尚未考虑成熟，而非守之不确。

每个人的脑海里可能都会产生一个乌托邦，同样的生活并不能对每个人都具有相同的精神价值。由于多数人无从超越他们自己，他们便无法实现日新。此时的谭嗣同对王夫之抱有一份无可替代的尊敬。尽管圣人在思想层面进行的一切乌托邦实验大多以失败告终，但包含在这失败中的，是让一个思考的人变成行动的人，让平庸的生活感到惭愧的生命之美。谭、贝之争，虽有性格上的差异，但更多是观念上的分歧，他们代表了两种不同的精神。

光绪十九年（1893）春，谭嗣同到芜湖去拜访了他的岳父李寿蓉（时署徽宁池太广道，驻芜湖），住了几天就返回武昌。这时，谭继洵接到朝廷谕旨，因甲午年十月初十日（即1894年11月7日）是慈禧太后的六十寿辰，决定于本年举行恩科乡试，次年举行恩科会试。于是，谭继洵叮嘱谭嗣同认真研习时文制艺，准备到北京去参加顺天府恩科乡试。

2

光绪十九年（1893），癸巳年夏日将尽，北京城的天空总是阴晴不定，雨水时下时停，让人难以把握。颐和园里的红花绿树、白桥黄瓦，被雨水冲洗得格外鲜亮，每当雨水骤停，都会发出恬然而明澈的光泽。

早晨，夜气散去，人气渐渐升腾。万寿山下的画廊里，两个小太监手里捻着细如发丝的牛筋草拨弄着青花瓷罐子里的两只蟋蟀。虫子伸须蹬腿，好似通了灵性，忘情地为彼此的主子搏杀。太监们比往日来得要早，因为老佛爷一会儿过来，他们务必撩起蟋蟀的性子，用一场你死我活的表演博慈禧太后一笑。

昆虫世界的战争，于人是乐趣、热闹，人类世界的战争则要残酷得多。一场战争的输赢，并不完全取决于战争本身。有些时候，战争还未开始，输赢早就注定。失败固然有外力使然，但内部的耗损也不容忽视。那段日子，身为清廷最高统治者的慈禧太后，越来越沉迷于园子里的娱乐活动。战争的阴云笼罩在大清国的上空，而这个帝国最有权势的女人对于东北亚国际关系毫无兴趣。光绪亲政之后，慈禧沉浸于她的退隐生活，悠然且自得。而整个朝廷，为她支付了一笔昂贵的退休金。

为了迎接这个盛大的节日，清廷早就编制了一套财政计划，据说比编练海军还要翔实。筹备工作去年已经开始启动，光绪帝颁下上谕，提前近两年为慈禧的六旬生日做准备："甲午年，欣逢（慈禧太后）花甲昌期，寿宇宏开，朕当率天下臣民胪欢祝嘏。所有应备仪文典礼，必应专派大臣敬谨办理，以昭慎重。"太后的寿辰，怠慢不得，马虎不得，不然真要出大事。

有人算过一笔账：在庆典期间，紫禁城、西苑（今中南海）、颐和园、万寿寺等处的殿宇、门座均用彩绸装饰，这项"形象工程"的预算是十四万两白银；在巡游回宫的路上，还耗资四十六万两白银，搭建二十多座彩殿、彩棚；此外，还耗资二百四十万两白银装修庙宇、搭建彩棚、安装宫灯，建点景楼、音乐楼、灯游廊、牌楼等工程无数。不算为太后修建颐和园的费用，仅这些"形象工程"的费用，就能购买三艘"吉野号"，足以将日本海军打个稀巴烂。但清政府偏偏在这时候宣布，因老佛爷寿庆需款，海军正式停购军舰。这一决定给日本人吃了一颗定心丸，既然大清国乐于把海军战舰化成金辇银桥和湖光山色，那么对于迫在眼前的战争，也就敢做更多的奢望。

老佛爷的六十大寿非比寻常，成为压倒一切的政治任务。当有人建议停止颐和园工程、停办点景移作军费的时候，慈禧太后大为震怒，甚至说出"今日令吾不欢者，吾亦将令彼终身不欢"的狠话。举国兴办如此规模宏大、豪华铺张的"六旬庆典"，巨大的开支犹如压在光绪帝身上的一座大山。就在筹备庆典的同时，为了应付军费开支，户部刚刚向国外银行借贷。据史料显示：由于战局恶化，为了军事需要，清政府向英国、德国订购了几艘快艇，又向阿根廷订购了十三艘快艇，共计需款四百余万两；为了应付战局，军队的开拔、招募和编练，沿海的防御，总计需款三百九十余万两。

如此巨大的军事开支，短期内集结在一起，令国库空虚、靠借贷度日的清政府难以为继。百般筹措，依然不见效果，不得已，户部只得再举外债。待到慈禧寿典的筹备接近尾声之际，户部通过海关总税务司赫德向英国银行借贷一千万两，年息七厘半，十年以后还本，十年中利息银四百二十万两。前线战事愈演愈烈，军费筹措尚需举借外债，庆典的费用将如何筹措？从已经寅吃卯粮的清政府的财政状况来看，用于慈禧庆典的费用，只能是挪用、拼凑与搜刮，此外绝无他途。

这一年，老大帝国并无新事，还是破车沿着旧辙行进，而谭嗣同也正由武昌出发赶赴北京参加恩科乡试。途经上海时，谭嗣同滞留数日。在这期间，他结识了英国人傅兰雅——一个对他影响深远的西方学者。上海，彼时被称为

"外国冒险家乐园"。不少外国人来到这里是为了实现他们的淘金梦，他们中的很多人也的确做到了。但这显然不是这座中西方文化碰撞的前沿城市的全部内容，英国人傅兰雅便是一个特殊的例子。下面，我将在他的身上花些笔墨。无论是中国文化的域外输出，还是近代中国科学启蒙，傅兰雅都是一个绕不过去的人物。

谭嗣同此前已读过傅兰雅翻译的西方著述，钦慕已久。傅兰雅在中国生活了三十多年，若不是生就一副西方面孔，他与中国的知识人士并无区别。操着一口纯正的汉语，身着中国官服，爱读古典话本小说，喜爱诗酒唱和的风雅生活。这个不远万里来到中国，已经半中国化的英国人出生于苏格兰的牧师家庭。那个时代来到中国的外国人，或传教，或淘金，或其他原因，大多有一个共性，那就是对这个古老的东方国家怀有猎奇之心。傅兰雅从小喜欢阅读中国书籍，收集来自东方的中国见闻。少年时的傅兰雅最大的人生梦想，就是有一天登上开往中国的邮轮，并抵达那个让他魂牵梦萦的东方国度，他也因此被身边人称为"中国迷"。

傅兰雅的人生理想在他二十二岁时，即咸丰十一年（1861），得以实现。那一年的世界并不太平，东西方文明的抗争与融合走到一个十字路口。那一年，美国南北战争爆发；那一年，中国的咸丰皇帝病逝，慈禧太后联合恭亲王奕䜣发动历史上著名的辛酉（1861）政变，打倒顾命八大臣势力；那一年，英法等各国派公使常驻北京，并于东交民巷一带设立公使馆；那一年，清廷正式设立外交机构——总理各国事务衙门。

傅兰雅抵达中国的第一站是香港，在中国第一份职业，或者说他扮演的第一个角色，便是香港圣保罗书院的一名教员。傅兰雅对这个古老的东方帝国好像有着与生俱来的亲切感，很快就显示了语言上的天赋。他不仅掌握了汉语，而且学会使用广东方言，为了学习中国上流社会使用的官话，他还投在彼时在中国最有名的传教士丁韪良的门下，在北京的同文馆做过一年英文教习。他在香港没待多久，就来到了上海。他在英华书院——"一所传教士主持的、房顶开缝的学堂"，教授二十多个中国商人的儿子学习英语，后来成名的清末政论家和思想家郑观应便是他的学生。

傅兰雅不同于其他西方人，他对中国抱有真挚而热烈的情感，让人无法理解。他一直想用西方科学给这个国家带来改变。而上天似乎也在有意成全他这么做，他被上海的教会团任命为在传教士中享有盛名的《中国教会新报》的主编。傅兰雅虽受教会派遣，但他对传教并无兴趣。他感兴趣的是好好利用这份报纸，诚如他所说："（我要）一年内将报纸发行量翻一番，使它成为启蒙中国的媒体，要让中国的知识分子都读这份报纸，还要把影响做到地方官府乃至朝廷。"他为此兴奋不已，他说自己挣脱了桎梏，就像鸟儿钻出笼子，在天空中自由地翱翔。他说这番话的时候，激动得手舞足蹈，脸涨得通红。

像傅兰雅这样有着传教士背景的洋人，大多认为在当时的中国社会，士大夫阶层是最值得施加影响的群体，因为他们是"清帝国的灵魂和实际的统治者"，影响了他们，"就可以完全渗透这个帝国并且有效地改变中国的舆论和行动"，而对于这个阶层来说，出版物无疑是施展影响的最为合适的载体，所以办报成为传教士们非常热衷的活动。从职业的角度看，他们算是非常敬业也非常专业，而这也有意无意地推动中国民间报刊的发展。

傅兰雅为办好这份报纸，倾注了全部的心力。他除了介绍西方的科学、教育和新闻，还亲自撰写文章和社论，对中国时事发表评议。他向清廷建议：政府应让大部分中国学生花三年时间学习外语，然后送他们到欧洲的大学留学。傅兰雅和他的言论引起海内外的关注，他的文章经常被广州和香港的报纸转载。傅兰雅很有成就感，他在家信中流露出自己的喜悦之情："我的汉语水平，以及人们传说的我掌握各种土话的超凡能力，还有我的文笔，我作为一份发行量最大的中国报纸的主编，理应使我具有高人一等的地位……我在中国已经名闻遐迩，这恰好是不少比我能力强的人想得到而无缘得到的东西。"

事情的发展往往不以人的意志为转移，傅兰雅的高光引起很多人的关注，而这其中也包括一些有实权的中国官员。1868 年，傅兰雅被迫离开《中国教会新报》。但在那个西风东渐的时代，已称得上"中国通"的傅兰雅绝不会因此沉寂下去。这年春天，他被一张来自江南制造局翻译馆的聘书所吸引。

他很快做出决定，辞去英华学塾之职，脱离教会，就任江南制造局，从事西方科技著作的翻译工作，并由此成为清政府体制内的一员。江南制造局西风渐起，聘用外籍人员入主翻译馆，这在当时独一无二。翻译馆所译的书籍，以西方科学技术为主，书目由中国官员选定，随后傅兰雅从英国订购运来。傅兰雅在高昌庙附近租了一所中国式的院落，每天乘坐轿子前往翻译馆上班。下班后，他经常约上几个好友乘马车进城，参加各种社交活动。有时候碰上高兴的事，他和翻译馆的同僚们还会一起吹拉弹唱消遣。他花钱买来了一台最时髦的天文望远镜，晚上就用它仰望星空，这成为当时的美谈。

他似乎对这样的生活颇为满意，他说："我现在开始做我想做的事情了。我从来就喜欢科学，但一直未找到时间和机会研究它。担任中国政府的科技著作翻译官，这是我一生中最愉快的职业。它受人尊敬，无比光荣，而且有用。这是我的人生新纪元。"傅兰雅把他的全部精力都用在科学研究、实验以及翻译西方科技文献上。他最大的梦想是"奉旨在伦敦办一所中国学院"，或者"至少率领一群年轻人，去欧洲考察我们的各种艺术和制器"。但是，朝廷并无意委他以这些重任，他的梦想也仅止于梦里想象。

傅兰雅在江南制造局度过长达二十八年的译书生涯，翻译的著作达 113 种，销售量达到数万册，涉及数学、物理、化学与化工、矿冶、机械工程、医学、农学、测绘地图、军事兵工等方面。这些译著，有的是对有关学科的首次系统介绍，有的则是提供了新的译本。傅兰雅在中国传播西学成就卓越，获得清政府的嘉奖，授予他三品官衔，傅兰雅由此成为少有的几个有清政府官衔的洋人。傅兰雅于 1874 年创办了格致书院，开班设讲，定期展览科学技术成就。

格致书院就是如今格致中学的前身。

两年后，傅兰雅以书院的名义，创办了《格致汇编》刊物——这是中国近代最早的一份科学普及杂志。《格致汇编》主要内容：介绍各门科学的专门知识；开辟《算学奇题》《互相问答》和《格物杂说》等专栏，报道西方技术在世界上的应用；连载译著；介绍科学仪器和日用工业技术以及卫生学等方面的专门学问；宣传汤若望、瓦特、富兰克林等科学家的事迹；介绍化铁炉、蒸汽机车等外国先进器械并附有插图……

《格致汇编》不胫而走，深受读者欢迎，并迅速成为中国最有影响的杂志之一。傅兰雅应邀参加了基督教新教在华传教士组织的学校教科书委员会——益智书会，他还被推举为该会总编辑。他主持编译了 50 余种科学教科书和数十种教学挂图，其中他亲自挂帅编译了科学入门书《格物图说》10 种和《格致须知》27 种。《格致须知》《格物图说》以及他在江南制造局的译书，组成了由浅入深的科学译著系列，成为中国人了解和学习西方科学知识的入门台阶。

在上海的初次见面，傅兰雅向谭嗣同介绍了西方各国近况，并向他展示了翻译馆翻译的各种书籍，如《西国近事汇编》《环游地球新录》《几何原本》《格致汇编》等书籍。西方日新月异的科学技术，让谭嗣同见识到了西学的斑斓世界。谭嗣同日后回忆说："于傅兰雅座见万年前之僵石，有植物、动物痕迹存其中，大要与今异。天地以日新，生物无一瞬不新也。今日之神奇，明日即以腐臭，奈何自以为有得，而不思猛进乎？"谭嗣同对呈现于眼前的新鲜事物感到好奇。科学像变戏法一样地观察世界，而技术性手段则将人变成超人。他在见到算器和医学照相时，不由感慨："人不须解算，但明用法，即愚夫妇，可一朝而知算，句稽繁隐，无不立得。器中自有数目现出示人，百试不差；兼能自将数目印成一张清单送出……又见照像一纸，系新法用电气照成。能见人肝胆、肺肠、筋络、骨血，朗朗如琉璃，如穿空。兼能照其状上纸，又能隔厚木或薄金类照人如不隔等。此后医学必大进！"与傅兰雅的见面，进一步激起了谭嗣同对自然科学的兴趣。

离开上海，谭嗣同内心已生出再来此游学的愿望。傅兰雅送给谭嗣同很多翻译的书籍，并建议他阅读这些书籍。谭嗣同后来购买了大量由广学会、江南制造局翻译馆翻译的自然科学、西方史地和政治书籍，如饥似渴地阅读，试图在那些新奇、实用的书籍中寻找到解决中国问题的道理和方法。今日之我们，只能通过当事人零散的文字来还原彼时的场景，但有一点是肯定的，即此次上海之行带给谭嗣同的影响是巨大而持久的。

3

离开上海到达京城，谭嗣同在刑部侍郎龙湛霖的寓所住了两个月。龙湛霖之子龙绂瑞亦是欧阳中鹄的弟子，谭嗣同和他相处甚是愉快，二人朝夕相处，犹如兄弟。据龙氏家人回忆，谭嗣同"面色颇黑，说话声如洪钟，连内宅的女眷都能听到。她们想看看这位大嗓门的客人，就从门帘缝里偷看，常常看到谭嗣同慷慨激昂地谈论着"，这给她们留下极为深刻的印象。

结识沈小沂，是谭嗣同此次北京之行的一个意外收获。沈兆祉，字小沂，南昌人，江西阅经书院学生，也曾师从欧阳中鹄。谭嗣同与他一见如故，沈小沂在考据学方面致力颇深，谭嗣同认为他的词章风格与自己相似，更为难得的是，他也喜好格致算学，经常与谭嗣同畅谈西方科技之学。谭嗣同在心中描述了两人在京城见面和相处的情景："识孟嘉于广坐，标刘尹之云柯，千顷汪洋，已可涯涘。虽以嗣同之质朴形秽，百靡一当，犹乐与从容文酒，臧否人伦。雕龙白马，互逞其辞；夕秀朝华，苟持其辨。意有所得，狂呼野走。于是盘桓乎夕照之寺，弭节乎圆松之丘。决眦鸟飞，天穷于远莽；索群兽走，物感乎暮气。"

沈小沂的出现如同又一束新鲜的光，让谭嗣同的眼前为之一亮。谭嗣同，这个无比自信同时又极为谦卑的年轻人总是会不断变换看世界的角度。而他的存在方式，也随着这种角度的不同，或膨胀无比，或自惭形秽。总之，他总是会将自己的一颗心拨弄得不得安生。在彼时的他看来，沈小沂是让他羡慕的年轻人。谭嗣同说他风度翩翩如孟嘉转世，名世风流如高枝凌云，此等君子，如汪洋恣肆，无涯无际。虽然他觉得自己质朽形秽，百不如一，但他还是愿意和沈小沂这样的朋友诗酒论人生。他们互相欣赏，也互不相让。他们沉浸于口舌之辩，流连于人伦之道，那些在别人听来毫无意义的语言，是他们热烈拥抱的助力。他们的口舌金石相碰，火花四溅，意有所得，便忘乎所以。他们盘桓于夕照之寺，驻足于圆松之丘。睁大眼睛追寻振翅而飞的鸟儿消失在天空远莽无极之处；离群独行的野兽奔走于陆地，万物生灵都能感受到垂暮之气。

八月间谭嗣同参加了恩科乡试，本来成绩不错，但这次考试，却出现了考场舞弊情况：一些富豪子弟，"出资倩代"（出钱请别人代作试卷），都已中式。虽然揭晓之日，京城上下众皆哗然，但是对于谭嗣同这样抱有功名热望的考生来说，毕竟又被命运捉弄了一回。尽管如此，他还是来到国子监的碑林。面对众多的先贤，他对有些人作了一个揖，对有些人连一个揖也省去。他有自己的看法，只是藏在心里没有说出来。沉默是一个好习惯，尽管很多时候他实在做不到。

这一日，谭嗣同闷闷不乐地来到陶然亭游览，看见有几个人坐在那里闲谈，其中一人谈到国家大事，特别是涉及政治腐败更是激愤难当。谭嗣同坐在旁边听他说话，有时插言表达自己的看法。他没想到，此人是自己京城结识的另一好友吴樵（字铁樵）的父亲吴德潇（字季清）。吴德潇虽年近五十，但思想却并不保守，其言谈既风趣幽默，对新事物也颇多了解。而更可贵的，是他对时局国势的认识也十分清醒，有着强烈的危机和改良意识。

每一个时代都有藐视时代的人，他们的灵魂往往大于他们所处的时代。谭嗣同回想早年在京城的日子，与那些仕宦公子、贵族子弟来往，觥筹交错，鲜衣怒马，何等逍遥自在。而对于那些温饱都难以解决的穷苦之人来说，他们精神世界所追逐的，根本不值一提。人无贵贱，可想法却隔着十万八千里。人来到这个世上，走着走着，就各行其道。天地有定数，人也有，最后还是会殊途同归。

谭嗣同初见吴樵，但觉这位来自四川达县的儒生仪表堂堂，谈吐不凡。更让谭嗣同惊讶的，是他精于算学、几何，对于西方国家的格致学也很有研究。他身上并无儒生士子的酸腐，多智谋，善决断，遇到疑难问题总能处理得当。谭嗣同对吴樵极为推崇，也为自己能够结识这样一位才学卓群的知己而高兴。在京的那段时间里，谭嗣同和吴樵几乎是形影不离。谭嗣同还拜访了吴樵的父亲吴德潇，并以父礼对待吴德潇。几年后，正当维新运动不断高涨的时候，吴樵因病去世，未能为戊戌变法出力。谭嗣同作《吴铁樵传》，谓："中国有铁樵，则中国之事之待于铁樵者，不知凡几，铁樵必不死。而铁樵竟死。然则吾又将奚适也！"

谭嗣同接触西学，相较于同时代先进知识分子而言是很滞后的。且不论洋务运动中一批改良思想家王韬、郑观应、薛福成等都已经有各种西学著作发表，即便同后来与他一起进行变法的康有为、梁启超等相比，他也落后了很多。与吴樵的交往，进一步激起了谭嗣同对自然科学的兴趣。

对于谭嗣同和他所结识的吴樵来说，西学不仅仅是几门科学，很多时候它是一连串难以言喻的忧虑，是另一个世界的秘密，而他们要做揭示那个秘密的人。那些秘密会让一个病入膏肓的老大帝国起死回生，他们必须知道那些秘密与这个时代有着怎样的联系。尽管由于时代限制，他们所学习和掌握的西方科学是粗浅的、片面的，很多时候还得出错误的结论，但他们仍将自己的命运与这个时代死死地扣在一起。谭嗣同在攻读西学时，习惯性地将它与中国古典论述相互印证，并亲自进行实践。

　　人的思想陈旧，看不见存在之物的另一面。当存在之物转动身体，将自己的另一面暴露人前，有的人拒绝去想象与原有结论相悖的另一面。谭嗣同见识到西学的玄妙，虽然主动投入，但并不盲目追随，而是求证于现实。而这种求证，必须从他所能理解的中国知识出发。比如他在研究《格致汇编》中有关透镜的原理时，他会找来沈括的《梦溪笔谈》、何孟春的《余冬叙录》等书加以验证，并找到透镜加以观察。在研究地球是不是椭圆形时，他又会找来《周髀算经》《大戴礼记》等加以对照。为弄清地球等五大行星绕太阳运行的原理，他找来《易经》《尚书》《春秋》《周礼》《河图》等书籍作参考。在学习《几何原本》中关于三角形的论述时，他又亲自画图并加以论证。而当他看到西方科学书籍中把立方体之物归结为"人力创造"的结论后，他甚至费尽周折找来甘肃花马池的盐根，指出这种天然所生的盐根都是等边直角、六面立方体，印证西书中的错误。他在认真研究了陨石原理后得出结论：陨石并不是行星，而是天空中飞行的石头，当这种飞行的石头与地球上的空气摩擦时，发出光芒，看上去就如同星星一般。

　　思想先行，无论是南渡，还是北归，对于谭嗣同和他所交往的朋友们来说，都是一个人和一群人的序幕，是他们所历经的变乱之年的初始。谭嗣同手里拉着那只他用了多年的棕色木箱从武昌来到上海，又从上海抵达帝国之都。在那个燥热的夏日午后，他穿着那件洗脱了色的麻布长袍，急急穿行于北京胡同深处密织如绸的蝉声中。帝国之都浑厚深远，而他苦苦追寻的功名之途始终不见起色。

第四章

甲午风暴:《马关条约》与公车上书

1

光绪二十年（1894 年），干支为甲午，是正科乡试的一年，谭嗣同仍然要为应试做一些准备。湖广总督张之洞推荐欧阳中鹄到北京去参加慈禧太后六旬庆典的"撰文"工作。离开之前，欧阳中鹄叮嘱谭嗣同奋志读书，砥砺品德，以期成为国家的有用人才。

正当谭嗣同和他的朋友们埋首书经，苦思冥想，努力寻求个人和社会出路之时，从东边的朝鲜半岛传来了隆隆的炮声。这一年注定是个不平淡的年份。黑云压城，甲光向日，中日两国之间所缺少的，只是一个战争的借口而已。对于一心想要发动战争的日本而言，借口是可以找到的。这一年，朝鲜的东学党起义，应朝鲜政府的请求，李鸿章派总兵聂士成率九百名清兵进入朝鲜，帮助朝鲜平定叛乱。日本人终于看到了机会，迅速派兵入侵朝鲜。浩瀚的大海中，朝鲜半岛仿佛是为日本进入中国大陆而准备的一个天然的跳板。

谭嗣同自湖南参加甲午正科乡试返回武昌时，心情颇不宁静。他从湖北抚署的邸报中获知，侵略朝鲜的日本军队在牙山口外的丰岛海上，击沉了清廷调往牙山增援的英轮"高升号"，船上一千名官兵死难。接着，日军偷袭驻扎在牙山的清军，聂士成败退，而驻扎在公州作后援的叶志超部"并未接仗"便退回平壤。日本已做好了战争的一切准备，而大清国以李鸿章为首的主和派还幻想着利用外交手段平息这场即将到来的战争。与李鸿章唱对台戏的是帝师翁同龢，他以主战派的姿态出现。养兵千日，用兵一时，这个道理谁都懂，从翁同龢等清流人士的嘴里说出来，更显得义正辞严。

李鸿章对战争的前景并不乐观，他认为，主战派最好当，只需要动动嘴皮子，就可以博得满堂彩，占据道德的制高点。民国初年由王伯恭撰写的笔记《蜷庐随笔》中记载了翁同龢的一句话："正好借此机会让他（李鸿章）到战场上试试，看他到底怎么样，将来就会有整顿他的余地。"这句话让人听了不禁毛骨悚然。虽然未经证实，但也非空穴来风。当年李鸿章以一纸奏折杀死其兄长翁同书，此恨绵绵，翁同龢也会间歇性发作。身为朝廷重臣，将国家命运与个人恩怨搅和在一起，实有违他这个清流人士平日所标榜的儒家道德。

如果没有日本这个外敌，朝堂上下"清""浊"两派的争斗不过是家里的事，与前朝上演过的党争游戏并无本质区别。生逢"三千年未有之变局"，党争也被赋予了新的时代意义。既然对手是日本，那索性就拿日本做自己的一面镜子。观照之下，帝国官僚政治的弊端一目了然——"在日本的明治维新时期，现代化的推进者们并不忙于意识形态上的唇枪舌剑，而是埋头于扎实的制度建设"。拿大清国日益衰退的政府权威比较，日本天皇既超脱于实际事务，又发挥了动员、整合和凝聚社会力量的功能。正因如此，日本的宪政，才会带来安定的局面；而大清精英阶层的分裂与争斗，则成了帝国内部的致命伤。

彼时的党争几乎将洋务运动、清王朝和李鸿章都推向了死胡同。中日两军在朝鲜剑拔弩张，朝鲜半岛上空弥漫着战争的迷雾。对于日本的政治家们来说，这是一个裁决双方国运的最佳年份。他们的"大陆政策"执行得太早不行，强大的北洋舰队是他们难以逾越的障碍；太晚也不行，大清国的政治处于巨大的变局中，清政府正式推行因光绪被废黜而一度中断的新政。这一年对于日本人来说，可谓时运刚好。这一年，正是日本明治天皇《整顿海陆军》诏书提出的"十年准备期"的最后一年。而此时，大清国"定远"和"镇远"两艘军舰的名号早已响彻日本，就连市井酒肆之间，无论老妇还是小儿的嘴里念叨的都是"定远"和"镇远"，而这也成为日本对华一战的最佳动员。后来在甲午海战中担任"浪速号"舰长的东乡平八郎，当时还是个海军大佐，他特地跑到港口观察"定远"舰，当他看见"定远"主炮上晾满刚洗的湿衣服，自语道："这么松懈，说不定可以打败它！"

日本虽然没有"定远"和"镇远"，但是他们却有击败大清国的野心。明治维新不到一年，日本就从美国购进铁甲舰，海军建设开始起步。1870 年，日本兵部提出扩建强大海军计划，建议用二十年时间，建造两百艘大小军舰，其中铁甲舰五十艘，以七年为一期，分三期实施。为了超过"定远""镇远"，明治天皇节省宫内开销，捐钱购买军舰。皇太后也把自己珍藏的全部首饰捐献给海军。早在三年前，李鸿章就已经敏锐地意识到，在明治维新中脱胎换骨的日本"日后必为中国肘腋之患"，但没人相信这个不起眼的东洋小国，会对中国构成什么威胁和挑战。

1894 年的夏天，正是太平洋季风来临的时候，中日甲午战争同样以不可逆转的风雨之势扑面而来。大清国海军提督丁汝昌率领北洋舰艇，护送运载陆军的招商局轮船赴大东沟（在鸭绿江口）登陆。第二天返航时，突然遭到日舰袭击。丁汝昌下令迎战，虽击伤敌舰四艘，但清朝却损坏了四艘战舰，并且管带邓世昌（"致远"舰管带）、林永升（"经远"舰管带）和其军士在抗击敌人时牺牲。

丰岛战役爆发前一天，翁同龢晨起无事，兴致勃勃地出东便门，登上小船，沿通惠河到二闸看水。他在日记中写道："徜徉野店看闸，水声如雷鼓。"翁同龢好似长了顺风耳，战争如雷鼓从天边滚滚而来。日军渡过鸭绿江，先后侵占中国的九连城、丹东、金州、大连湾、旅顺、山东荣成等大片国土，进逼威海卫。而在这天晚上，慈禧太后在纯一斋看戏。就在宫殿的祥和气氛中，中日两国同时宣战,甲午战争爆发。李鸿章被任命为清军的最高统帅。次日,圣旨再下,李鸿章被暂停穿黄马褂和戴三眼翎的资格,最高统帅的位置不变。朝廷这一举措,显然是对李鸿章前一段工作的不满,也是对他的警示和激励,希望他能够振作起来,在战争进程中有一个良好的表现,以重新获取穿黄马褂的殊荣。

光绪二十年(1894)十月初十,慈禧太后的金辇出现在皇极门外。当她从金辇上走下来时,阳光正好洒在她的身上,华丽的朝服像是镀了一层金箔的光泽。慈禧由西门而入,从东边的石阶缓步迈入皇极殿,在御座上坐定。巨大的宫殿变得一片肃静,只听得大臣们撩动长袍的声音。在光绪皇帝的率领之下,帝国的王公大臣们三跪九叩,山呼万岁,数千人像潮水一样起伏跪拜,像是排练了无数次的舞蹈,有着令人难以置信的和谐。那曲《海宇升平日之章》也悠然响起,在宫殿庭院上空久久回荡。在繁忙的政务之余,在宫闱内永无休止的争斗间隙,朝廷上下都需要暂时的麻痹与休憩。如此宏阔的场面,每个人都会对王朝具有的强大的组织能力惊叹不已。喜欢写日记的翁同龢在当天的日记里留下一句感叹:"济济焉,盛典哉!"

同一天,日军攻占了辽南重镇大连,并在旅顺掀起了一场大屠杀。为此,日本也举行了声势浩大的庆典,其规模不逊于紫禁城内的万寿庆典。不同的是,日本的庆典是由民众自发组织,来自前线的捷报让整个岛国陷入疯狂,而中国的庆典却是大臣们被强行召唤来给自己的主子贺寿。两个对阵之国像是商量好的,携手上演了一出历史荒诞剧。熬过冗长的庆祝程序之后,翁同龢等官员迫不及待地站起身来,满脸的忧虑之色。就在他们魂不守舍准备离席之时,慈禧下达的懿旨又让他们暂时安顿了下来:赏赐皇帝和诸位王公大臣听戏三日,一切军国大事一概放下停办。

按下暂停键的那些时日并不平静,隔着窗户,慈禧太后也能看到官员们来往穿梭的身影。她猜得出,前线告急的军情电报正在像雪片一样飞进紫禁城。

她看到翁同龢双手哆嗦着将一份电文呈到光绪帝的面前，她从这对君臣和师生的神色里就能猜出个大概，无非是前线吃紧，前线又吃紧。

仗打了两个星期，李鸿章深知不能硬拼。且不说硬件不是对手，软件方面，他也深感"陆军无帅，海军诸将无才，殊可虑"。权衡之下，他想通过外交途径解决这一争端，最好是和平解决。一百多年后，国人从日本大阪的玉造车站附近的一座神社旁，发现了六名大清水兵的墓地。这里本来是 1945 年以前在战争中死亡的日军官兵的墓地。从密集的草木中仔细辨认，居然发现六块石碑上，镌刻着大清帝国水兵的名字，他们分别是：清国刘起得、清国吕文凤、清国刘汉中、清国杨永宽、清国西方诊、清国李金福。那些名字，早已尘归尘，土归土。他们是随"镇远"号被捕到日本，又在交换战俘前死在大阪陆军临时医院的。清国水兵用他们的死，为那个腐烂透顶的帝国赢回最后一点尊严。据说刘汉中临死前留下的最后一句话是："把我的官职刻在墓碑上。"在他朴素的愿望里，包含着帝国军人的荣誉感。

至于那个临阵脱逃的"济远"管带方伯谦则对外称，"济远"漏水，火炮皆毁，不能出战，所以退出战场。它返回旅顺港时，才把海战的消息，带给岸上的人们。李鸿章虽然获得了关于海战的电文，但对于战果仍一无所知。海战结束了，海洋恢复了它往日的平静。而此时李鸿章的手里，还紧紧地攥着丁汝昌在伤痛中给他写的一纸避重就轻的战况汇报。李鸿章心绪难平，除了为死难的邓世昌、林永升、陈金揆、黄建勋、林履中请恤，他决然奏请将方伯谦即行正法。方伯谦还在睡梦中，就被从床上拖下来，穿着一身茄青色纺绸睡衣，押到黄金山下大船坞西面的刑场上，还没完全明白怎么回事，他那颗呈现混沌状态的脑袋，就被刽子手一刀剐了下来。

近十年没有改造装备的北洋海军，在日本海军面前不堪一击。据说黄海一战，大清舰的命中率为百分之二，而日本舰的命中率只有百分之零点五，可见北洋水师的军事训练水平远远高于日本海军。之所以败，败在装备。十年没有更新装备的北洋水师使用的是老式炮弹,里面装的是普通火药,虽击中敌舰,但杀伤力极小,而日军的炮弹内装的则是新式炸药,不仅爆炸威力大,而且炸后的火焰像汽油一样流淌蔓延,直到燃烧全舰,甚至在水里也能燃烧。

有人说,甲午之败责任不在李鸿章,而在醇亲王奕譞。他为太后一个人的雅兴挪用军费,以创建京师水操学堂为名,借洋款八十万两。如此做法,对于这个危患中的国度无异于自杀。也难怪李鸿章会在面对朝廷上下的责备与谩骂时,仍心有不甘地说:"假如海军经费按年如数拨给,不过十年,北洋海军船炮甲地球矣,何至大败?此次之败,我不任咎也!"他不愿背这个锅,可又由不得他。

2

光绪二十一年(1895)三月二十日午后,大清国钦差头等全权大臣、太子太傅、文华殿大学士、北洋大臣李鸿章在日本马关登上春帆楼。春帆楼位于一座小山丘上,面朝大海,木制小楼看上去并不大,却显得错落有致。日方为什么会将这里设为和谈场所,可能还是别有一番深意。

伊藤博文是马关所属的山口县人,春帆楼曾经是他经常光顾的地方。或许日本国改革的最初构想,也正是他站在窗前面朝大海时忽然生出的灵感。下关盛行吃河豚。而春帆楼,是开下关吃河豚风气的名店。海边矗立着一座日本军港,冒着黑烟的军舰往来穿梭。李鸿章看出了主人的意图,除了显示私人的胜利,更是在炫耀日本海军的军威。谈判的会议室摆放着一张长方形的会议桌,十多把椅子相对而设,左为宾,右为主。日方还特别在李鸿章的座位边安置了一只痰盂,似乎在提醒着人们,这位大清国全权大臣已值暮年,垂垂老矣。

置身于弥漫的花香中,严峻的政治和撩人的风月形成了强烈的反差和对比。戎马关山、九死一生，帝国几十年的风雨已经浓缩在李鸿章枯瘦的身体里。我曾经在历史的老相册里，长久地凝视着这个貌似平常的老者。这是一个拥有不凡气势的老者，就是将其放置于人群中，也能感受到他强大的气场。他的表情，在忧患与凡俗之间划出了一条永远无法逾越的鸿沟，让他看上去更显得悲情与落寞。

流水光阴，十年一梦，虽然已经是各自国家的权力代言人，可人毕竟是感性动物。那一天，伊藤博文见李鸿章进来，走过来握手致礼，然后按照事先摆放好的名签各自落座。谈判桌前，故人相见，免不了一番唏嘘与感慨。除了例行常规的讨价还价，还有一些打哈哈的"闲谈"，其中最让人感兴趣的，是他们换位思考所作出的对比。

李鸿章说："我若居贵大臣之位，恐不能如贵大臣办事之卓有成效！"

伊藤博文说："若使贵大臣易地而处，则政绩当更有可观。"

李鸿章说："贵大臣之所为，皆系本大臣所愿为；然使易地而处，即知我国之难为有不可胜言者。"

伊藤博文说："要使本大臣在贵国，恐不能服官也。凡在高位者都有难办之事，忌者甚多；敝国亦何独不然！"

伊藤博文十分清醒地认识到，李鸿章要在中国那种更为险恶的政治环境中生存下来，需要多大的成本和勇气，也无怪乎伊藤安慰李鸿章，甲午之败，绝非李鸿章的问题，而是中国的问题。

谈判的过程对于李鸿章来说是一场精神的煎熬，而对于伊藤博文来说则是在享受一场美味的河豚宴，或是在玩一种猫与困鼠的游戏。他恣意地耍弄，凶恶地逼迫，尖刻地讽刺，敲骨吸髓，迫使李鸿章半句半句地应允，一条一块地割让。

在与李鸿章的首次谈判中，伊藤博文向李鸿章提出的停战条件是：日军占领大沽、天津、山海关一线所有城池和堡垒，驻扎在上述地区的清朝军队要将一切军需用品交与日本军队；天津至山海关的铁路由日本军官管理；停战期间日本军队一切驻扎费用皆由清政府负担等等。伊藤博文明白，山海关、天津一线如果被日军占领，将直接危及北京安全。这个停战条件是清政府万万不会答应的。如果这一停战条件被清政府驳回，日本正好就此再战。尤其狡猾的是，伊藤博文此时隐藏了日军正向台湾开进的事实，企图在日军占领台湾既成事实后，再逼李鸿章就范。

春帆楼上，中日两国代表唇枪舌剑，谈判僵持不下。恰在此时，一桩突发事件改变了谈判的进程。3月24日下午，中日第三轮谈判结束后，满腹心事的李鸿章步出春帆楼，乘轿车返回驿馆。就在李鸿章乘坐的汽车快到驿馆时，人群中突然蹿出一名日本男子，在卫兵未及反应之时，朝他脸上就是一枪。一时间，现场大乱，行人四处逃窜，行刺者趁乱潜入人群溜之大吉。

李鸿章左颊中弹，血染官服，倒于血泊之中。随员们赶快将其抬回驿馆，由随行的医生马上进行急救。幸好子弹没有击中要害。过了一会儿，李鸿章苏醒了过来。一个人潜在的力量只有在遭遇危险时才能被激发出来，而他的潜能也因而得以呈现。李鸿章毕竟经历过大风大浪，面对此突发事件，异常镇静，除了安慰随行外，不忘叮嘱随员将换下来的血衣保存下来，不要洗掉血迹。面对斑斑血迹的官服，这个七十三岁的老人算是为自己找到了一点安慰，他慨然而叹："此血可以报国矣！"李鸿章似乎解脱了，活下去，拖下去，他也只能做到如此。

当脸上缠着绷带的李鸿章在床榻上读到日本拟定的和约草案，那一刻他身心俱痛。他比谁心里都清楚，这场战争的输赢早就已经注定了。军事上的失败只是一个表象，而政治上的失败才是完败。尽管李鸿章有着灵活自如的外交手段，对付洋人的"痞子腔"也打得足够圆滑。许多人只看到他中年之后的窝窝囊囊，而不知道他年少时的血脉偾张。李合肥，那可是枪杆子里打出来的凶蛮。江淮之地，自古是战争频发之地，多的是果敢之士。但在时间面前，再硬的骨头也会软下来。庄子说，适者自适。可很多时候，却是适者他适，人在他者面前，不得不弯腰。他者，是天是地也是人，是时是命也是运。

李鸿章就像是一个日薄西山的帝国的谨小慎微的看门人，他的风度，丝毫改变不了谈判桌上的弱势地位。这是一次异常艰难的航程，留下了太多的悲情。结果不用等待，早就已经摆放在那里，就像被人贴上了一张无法撕去的宿命标签。

这是一张条件完全不对等的协议，草案内容主要有：朝鲜自主；将奉天以南领土、台湾及澎湖列岛割让给日本；赔偿兵费 3 亿两白银；修订通商条约，使日本在华的通商地位与欧美列强相同；增加北京、重庆等七个通商口岸，允许各国输入机器直接在华生产；等等。

当李鸿章面缠绷带坚持带伤回到谈判桌前，伊藤博文为之深深地折服。帝国几十年的历史浓缩在他枯瘦的身体里，使这个貌似平常的老者拥有了一种不凡的真实，即使在人群中也能一眼看出他的不同。

这是一场异常艰难的谈判，双方唇枪舌剑，有攻有守。或许是看到李鸿章受了枪伤，伊藤博文最后做了一亿两白银的让步——李鸿章苦笑，这一枪挨得值。一处没要了他性命的枪伤，价值一亿两，他觉得自己所受的皮肉之苦都值了。如果能够将所赔之款尽数收回，他宁愿被打成一个筛子。

李鸿章不甘心于此。关于赔款，他说："赔款二万万，为数甚巨，不能担当。"

伊藤博文说："减到如此，不能再减。再战则款更巨矣……中国财源广大，未必如此减色。"

李鸿章说："财源虽广，无法可开。"

伊藤博文说："中国之地，十倍于日本。中国之民四百兆，财源甚广，开源尚易。国有急难，人才易出，即可用以开源。"

李鸿章说："中国请你来做首相怎样？"

伊藤博文说:"当奏皇上,甚愿前往。"

李鸿章说:"奏如不允,尔不能去;尔当设身处地,将我为难光景细为体谅。果照此数写明约内,外国必知将借洋债方能赔偿,势必以重息要我。债不能借,款不能还,失信贵国,又将复战。何苦相逼太甚。"

作家张承志在《甲午祭》中忧愤道:"大约那时全日本的国民都翻着一幅小学生地图。随手指画之处,尽是割让之地。而李鸿章拼死顽抗着。台湾不能让,辽东不能割,他衰弱地呻吟,哀求着,争辩着。他只剩下一张老脸几句推辞,除此之外,再无任何交涉的本钱。"对于李鸿章的处境,知之者,莫过于日本内阁总理伊藤博文。伊藤博文曾在谈到中日战争前中国海军的弱点时指出:"李忠于朝廷,但是他还负责处理许多紧迫的事务,他此时已成为全国督抚的领袖,集内政、外交、洋务、海防于一身。在 1880 年代末、1890 年代初,他忙于应付每日遇到的政治问题,以致不能对北洋海军诸多问题给予充分的注意。"

这次会谈后,日本觉得需要给清廷施加点压力,于是又摆出派兵舰出兵大连湾的态势。同时,李鸿章又收到来自总理衙门的电报,要求他与日本订约。4 月 15 日,双方举行最后一轮会谈。李鸿章仍要求日方减让赔款总款。经一番讨价还价后,日方同意每年贴兵费为 50 万两。两天后,日清双方全权代表在日本马关春帆楼举行签约仪式。李鸿章的枯手,在犹疑许久之后,终于在条约上签下了自己的名字。从此,历史记住了这耻辱的时刻。光绪二十一年(1895)4 月 17 日,日本当地时间上午 11 时 40 分,中国承认朝鲜独立,并割让台湾全岛及所有附属各岛屿、澎湖列岛和辽东半岛,赔偿白银二万万两。这笔白银对日本意味着什么呢? 二万万两白银,加上后来由于"三国干涉还辽"追加的 3000 万两白银,约合 3.472 亿日元,而日本政府的年度财政收入只有8000 万日元。也就是说,这笔赔款相当于日本四年多的财政收入总和。也难怪前外务大臣井上馨说:"一想到现在有三亿五千万日元滚滚而来,无论政府或私人都觉得无比的富裕。"

日本从此怀着暴发户的豪迈，陷入到战争的迷狂中无法自拔。风帆战舰时代持续了两百年，铁甲舰时代持续了五十年——1905 年出现的用统一口径主炮武装的无畏舰，在设计上实现了革命性的进展，从而终止了铁甲舰的时代。在这五十年里，由铁甲舰编队进行的决战极少，但在为数不多的海上决战中，铁甲舰无一例外起到了决定性的作用。中日甲午海战便是其中之一。而黄海之战，则是亚洲历史上第一次现代化的海战，使中日在东亚政治格局中的地位彻底逆转。这一胜利，挟带着"文明国"战胜"不文明国"的自豪。待到五年后的庚子事变时，日本对于中国来说，已脱亚入欧，成为西方列强之一，带着它的枪炮和"文明"冲到了紫禁城前。

李鸿章神情黯然地踏上了归国的船只，发誓从此不再踏上日本国土。两年后，当他从欧美访问归来路过日本需要换船时，他让随从在两船之间搭上板桥，从上面直接走过，算是兑现了自己的誓言。李鸿章回到国内时，脸上还缠着绷带。或许觉得无法向国人交代，他用绷带遮住老脸的一半以上。我非昨日之我，我非今日之我。李鸿章感到前所未有的陌生。这种陌生让他发自心底地感到寒冷。即使置身于异国他乡，也不曾有过这种感觉。虽然是春天，他的心情就像冬日里铁青色的天空，压得人透不过气。他被自己所忠于的王朝抛弃了，他成了众矢之的，成了一个愤怒社会的标靶。他在此之前的所有努力，都被毫不留情地否定了。

从日本回到天津，李鸿章一直称病不出。他派人星夜进京，给总署呈送了《中日马关条约》的正本。此后，李鸿章一直留在天津与俄、法、德三国交涉，让他们对日本施压，要求将辽东半岛归还清国。四个月后，李鸿章进京上朝向光绪汇报所有情况。光绪帝阴沉着脸例行公事先慰问一番他的伤势情况后，紧接着话锋一转，声音变得凛冽起来："身为重臣，两万万之款从何筹措；台湾一省送予外人，失民心，伤国体。"光绪帝说得义正词严，李鸿章一下不知怎样回答才好,只得"引咎唯唯"满脸尴尬。

李鸿章就这样在自己的祖国成为全民公敌,即使足不出户,他都是报纸头条追逐的焦点。"李鸿章"属于他,也不完全属于他,因为它成了卖国贼的代名词。北京人胡同口见面,没聊几句,就骂李鸿章。似乎不骂,就无法与时俱进,不骂就不爱国。漫画家用夸张的笔法,将他描画成一只没有脊梁的癞皮狗。市声喧然,没人愿意听李鸿章的解释,人人都说他在谈判中收了日本人的好处费。绅士和知识阶层义愤填膺,要求惩办李鸿章的奏折从四面八方飞进紫禁城,落在光绪帝和慈禧的案头。更有所谓的爱国人士在各种场合宣称,要不惜一切代价暗杀李鸿章,以雪辱国之耻。李鸿章深知宫廷政治的翻云覆雨,随时会将一个人推入万劫不复的深渊。尽管他早就做好了准备,可是当暴风雨来临的时候,他还是被吓了一跳。光绪帝的圣旨适时地下达,李鸿章被留在北京,奉旨"留京入阁办事"。所谓"入阁办事",实际上是留其"文华殿大学士",算是给李鸿章留了一点面子,让他赋闲在京。这位昔日大权在握的直隶总督、北洋大臣一下子变得两手空空。

《马关条约》签订的消息传至国内,举国哗然,浏阳士人对中国前途更是忧心如焚。当时正在湖北两湖书院读书的谭嗣同和他的好友唐才常尤为激愤。唐才常认为:"恐天下瓜分之兆,已先见于台湾矣。"谭嗣同悲愤疾呼:"自古取人之国,无此酷毒也!"如果列强瓜分中国,则中国人的命运完全操纵于外人之手,使得四百兆人民"胥化为日本之虾夷,美利坚之红皮土番,印度阿非利加之黑奴!"

这对心意默契的浏阳年轻人彻夜难眠,热血盈腔,可又无从下手,不免相对而泣。那些本就脆弱的东西索性烂得稀碎,让他们这些置身于时代潮流中的人体验着惶惑与失望、理想与救亡、激进与保守之间种种的冲突。两人哭完了,觉得抱头对泣,改变不了事实。他们急于想要做些什么,苦无方向。战与和,新与旧,满脑子的冲突使他们先前接受的知识经验受到强烈的冲击。家国之痛，让他们一时间无法接受，以至于无所适从。值得注意的是，这一年谭嗣同在写给恩师欧阳中鹄的信中所表现的政治态度与先前大为不同。此前，谭嗣同在他的《治言》一文中，强调应付外国侵略的基本之道，不外是古代圣人在《大学》里强调的"正心诚意"。但现在他认为单靠这四个字是不够的，他说："圣人之道，无可疑也……特所谓道，非空言而已，必有所丽而后见。"其实他说这句话是有所本的，这个本就是王夫之的致用思想。

谭嗣同在二十五岁以后受了王夫之思想的强烈影响。他在很多文本中都提到了王夫之的道器论。无论是儒家的圣人之道，还是天人性命之学，都要落于政治社会之用。我在21世纪的今天，以年近五十的半老之身，想象着一百多年前的那个年轻人。电脑敲打出的文字有着冰冷的信息时代的气味。字与字之间，行与行之间，那留出的缝隙好似一双双看世界的清凉之眼。我对自己说，也对那个年轻人说：遇见你，是你的不幸，还是我的不幸，谁在今天，还能有足够的耐心、足够的安静，看着你在一百多年前的中国寻路。有专家说，你是一个莽撞的孩子，不够成熟。可是在那个莽撞的时代里，你无法超越时代的不成熟而变得成熟，那是违背常识的。此刻，我揣摩着谭嗣同在那个混沌的夜晚写下这封信的心情，比较我们生活的时代和生活，不管你同不同意，我还是要说，我们的生活也不过如此，是的，不过如此。路，依然在寻找。谭嗣同在信中说："衡阳王子（王夫之）申其义曰：'道者，器之道，器者不可谓之道之器也。'无其道则无其器，人类能言。虽然苟有其器矣，岂患无其道哉？"他认为："西法博大精深，周密微至，按之《周礼》往往而合。"他提到了周公之法，主张变法图治。谭嗣同在这里，也有托古改制的思想，而这与康有为的变法思想很相似。不同的是，康的立论根据是《公羊春秋》，而谭嗣同的是《周礼》。在信中，谭嗣同提出觉醒民众有三种路径："一曰创学堂，改书院……二曰学会……三曰报纸。"由此可见，谭嗣同在与康有为接触之前，思想相当接近。谭嗣同很快将他写在纸上的想法，付诸实践。这一年，他和唐才常上书湖南学政江标,请求设立算学馆,专门教习数理化知识,将"尊重西人之实学"与"救国保种"融为一体。

一代人出生,一代人老去,时间从未停下它的步伐。一切都已改变,一切还在改变。在异质文明的对撞中,没有胜利者,也没有失败者,寻找融合才是唯一的答案。就像谭嗣同在困意袭来的某个瞬间,在纸上留下的那段话:时局之危,有危于此时者乎?图治之急,有急于此时者乎?

3

光绪二十一年(1895)春天,京城赶考的举子们颇不安宁。紫禁城里收到风声,举子们经常出入宣武门外达智胡同的松筠庵。松筠庵,那里曾是明朝嘉靖年间因弹劾奸臣严嵩而被迫害的忠臣杨继盛的宅邸,后来成为士大夫雅集聚会的重要场所。

早在几天前,举子们就约在这里。读书人扎堆,就算没有到场,也能估摸出他们说些什么。忠臣的府邸,自然要做忠臣的事。不过在零碎的记录里,一切显得形迹可疑。数千名举子投身于京城的大小客栈中,如星子散落银河。就在他们抱着书本如抱佛脚之时,噩耗传来,《马关条约》要盖上玉玺了。就在他们无所适从之际,一份请愿书在他们中间悄然流传。请愿书的始作俑者是广东南海县人——康有为。让我们将时代的聚光灯投向这个南方人,因为他是主角,是推动叙事发展的主角。

康有为,字广厦,号长素,1858年生于广东南海的一个士人家庭。康有为少有奇志,仰慕圣贤之学,开口即圣人,闭口即圣人,乡人索性称其为"圣人为"。十九岁乡试不中,追随其祖父的好友朱次琦学习。他一年一台阶,一年一飞跃。第一年,他"乃知著书之不难,古人去我不远";第三年,他开始评说古人，指点古代名家的毛病，"谓昌黎（韩愈）道术浅薄，以至宋、明、国朝文学大家巨名，探其实际，皆空疏无物"。

二十二岁这年是康有为一生重要的年份，他在家乡结识了来自北京的翰林院编修张鼎华。在与张鼎华的交往中，他与遥远的北京城拉近了距离。那些居庙堂之高的大人物似乎触手可及，京城风物掌故，也不再是陌生事。这一年，康有为离开家乡去了一次香港，开了眼界，见了世面，"览西人宫室之瑰丽，道路之整洁，巡捕之严密，乃始知西人治国有法度，不得以古旧之夷狄视之。乃复阅《海国图志》《瀛寰志略》等书，购地球图，渐收西学之书，为讲西学之基矣。"

二十五岁那年，康有为来了一场说走就走的远游，他去了北京，然后一路南下，又到了上海。当他再次回到广东南海的时候，一待就是五年，时而居城，时而回乡。在这五年时间里，康有为读了大量书籍，并将平生所学融会贯通，形成了一套思想体系。梁启超在《南海康先生传》中写道："一番修炼，老师的内心充满使命感，像是从佛祖那里得到了出世的旨意，要像圣人一样浩然而出，他纵横四顾，有澄清天下之志。"学生捧老师，自然是宁愿过头，也不愿差之毫厘。不过，即使梁启超不捧，他的老师也自认文人翘楚、思想巨擘、古今圣贤。康有为曾自言："童子狂妄，于时动希古人，某事辄自以为南轩，某文辄自以为东坡，某念辄自以为六祖、丘长春矣。"我的天，他说这句话的时候只有十二岁。一个十二岁孩子，自认不输于苏东坡，不输于慧能，不输于丘处机，真让我感到震惊。昨天翻解玺璋先生的《梁启超传》，我颇为认同他的观点："康有为是个耽于甚至沉迷于幻想的人；他又是个志向远大，以澄清天下为己任的人；他还是个执着理想，即使失败也不动摇的人；他更是个心高气傲，唯我独尊的人。"戊戌政变后，陪康有为从上海逃往香港的英国人戈颁，也说他："真是个可怜人，一个狂热的人和空想家。"不是康有为狂热，而是那个时代的社会病就是狂热。就像我们小时候在火里烤红薯，外面火烧得旺，可烤了半天，红薯的内核还是温凉的。康有为的出现，就像是一团火蹿进了冷灶里。到底是火燃起冷灶，还是冷灶扑灭了火，不到最后难以明晓。但此时，这场国难给了康有为脱颖而出的机会。

对于上书，康有为并不陌生。选择联名上书，是他权衡利弊之后做出的选择。光绪十四年（1888），康有为再次北上参加直隶乡试。在京期间，他广为结交开明学生和士绅，深入了解朝廷动向。他希望通过向朝中权要上书的途径，阐明自己的救国主张，以期引起帝国高层对自己的关注。他先后上书户部尚书翁同龢、工部尚书潘祖荫和礼部尚书徐桐等颇有声望的官员。此次上书被康有为和他弟子视为"上清帝第一书"。

康有为先是向军机大臣潘祖荫致书求见。潘祖荫还是接见了这个以晚辈自居的书生。不料初次见面，对方便大谈改革变法，着实将心性保守的潘祖荫吓了一大跳，眼前这个其貌不扬，甚至长得略显老旧的中年人，用一口带有广东口音的官话说着变法之事，就像广东人喝着下午茶，在那里慢慢享受。潘祖荫听了不到半个时辰就听不下去了，他必须打断，不，他要掐灭对方的念头，如同掐灭一簇火苗。他以长辈的身份教训康有为要熟读大清律例，不可轻言变法。康有为失望之余，又向同治帝师、礼部尚书徐桐写了一封长信。对方本就是固执的守旧人物，他拒绝接见康有为。

康有为仍不罢休，又写信求见翁同龢。翁同龢在当天的日记中简单地记道："南海布衣康祖诒（康有为）上书于我，意欲一见，拒之。"其他人也同样退回了康有为的条陈。康有为心心念念的变法，像是一簇火苗在冷却的灶膛里四处乱窜，见缝隙就钻。眼见一条条路被堵死，他又找到了国子监祭酒盛昱等人，希望转呈他的万言书。但是国子监是翁同龢分管机构，这份万言书就这样落到翁同龢手中。翁同龢在日记中又记他一笔："盛伯羲（盛昱）以康祖诒封事一件来，欲成均（国子监）代递，然语太讦直，无益，只生衅耳，决计复谢（拒绝）之。"

作为一个生员，身在京城，虽有凌云之志，怎奈体制壁垒森严，当时也不具有进行大变革的环境。翁同龢未将康有为的上书交给光绪帝，还有一个更直接的原因"同乡京官无结，未递"。也就是说，康有为没有同乡京官为本省人士出具的身世证明或担保。他只是个布衣或荫监生（靠祖辈功名得到的监生资格），按照清政府的规定，他还没有资格直接上书皇帝。不能直接，那就间接，办法总比困难多。既然国子监这条道走不通，盛昱又带着康有为的《上清帝第一书》去见都御史祁世长。祁世长颇为赏识康有为的忠义之心，便答应代为呈递，并约好在都察院见面，御史屠梅君专门派人在那里等候他。约定之日，康有为整好衣冠刚要出门赴约。仆人突然来告，菜市口杀人，车不能行。因康有为居住的米市胡同南海馆紧挨着菜市口，行刑之地杀人也是常有之事。他虽心有所动，但还是出门而去。就在这时，屠御史遣人来告，祁公（祁世长）车中患鼻血，眩晕而归，需要改期。

天不遂人愿，祁世长久病不愈。到了第二年正月，御史屠梅君又因"言事"被革职。彼时，恰逢光绪皇帝"归政大婚，典礼重叠"，康有为上书之事便就此耽搁下来。直到这一年夏秋之际，他离开北京，第一次上书都没有获得成功，但其勇气和胆识却在年轻士子中产生了相当大的影响，他成了广州城里的"名人"。

4

康有为在京城的活动，没有取得成效，怏怏离京返还广东。这一年，他结识了从四川来到广州的经学大师廖平。廖平接续龚自珍、魏源的学业，治的是今文经学。由此引出一段笔墨公案。廖平及其门人、子嗣、后学不断增饰，逐渐变成"事实"，并衍出康有为"剽窃"说和廖平"影响"康有为说。从此，康有为以今文经学中的通三经、张三世为基础，演绎出自己的一套维新理论。彼时，他已经准备将改良主义思想同儒家今文学说结合起来，用改良主义的观点对儒家学说重新解释。

康有为在长兴讲学期间，无意间拜读了廖平的《今古学考》，很快便写出那部影响巨大的《新学伪经考》。东汉以来的经学，多出自刘歆伪造。刘歆是西汉学者刘向之子。刘歆为了让世人相信他所伪造的古文经书的真实性，谎称秦始皇将所有经书都烧了，而他所编的经书，是西汉末年孔子后裔孔安国等诸人捐献出来的。这些经书都用蝌蚪文，而不是用秦汉通行的篆书，所以称之为古文。而自汉初以来所传承的，并由汉武帝、汉宣帝立为官学，置博士教授，借用篆书行文，称之为"今文"。西汉末年，王莽篡汉，进行托古改制，刘歆则挟王莽之力，排斥今文，确立了古文独尊的地位。由于王莽所建王朝号为"新"，所以，经古文学也称"新学"。

王莽倒台后，汉光武帝刘秀反而废除了古文，专用今文。直到东汉中晚期，古文经学再次昌盛起来，今文经学渐渐衰落，传下来的只有今文大家何休的《春秋公羊传解诂》。南北朝以降，经唐宋元明而至清，都是古文经学的天下。清代乾嘉以来，讲究训诂考据，流行的是古籍整理和语言的研究，分为起源于吴中（江苏苏州）惠周惕而成于惠栋的"吴派"和起源于江永而成于皖南戴震的"皖派"两大派。打破这种局面的是清代学者庄存与，其后刘逢禄继承了他的事业，而龚自珍的出场则将今文经学与现实社会政治联系起来，所以梁启超才会有"晚清思想之解放，自珍确有功焉"的言论。

清代今文经学运动的复兴，康有为并不是开风气之先的那个人，他只是集大成者。康有为将今文经学推向极端，为自己所推行的政治变革张目。梁启超更是将康有为的学说视作横扫思想界的一场飓风，也昭示着一个思想解放时代的到来。而接下来的《孔子改制考》和《大同书》，梁启超更是将其比作"火山大喷发"和"大地震"。虽然有学生拍老师马屁的嫌疑，但置于当时的思潮背景下，倒也不算过分。康有为认为孔子的"托古"，是为了"改制"。作六经，是为了"拨乱世致太平"，是要"以春秋继周，改周之制"。孔子创立"三统""三世"诸义，处于乱世，向往太平。根据儒家今文学说，有乱世，有升平世，有太平世，乱世之后进以升平，升平之后进以太平，愈改而愈进也。如此以来，孔子不是述而不作，而是作六经以言改制。经书经过孔子之手，就有了改制的微言大义，就有了"拨乱救民""行权救患"的圣人之道。康有为塑造的孔子，是变法维新的祖师，他要让大清国的执政者和天下的读书人相信，变法维新就是遵循孔子的圣人之道，是维护祖宗之法。他为此描绘了一个"乱世""升平（小康）""太平（大同）"的三世图景，说明人类的变化，必须通过改制变法，才能实现"大同"。实现君主立宪的资本主义制度，是他所向往的渐入"大同之域"。康有为是一个精明且懂得算计的政客，他将所需要的措施，披上了孔圣人的外衣，把述而不作变为"托古改制"，谓"大同"学说是"孔子旧方"，只是经过他的"窃用发明，公诸天下"。这种惊世骇俗的说法，若是投放于中国学界和政界，无异于给一潭死水投入一颗重磅炸弹。而此时，《新学伪经考》《孔子改制考》尚处于编撰阶段，只是以手抄本在民间流传。

光绪十六年（1890），梁启超在广州学海堂就读已经两年。这年秋天，他的同学陈千秋对他说：听说南海康先生上书请求变法，没有成功，已从京城回到广州，自己去拜访他几次，康的学问有很多新奇之处。陈千秋和梁启超先前都是学海堂的高才生。陈千秋曾慕名拜访过康有为，并与其坐而论道，讨论学术问题，一而再，再而三，终于为康有为所折服，竟抛弃昔日所学，投入康有为门下。他是康有为收下的第一个学生，其后，长兴里十大弟子便以他为首，他还担任了万木草堂学长。他协助康有为编撰《新学伪经考》《孔子改制考》等书，光绪二十一年（1895）正月，他又全然不顾地帮助康有为办理西樵乡同人团练局之事。他对康有为表示："吾穷天人之理已至矣，已无书可读矣，惟未尝试于事,吾等日言仁,何不假同人局而试之。"但陈千秋终因操劳过度而亡,年仅二十六岁。

梁启超师事康有为,执弟子礼,陈千秋是他们的介绍人。梁启超在《三十自述》中讲到初见康有为时的情景:"时余以少年科第,且于时流所推重之训诂词章学,颇有所知,辄沾沾自喜。先生乃以大海潮音,作狮子吼,取其所挟持之数百年无用旧学更端驳诘,悉举而摧陷廓清之,自辰入见,及戌始退,冷水浇背,当头一棒,一旦尽失其故垒,惘惘然不知所从事,且惊且喜,且怨且艾,且疑且惧,与通甫(陈千秋)联床竟夕不能寐。"第二天天刚亮,他带着难以平复的心情,又去见康有为,"请为学方针,先生乃教以陆王心学,而并及史学西学之梗概"。梁启超也自此舍去旧学,像陈千秋一样退出学海堂,投身于康有为门下。

梁启超并不是无知无识的少年,他十五岁中举,正是踌躇满志,渴望大展宏图的时候。而且,作为学海堂的高才生,他"季课大考,四季皆第一。自有学海堂以来,自文廷式外,卓如(梁启超)一人而已"。康有为的一席话就征服了梁启超,在此之前,梁启超的学识和思想也有一个循序渐进的过程。在家乡,他的学业以八股、帖括之学为主,自然也读了一些经学方面的书籍,并从祖父和父亲那里接受了修身正心的传统教育。到广州后,眼界大开,先后拜在吕拔湖、陈梅坪门下,梁启超的学问也由此进入一个新的境界。诚如他所言:"十三岁始知有段王训诂之学,大好之,渐有弃帖括之志。"不到十五岁的梁启超入学海堂读书,这是广州地区一所著名的学院,乾嘉时期著名汉学家阮元于道光五年(1825)创办于广州城北之越秀山,学院以经史训诂为办学宗旨。梁启超说,来到这里,他才"舍帖括以从事于此,不知天地间于训诂词章之外,更有所谓学也"。

在与康有为第一次见面的这个春天,即1890年的春天,梁启超刚刚从北京返回广州。这是他第一次来北京参加会试,也是他第一次远行。虽然榜上无名，但他开阔了眼界，增长了见识。特别是在南归途中，他经过上海购买了一套《瀛寰志略》，他从这本书里见识到一个崭新的世界，一种富强民主的国家形态。而他所置身的这个时代，让他们这些关注国家命运的青年士子忧心不已，却又茫然无措。他隐隐觉得训诂词章与眼前的世界有着很大的隔膜，更无法提供救国救世的思想武器。他需要一种更加强有力的思想启蒙和冲击，康有为恰好在此时出现。

这真是一件奇妙之事，也让后世之人对康有为的人格魅力和学识素养产生更多想象。光绪十七年（1891），在陈千秋和梁启超等人的帮助和邀请下，康有为在广州长兴里开馆办学。刚开始学生不多，梁启超和陈千秋还动员了一些亲戚朋友及学海堂的同学前来就读。两年后，讲堂迁到广州府学宫仰高祠，也正式得名"万木草堂"。

对于康有为来说，光绪二十一年（1895）的公车上书如同 1888 年上书的续篇。对于康有为来说，这是他的第四次北京之行。

甲午战争爆发，国人的精神受到了极大的刺激。光绪主政的帝国，就像是缺胳膊少腿之人，走得摇摇晃晃，随时有倒下去的风险。在朝纲解纽的松散时代，"乱"与"治"的纠缠不休，俨然成为时代问题的谜面与谜底。李鸿章在条约上签字的时候，已将自己一生的赌注输得精光。消息传回国内，要求惩办李鸿章的奏折雪片似的飞向光绪和慈禧的案头。根据时任翰林院侍读学士文廷式的记述："马关约至，在廷皆知事在必行，不复有言；余独以为公论不可不伸于天下，遂约戴少怀庶子鸿慈首先论之。都中多未见其约款，余录之遍示同人。"按照他的说法，由于他抄录"遍示同人"，才使更多的人看到了《马关条约》的具体条款，大家的怒火才被点燃。

捃诸档案，可以发现最早反对签约的是大批现职官员。4 月 14 日，署台湾巡抚唐景崧即给清政府发电："和议给予土地不可行。"16 日，钦差大臣刘坤一获悉和议将成，除赔款外，还要割让辽东、台湾的消息，马上电奏反对。

随后,山东巡抚李秉衡、署理两江总督张之洞、河南巡抚刘树堂等地方大员纷纷上奏。封疆大吏电奏反对者超过半数以上。另据不完全统计,京官中,反对签约的宗室贵胄及二品以上京官有十余人;二品以下有奏事权的官员有五十余人次;翰林院、总理衙门、国子监、内阁、六部官员皆有大规模的联名上书,签名者达到六百多人次。各级官员反对马关议和已成滔滔之势,他们的声音先于儒生士子之声穿透紫禁城,震动皇帝和太后的耳膜。

其实所谓声音,也仅止于官员和那些动不动将家国命运荷在肩上的士子,至于引车卖浆之徒,他们只是影影绰绰从打交道的八旗子弟口中,听到些骂骂咧咧的话。京师之地,毕竟是人间乐土,主战派、保守派和激进派本来都有机会争一日之短长。这下好了,李鸿章让他们放下成见,空前地团结起来。张之洞甚至主张毁约再战,请求杀李鸿章以谢天下。这场由和议条款点燃的火焰,很快从体制内延烧至体制外。四月初,身在京师的康有为获悉了《马关条约》的电报内容,并迅速做出反应。他以一昼两夜的时间撰写了后来被称为《公车上书》的《上清帝第二书》,并由其弟子梁启超、麦孟华誊抄,在各省举子间传阅。四月初六、初七两日,各省举子来到北京城南的松筠庵,商定联名上书。

四月初八(即5月2日),各省举人排着里许长的队伍,向都察院呈递。都察院借口皇帝已在和约上盖玺而拒绝接收。上书打破了清政府"士人不许干政"的禁令,提出维新改良主张。在官员们上奏的影响下,刚参加完会试,正在等待发榜消息的各地举人,也基于爱国热情,上书反对签约。按照清制,举人不能直接上奏,只能写成公呈由都察院代奏。

自4月30日起,都察院每天都代奏大批举人的上书。以康有为所称都察院拒收其上书的5月2日那天为例,就转递了湖北、江苏、河南、浙江、山东、四川等省举人的八批公呈,签名者324人。这样的转奏,直至5月8日才结束。上书总量多达31件,签名的举人多达1555人次。另有公车135人次参加了京官们领衔的 7 件上书。档案表明，所有上书均达御前。所谓都察院拒收上书的说法是不成立的。

有学者质疑，现存的关于"公车上书"的所有材料均为康有为及其弟子门生所撰，且又说法不一。在他们的书信、笔记、文稿中均未提起如此重大的事件。另外，参与此事的人数，康有为及其门生的相关说法也是大相径庭。康有为说有一千二百人外，又说有三千人。而梁启超则说一千二百人，或是说千余人。康有为在其《自编年谱》中如此记述："三月二十一日，电到北京，吾先知消息，即令卓如（梁启超）鼓动各省，并先鼓动粤中公车，上折拒和议，湖南人和之，与二十八日粤楚同递，粤士八十余人，楚则全省矣。与卓如分托朝士，鼓各直省，莫不发愤，连日并递，章满察院，衣冠塞途，围其长官之车。"此后，梁启超也在《三十自述》中有着类似的记录："乙未（1895）和议成。代表广东公车百九十人上书陈时局。继而南海先生联公车三千人，上书请变法，余亦从其后奔走焉。"

根据当代历史学者茅海建先生查阅的军机处档册记载，梁启超等广东举子八十人向都察院递交条陈，是在四月初六，同一天，还有文俊铎等湖南举人生员五十七人、谭绍棠等湖南举人二十一人，以及奉天、四川、江西等地举子向都察院递交了条陈。疑点在于康有为所说的上书时间，与档册记录的上书时间无法吻合。根据记载，广东举人还有一次联名上书，但也不是康有为所说的三月二十八日，而是四月初七。此次列名者有二百八十九人，领衔的是陈景华，梁启超列名第二百八十四位。

不管"公车上书"是康有为、梁启超的自发行为，还是更高层官员的幕后操控，或者说他们只是"帝党"和"后党"夺权的工具，由他们出面鼓动学潮，干涉政府决策，从而将宫廷内部斗争公开化、社会化，以社会舆论向李鸿章乃至整个"后党"施加压力。翻阅翁同龢在 5 月 2 日当天日记，这天天气晴朗。早上光绪召见军机大臣一个半小时，对于那份李鸿章即将下笔签订的

《马关条约》，已"幡然有批准之谕"。君臣讨论了如果外国斡旋能否挽回局面的可能性后，军机大臣们"战栗哽咽，承旨而退"，在午前结束办公，各回自己的衙门去了。

作为一个想要有作为却无背景的知识分子，在那个时代的出路，唯有先通过科举改变地位和身份，然后顺着官场的阶梯慢慢地攀缘而上，直至熬到一定地位，再来实现圣人所言"治国平天下"的人生理想。科举制度尽管为平民入仕打开了一扇门，而整个官场，却沿循着资历等级、逢迎阿谀、明哲保身等原则来消磨人的意志和锋芒，待到位极人臣，往往已经没有办事的魄力了。

这场运动的规模大小并不重要，重要的是康梁二人并没有无中生有，或是置身事外，他们在这场运动中处于领头的地位，并站在了时代浪潮的潮头上。此次上书中，梁启超领衔八十名广东举人上书。梁启超此次来京，名义上是来参加会试的，实际上却另有所图。他在给友人的信中写道："此行本不为会试，弟颇思假此名号作汗漫游，以略求天下之人才。"也就是说，他此行是为了结识更多有才之士，壮大自己的势力。

5

光绪二十一年（1895）5 月 6 日，康有为策动的"公车上书"如同大河奔流，一番激荡过后，很快归于沉寂。昨日还血脉偾张的王公大臣，今日就换了笑脸，就像什么事都没发生过。京城就像一块巨大的海绵，很快就将各种事件带来的影响吸进了它的庞然之躯。

漫长的夜晚，无比寂寥。帝王和他的子民并无不同，该早睡的早睡，该失眠的失眠。光绪帝睡不着的时候，会坐起来批阅奏折。终于有了独自理政的机会，他无比珍惜。那些日子，朝堂内外思潮汹涌。从年初开始，关于和约牵扯出的罪与罚就从未消停过。让康有为和梁启超感到忧愤的是，许多举子并没有在 5 月 3 日那天出现在松筠庵。这帮目光短浅之辈，只知道将目光投注于会试发榜上，似乎他们生来就是为了这一件事而活。今年毕竟是大比之年，会试是朝廷选拔人才的机会，八方士子跃跃欲试，但能不能选到人才，则又另当别论。应试士子中有没有真正的人才，还要看榜单揭晓。康有为在新科贡士名列第五。5 月 15 日，新科贡士在保和殿参加殿试，康有为中二甲第四十六名进士。对于康有为来说，得中进士距离他的人生理想又前进了一大步。在这次考试中，皇帝提出，"时事多艰，人才孔亟，期与海内贤能，力矢自强，殚心图治，上无负慈闱之训迪，下克措四海于乂安"，"尔多士来自田间，夙怀忠说，其或直言无隐，朕得亲览焉"。

康有为给出的对策是访求人才，要"不拘资格，不次擢拔"，才能真正得到为国家济世解困的豪杰之士。若因循守旧，只能得到庸才，不可得异才。这个老书生，急于要将自己推到皇权的门前。无人可助人，他只有自助，而他所能依托的无非是他的笔墨。笔墨成事，也惹事。康有为还指出统计急用，急需理财。矿产要开掘，荒地可开垦，海疆可捕鱼，机器要发动。这样财富可冠五洲。最后要实现这一切，必须变法。其实他的想法并不新鲜，且不说容闳、严复等喝过洋墨水的人，就是官场之中，张之洞之流，也已扯起洋务大旗，将地方实业搞得风生水起。随后康有为在那张《朝考卷》上写的是《变则通通则久论》，他开宗明义说"孔子改制，损益三代之法，立三正之义，明三统之道，以待后王"，借助孔子的理论权威，阐述"变"的必要性。康有为反复说明要自强，就要维新变法，就要改革旧制。在我看来，这才是康南海最后的底牌——挟古而变。

康有为除了发动"公车上书"之外，在试卷中也不放弃进言机会，乞求光绪皇帝和阅卷大臣接受"说论（朝堂内外的正直之言）"。康有为变法的勇气和决心，终于得到了高层的回应。与此同时，康有为仕进的天窗也照进了光亮，他得中进士，授工部主事。京官序列中，主事属于办事官吏，正六品衔。各部人满为患，即使被授主事，康有为也无法上岗，只能等候补缺。根据《大清缙绅全书记录》，当时工部候补主事 175 人，康有为名列其中，若要上岗，至少需要 10 年时间。此时的康有为早已按捺不住内心的急迫，他要让自己的变法思想尽快得到君王的认可，并以此兑换自己的政治理想。

光绪和他身边的近臣如翁同龢、文廷式等人在经历甲午战败、乙未求和和公车上书等一系列变动之后，也逐渐认识到改革、变法的紧迫性。在中日交换和约的第三天，光绪皇帝发下一道谕旨，说："嗣后我君臣上下，惟当坚苦一心，痛除积弊，于练兵、筹饷两大端，尽力研求，详筹兴革，勿存懈志，勿骛空名，勿忘远图，勿沿故习，务期事事核实，以收自强之效，朕于中外臣工有厚望焉。"

光绪皇帝的这道朱谕在京城士大夫中流传，康梁等人一定看到了。康有为在《自编年谱》中写道："是时降朱谕，告廷臣，皆哀痛不得已之言。皇上之苦衷，迫逼之故，有难言之隐矣。"五月初六（5 月 29 日），康有为的《上清帝第三书》由都察院呈给光绪帝。随着《马关条约》的签署，朝中掀起一股昌言变法的风气，很多官员纷纷上呈奏折，恳请朝廷实施变革。康有为的《上清帝第三书》，提出了变法的步骤和"公车上书"的补充说明。他考虑前一次上书并未递上去，于是将前次中拒和、迁都、再战的内容删去，并增加了论述改革的内容，尤其是要革科举、兴办教育，并提议设立"议郎"。

1895 年 6 月 3 日，光绪帝在养心殿书案的众多文件中发现了新科进士康有为的这封奏折。进士直接上书皇帝，不合规制，也极为罕见。光绪立刻打开来看：近者万国交通，争雄竞长，不能强则弱，不能大则小，不能存则亡，无中立之理。自大而小者，土耳其是也；自强而弱者，波斯是也；自存而亡者，印度、缅甸、安南……

一遍遍摩挲，一个字一个字揣摩。光绪皇帝忘记吃午饭，晚上又把这封奏折携带到寝宫，在灯下细细再读。康有为用他那出色的文笔，清晰扼要地介绍了西方的政治制度，介绍了俄国的彼得大帝，介绍了日本的明治天皇，介绍了土耳其的国父凯末尔。他从世界大势的角度，提出了变法的总纲领；又分十个方面，系统讲解了中国应如何在政治、经济、军事、教育诸领域"全面更新之"，论述条理分明，措施详细周到。这封奏折，让光绪帝感觉新奇无比又茅塞顿开。这个苦命的皇帝从小生活在皇宫之中，却像是寄人篱下。他的生活完全不能自主。到他十几岁亲政时，他自始至终是一个孤家寡人，他只能示弱，没有力量，没有基础，以至于有人拿他当个笨蛋，当个巨婴，当个摆设，但就是没人拿他当个完整的皇帝。但这个受翁同龢、孙家鼐等儒生教育过的皇帝却有着刚强的心性，有着天下苍生担荷一身的意识。因此，一遇机会，他就争取表达自己的个性。光绪从来就不是一个忽略细节的人，但他同时明白自己不只是活在形势格禁的皇宫中。他从小接受的教育告诉他，他将活在天下，活在历史里。

第二天一早，光绪帝发布命令，命军机处将此奏折抄为三份，一份存皇帝上朝时的乾清宫，一份存皇帝日常处理政务的中南海勤政殿，一份由军机处抄发各省督抚将军。康有为的奏折原件，则立刻送往颐和园，交给太后"懿览"。

我们可以想象，在那个混沌不清的黎明，宫殿深处的光绪帝反复揣摩奏折中那些新鲜的名词，就像一个关在黑暗铁屋子里的人，获得了自由的曙光。一边是外侮内忧的刺激，一边是康有为等发于忠愤的激励，让光绪皇帝"毅然有改革之志"。从甲午战争到变法之间，这三年里，他恶补了西方器物制度这一课。他命人将每一种玩具，以及每一种神奇的发明和发现都带进皇宫。他买有关外国知识的每一本中文书，每天悉心研读。梁启超记述："其年六月，翁（同龢）与皇上决议拟下诏敕十二道，布维新之令。"与此同时，光绪皇帝为了赢得朝中官员和士子们的支持，他罢斥了孙毓汶、徐用仪，此二人曾经是坚定的主和派。既然决定变法,就得按照"变"的思路来做事。于是,朝野上下在舆论滔滔之下,居然有了发奋自强的新气象。

随着这道折片的下发,刚刚得中进士、成为工部主事的康有为引起朝廷重要官员的注意,获得了很大的政治声誉。此时,光绪帝也产生了幻觉,虽然每日仍要前往颐和园向慈禧太后请安,但他错误地预判了形势。甲午战争之后,慈禧太后也和他一样,陷入了日夜的焦灼之中。《翁同龢日记》中曾记载,甲午战争结束不久,慈禧命上书房"宜专讲西学",专门给皇帝讲解西方国家的知识。

慈禧并没有表明自己的态度,她需要改革的信心,而这种信心来自光绪皇帝的执政能力。遗憾的是,年轻的皇帝并没有让她产生信心。尤其是孙毓汶、徐用仪等官员被罢斥,惹怒了慈禧,她觉得有必要狠狠地敲打一下光绪帝。她革去了翁同龢毓庆宫行走的差事,不让他与光绪帝见面,而且,她还将皇帝信任的文廷式、汪鸣銮、长麟等人也一并罢官。慈禧突然发力,并不是因为康有为的上书激怒了她,而是因为光绪帝和围绕在他身边的那些官员,正在一点点蚕食她的势力,这是慈禧无法容忍的。

在得知自己所写的条陈已经上呈给皇帝,康有为内心的激动可想而知。1895 年的春夏之交,对于康有为、梁启超等人来说,是一个开端,遵循着某种思想的动机。对于已经尝到上书甜头的康有为来说,他不会停止自己的探索。虽然梁启超事后说,他不太相信光绪和翁同龢能够成事,但对于彼时的他们来说,借助京城权贵阶层,获取更大的政治成就,是他们实现自身价值的唯一路径。西方有句名言:"只有偏执狂才能获得成功。"康有为的前半生也验证了这句话。

五月初八(6 月 30 日),康有为又呈《上清帝第四书》。此次上书正式向光绪皇帝提出了"设议院以通下情"的主张,但又被顽固派拒绝代呈。康有为在其《自编年谱》中说,他先交给都察院,都御史徐郁认为康有为已是工部主事,按例他不得收,应由其所属衙门(工部)代递。康有为又到工部递送,时任工部右侍郎李文田曾是他此次会试的副总裁,与他个人有隙,不肯画押。无奈之下,康有为又与梁启超、麦孟华联名递都察院,仍不肯收;他又找到袁世凯的军务督办处,荣禄也不收,以致第四书无法上达天听。《上清帝第四书》是资产阶级改良派第一次向皇帝正式提出开设议院的主张,尽管未能上达,却自有意义。

1895 年的这个夏天,对于康有为来说有着特殊的意义。他通过考试得来的功名,让他在人生的艰难跋涉过后,终于触摸到士人梦寐以求的朝廷名器。更让康有为兴奋的是,他的上书终于抵达这个国家最有权势之人的案头,这为他带来了巨大的声名。他并不满足于此,欲望如同这太阳烘烤下的北方大地,裂着焦灼而寂寞的伤口。他和梁启超等人在京城忙个不停,以变法为诉求,为自己寻找一方更大的舞台。士大夫通过结交权贵,然后进入京城权贵阶层,这是晚清社会的常态,也是康有为等人在短时间内实现个人价值最大化的捷径。他们将目标锁定在光绪皇帝最信任的人——翁同龢。在体制的内部,隐藏着一条生物链,环环相扣,而又相生相克。官场的生态平衡,就这样依靠着一种相互牵扯的力量维持着。康有为虽然没有太多体制内的经验,但这个精明的南方人对人与人之间的关系并不陌生。此时的他还没有嗅到风险的气息,他的眼里只有光绪帝,以为只要能够抓住这个人,他所希望得到的一切就会如愿。

在此之前,户部主事陈炽已向翁同龢引荐过康有为,翁同龢"拒未见"。康有为并不气馁,终于在 7 月 1 日这一天,叩开了皇帝的老师、大学士、户部尚书翁同龢的府门。翁同龢在当天日记中记道:"饭后李莼客先生来长谈。此君举世目为狂生,自余观之,盖策士也。"据近代史学者孔祥吉先生等人考证,此处"李莼客"三字是翁同龢后来修补上去的,原来应该是"康有为"或"康祖诒"三字。

这是一场愉快的见面，康有为应该谈及了他的变法主张，而这也正是翁同龢感兴趣的地方。因为两人地位悬殊，他们应该不会有更深入的交流。翁同龢在日记里把康有为称为"先生"，认为他是个"策士"，可见对他是认可的。甲午战争带来的冲击，对翁同龢来说，尤为痛苦。他因支持光绪皇帝主战，却落得割地赔款的结局。他意识到"旧法实不足恃"，清帝国需要来一场变革。看上去，朝野上下或将引来一场自强奋发的改革。但随着西太后革去翁同龢毓庆宫行走的差事，不让他与光绪单独见面，于是，这次变法的动议也就被强行按下了暂停键，康有为等人的变革之志也就被束之高阁。

6

1895 年 6 月，康有为被授予工部候补主事，只能等待补缺，但他还是选择"不到署"。虽然如此，他并没有离开京城的打算，他在酝酿一个更具有创意的行动。这个行动用两个词概括就是"合群"与"开会"。诚如他在自编年谱中所说："中国风气向来散漫，士大夫戒于明世社会之禁，不敢相聚讲求……合群非开会不可……故自上书不达之后，日以开会之义，号之于同志。"他认为，中国人生性散漫，要传播新的思想、知识，只有联合起来集会才能产生巨大的能量。在北京集会，可以获得登高一呼的影响力。

他奔走于京城士大夫间，准备成立一个组织，倡导变法。他决定办报，报纸的名称为《万国公报》，沿用的是上海广学会出版的刊物名称。梁启超认为："度欲开会，非有报馆不可，报馆之议论，既浸渍于人心，则风气之成不远矣。"

康梁的《万国公报》于 1895 年 8 月 17 日开始出版，隔天发行，截止到 11 月 11 日，共出版 45 期，报纸的发行量大约为 1000 份，利用《京报》的发行渠道，主要发往北京的士人手中，不收取报费。报纸的内容也大多取自上海广学会出版的《万国公报》，少量内容为康门弟子梁启超、麦孟华等人所写。为此英国传教士、广学会总干事李提摩太曾经还就版权向康有为等人提出异议。

到了 11 月 11 日，《万国公报》便不再发行。这里既有李提摩太的干预，也有康梁等人的变革言论吓退了体制内的士大夫们，"人皆畏而避之，拒不收"，"送报人惧祸，及悬重赏，亦不肯代送矣"。尽管如此，这份报纸还是给康有为等人制造了一些声势，接着北京强学会便应运而生。此时的古老中国在列强环伺的现实面前，觉醒的速度实在过于缓慢。经过甲午战争之后，这头被砍掉了肢体、抽去了血液的狮子痛得猛醒过来。那些所谓的政治精英终于认识到，中西方的差距是全方位的，不仅仅局限于器物层面。如果照过去的老路走下去，中国除了灭亡之外，别无可能。战争如同强力的机械手臂，硬生生地修正了每个人的观念，"变法"已经成了朝野上下的共识。

正因为如此，强学会从它诞生的那一刻起，虽然散发着青年士子敢想敢干的锋利锐气，但同时又裹挟着复杂晦暗的成分。在此之前，京城从来没有出现过身份如此复杂、政治势力如此纠缠、人数又如此众多的组织。强学会由康有为、张权、沈曾桐、沈曾植、袁世凯、陈炽、陈允颐、杨锐等人发起。在这些人中，沈曾植时任总理衙门章京、刑部郎中；其弟沈曾桐时任翰林院编修；陈允颐曾出使日本，时任湖南候补道，在督办军务处任职；张权和杨锐则来自当时署理两江总督张之洞的门下，张权是张之洞的儿子，杨锐则是张之洞的幕僚，梁启超称其为张之洞第一亲厚弟子，张之洞京城事务大都托给他办。更为引人注目的是，连一些原来以"仇洋"著称的真正的"顽固派"大臣，如徐桐、于荫霖等人，也都开始同意中国必须进行起码的改革。据萧功秦《危机中的变革》载，军机大臣孙家鼐所说："今日臣士愿意变法者，十有六七，拘执不通者，不过十之二三。"当时的情形固然有喜人的一面，但成立这样一支成分复杂的团队，难度也不言而喻。

康有为在《自编年谱》中写道："强学会之创，京朝诸公，欲合天下之力，通上下之气，讲经新之治。自七月创办以来，朝士云集。军机、总署、御史、翰林、各曹来会者至百数，几与外国议会等。"各地督抚也出钱出力，刘坤一、张之洞、王文韶各捐了五千两银子，宋庆、聂士成等武将也捐银数千两。其间还拒绝了李鸿章三千金捐款之事。有人说，李鸿章想要以此洗脱战争和签约带来的骂名，我却不这么认为。李鸿章要加入强学会，是因为他确有变法图强的思想，如果说甲午战争给国人带来强烈的刺激，那么作为参与者的李鸿章所受到的刺激比任何人都要强烈。

这些大人物济济一堂，不同的人见解也不同，争吵是必不可少的。有的主张开书坊，有的主张专卖国朝掌故的书籍，有的主张销售局本杂书。他们的争吵无聊且无趣，大多是意气之争，或是私利之争。他们隔数日一聚，每次总因意见不合，不欢而散。康有为虽是发起之人，但他毕竟是体制内的新人，没有说话的资格。而他的个性偏偏又十分自负与狂妄，他并不甘心居于从属地位。于是，他抑郁难平地离开了北京。

康有为离开北京，强学会仍然在这一年 11 月成立。四位总董中，陈炽、沈曾植来自翁同龢门下，丁立钧背后有张之洞支持，而主事的张孝谦是军机大臣李鸿藻的门下。也难怪有人说，强学会是京城里的又一个小朝廷。梁启超并没有随康有为离开，他在强学会中的主要工作是办一份名为《中外纪闻》的报纸。张孝谦在强学会中独揽大权，口称自己于筹款等事中出力最多，强学会应该由他来当家。一番心力角斗，本就没有凝聚力的主事之人很快便势同水火。曾经与梁启超一同在强学会办报的汪大燮在家信中写道："此间事太糟，一人为恶，和者亦半……近日冗碌已极，无一如意事，无非拂意事，乏味之至。"

十二月初七，御史杨崇伊上了一折，弹劾强学会。当天，朝廷就颁下谕旨，即"着都察院查明封禁"。至此，康有为所倡导的以"合群、保国"为宗旨的北京强学会就消失在历史的烟尘里。虽然李鸿藻、翁同龢等人竭力挽救，强学会被改为京师官书局，但性质已变化，成了完全官办的机构。强学会被封禁，会中人物一哄而散。强学会中人皆感到惶恐，张孝谦前往李鸿章处献媚，表达忏悔之意；丁立钧吓得涕泪横流，想要将会中的书籍、仪器缴还同文馆。帝制时代积存下来的顽疾和糟粕，在短短几个月的时间里演了全套。

康有为离开北京之后，并没有直接赶往广东，而是先去南京，拜访了两江总督张之洞。他们有着两个多月交往，甚至"隔离一谈，每至深夜"。康有为还与张之洞门下的梁鼎芬、黄绍箕等人来到上海，筹办上海强学会。1896 年 1 月 12 日，《强学报》第一期出版，报上刊登了康有为代张之洞起草的《上海强学会序》。让时人感到震惊的是，《强学报》的封面上居然使用了孔子纪年。康有为与他的弟子坚持"孔子改制"思想，希望通过使用孔子纪年引起知识界人士的关注，宣传自己的主张。康有为如此做法，自然引得张之洞的反对。他虽然支持变法，但他并不认同"孔子改制"思想。他见到《强学报》第一期，大为恼火，并下令停刊。与此同时，北京方面传来京师强学会被朝廷查禁的消息。身为地方大员，张之洞的政治敏锐性还是有的，他无法容忍《强学报》变作宣扬"康学"的阵地，索性下令，马上关闭上海强学会。

康有为是一个倔强之人，面对张之洞这样的朝廷重臣毫不相让，他愤然道："孔子改制，大道也，岂为一两江总督供养易之哉？若使以供养而易其所学，香涛（张之洞）奚取焉！"改革派中的一老一新就此决裂，从此再无合作。待到这一年春天，张之洞回任湖广总督，他所编练的自强军逐步壮大，后来被袁世凯编入北洋陆军第四镇。

这样一场声势浩大的"强学会"运动以失败收场，但它为变法图强带来的星火效应却得到了保留和发展。康有为又回到广东、广西，继续讲学，宣扬自己的今文经学。康有为回到广东后不久，署理两江总督的张之洞向回任的刘坤一送交关防、印信、王命旗牌等物事后，返回武昌的湖广总督本任，从此与康有为天各一方，再也没有见过面。

第五章

闻名湖湘：围绕《兴算学议》的争论及其他

1

1894 年那场于近代中国命运攸关的中日战争，让谭嗣同和国人一同体验了旅顺、大连湾、威海卫相继失守，海军倾覆直至马关和议，割地赔款、国势日危的种种惊愕、忧虑和愤懑。甲午战败，对谭嗣同以及和他同时代的中国知识分子来说，都是思想转变的一大契机。

正是这场战争，搬走了曾经堵住谭嗣同和他的朋友们公开表达燃烧着的信念的巨石。他们终于能说话了，通过各种媒介和途径，他们被堵塞的思想终于打开一条通道奔涌而出。清廷与日本签订《马关条约》的消息传至武昌，谭嗣同和在此读书求进的浏阳士子们了解到条约的内容后，感到无比悲愤。谭嗣同内心如燕雀覆巢，绕屋彷徨。无数个寝食难安的昼与夜，他将自己关在书房里，挥毫疾书，然后又愤然将笔掷于地上，就像掷出那把闪着寒光的凤矩剑。很多时候，一个亦儒亦侠者的笔和剑是浑然一体的，笔即是剑，剑即是笔。诗人杜牧说过，当天下太平不需要将军上战场时，将军夜深人静，面对挂在墙上的宝剑，就像是报国无门的文人看着自己的笔感觉无用一样，会伤感落泪。

谭嗣同左手取过书桌上的一沓邸抄，右手击打着刊载有战争消息和《马关条约》的邸文。他愤然道："故败者未必非幸，和者尤当务之急，但不当败至如此地步，和至如此地步！"

好友唐才常也拍案附和："和议已成，所约条款，非是和倭，直是降倭，奸臣卖国，古今所无！"

那一刻的谭嗣同与唐才常的内心同时燃烧着熊熊的火焰，他们时而急语，时而沉默，在那个彻夜难眠的夜晚，他们苦无擎天之手，唯有泣涕如雨。兄长谭嗣襄为之献身的台湾，却被自己的母国生生地割去，这就仿佛割去了谭嗣同心中的血肉，使得他鲜血淋漓。他内心的痛楚，不亚于那些失去家园的台湾人。这伤痛直入他的心肺，痛不欲生，痛得无法忍受，继而痛定思痛，豁然清醒了。那些时日，谭嗣同的脑海里经常会浮现王夫子的身影。欧阳中鹄曾送他一份王夫之的《噩梦》，让他了解"万无可为之时，斯益有一息尚存之责"。谭嗣同将自己所处的时代与王夫之的时代相提并论，得出与郭嵩焘同样的结论：王夫之的所有思想和行动都牢牢建立在现实世界上。他写道："然今之世变，与衡阳王子所处不无少异，则学必征诸实事，以期可起行而无窒碍。"他呼吁重拾经世致用之学，谴责同辈中人平日里好玄虚、空谈之风。

谭嗣同则将王夫之的这一精神——"征诸实事"的做学问精神和在"万无可为之时"承担责任的精神，视为湖南师生相承的一个传统。诚如他在给欧阳中鹄的信中所说："为天地立心、为生民立命，以续衡阳王子之绪脉，使孔、孟、程、朱之传不坠于地，惟夫子（欧阳中鹄）与刘夫子（刘人熙）、涂夫子（涂启先）自当任之。"

谭嗣同的陈述引出了一个至少为他和他的恩师所保持的主观看法，即身为湖南人，他们身上都肩负着延续王夫之学问与精神的使命。而这也正是郭嵩焘于长沙初建他的船山祠时希望在他的湖南老乡中培养的信念。尤其是在他二十五岁时，在台湾的哥哥突然去世，那时的他极为忧郁。他把自己关在书房里，读完整部《船山遗书》，一个月后出关写下名为《王志》的文章。他曾不止一次地说过："五百年来，真通天人之故者，船山一人而已。"

谭嗣同对王夫之的回应，一如郭嵩焘对王夫之的回应，皆汲取自王夫之的生平和学问：王夫之的放逐生活提供了抵抗、坚忍精神的典范，他的著作则为改革提供了正当理由。郭嵩焘的兴趣集中于王夫之《礼记章句》，谭嗣同对形而上学的兴趣，则将他带进王夫之受宋朝理学家张载启发的哲学著作中，特别是《思问录》。谭嗣同一再引用《思问录》中的句子，以证明制度、政府的改革应顺天应人。

谭嗣同特别提出王夫之的道器论，以此强调儒家的圣人之道和天人性命之学必须落实于政治社会之用。他说："无其器（适合的物质条件）则无其道，无弓矢则无射之道，无车马则无御之道。"抽象的道要具体可见，要让"道"结合可借以实行的"器"。没有"器"，"道"将不可见，只作为潜能存在。谭嗣同找来正在两湖书院读书的刘善涵商量，决定写信给他们的老师欧阳中鹄，请求他在浏阳县设立算学格致馆。

战争爆发时，欧阳中鹄正在北京，数月后以"先君墓伤于水，乞假改葬"，独自离京南下。当时曾引起一些京城人士的非议。丧师失地继之以城下之盟，战败的奇耻大辱，像阴影一样笼罩在当时许多中国知识分子的心头，挥之不去，给他们的精神以持续而猛烈的刺激。浏阳士子也以自己的方式作出强烈的反应。欧阳中鹄"闻和约已定，每私居啜泣，愤欲自裁"，他说，如此羞辱，凡心中有血气之人，莫不愤恨。他指责李鸿章，此次卖国，其罪与南宋奸臣秦桧无异。他在写给谭嗣同的信中愤然道："东事作如此了结，开辟以来未有奇怪，闻之使人气结。天下事至此，已无可再言。"感叹"八表同昏，竟不知将来成何等世界也"。

中国进行了三十年的洋务运动，但三十年的洋务运动却无法对抗一个在国人心目中并不强大的日本。谭嗣同认为清政府的所作所为，不过是旁枝末节，而且学人思想顽固守旧，排斥新思想，成为发展洋务的极大障碍。他认为眼下最急需下手的事情是育人才，开实学，而实学又脱离不了数学知识，所以他将实学的教育落实在开算学馆，培养数学人才上。

这封两万字的书信由谭嗣同亲自操刀，情感奔腾如滔滔江水，纵论中外大势，毫不避讳帝国当下之困境。谭嗣同认为：清廷败象早已显现，其一，贵族统治集团，仍存在"满、汉之见"，歧视汉族。他们为了维护自己的特殊权益，竟然将土地视为"傥来之物"，割让给日本侵略者。台湾人民听说该岛将被割让，无不"痛心切齿"，宣布独立而与日军奋战。当李鸿章签订《马关条约》还未回国的时候，就下令各省撤兵，不作御防的准备。等到换约后，他们又醉生梦死地演剧作乐。其二，地方官吏并没有停止他们的剥削，因"捐例太滥"（捐例：出钱捐官的章程），官吏多数贪暴，人民无法生活下去。如辽东半岛的人民，在日军占领该地时，曾幻想日本统治会比这些家伙好一些，"倭一去，则官又来虐我矣"。其三，清军的将领侵扣军饷。有些军士向钦差大臣、统帅刘坤一诉冤，刘竟"置之不理"以致军士怨恨，激而焚掠，并将肆行克扣的军官杀死。军士们不仅无心作战，甚至想向日军投降，以免"冻饿困苦"。

谭嗣同在信中说到变法，认为《马关条约》"将兵权、利权、商务、税务一网打尽，随地可造机器，可制土货。又将火轮、舟车、开矿、制造等利一网打尽，将来占尽小民生计，并小民之一衣一食，皆当仰之以给，自古取之人之国，无此酷毒者"。强迫中国赔偿军费二万万两，中国根本没有如此财力，即使"括尽小民脂膏，下至妇女之簪环首饰，犹难取办此数"。目前只能由恭亲王奕䜣为主，向外国借款，"俄国允借一万万两，余向各国分借，皆由俄国作保，将以满洲借令修筑铁路酬其劳绩。其取息之重自不待言，且恐不能无抵押之事"。清政府向沙俄借款并由它担保，再向其他各国借贷必将使中国权力遭受重大破坏。

谭嗣同认为，在天崩地解的时间叙事里，一个国家要想强盛就必须变法。他说："不变今之法，虽周、孔复起，必不能以今之法治今之天下。"变法不是一句口号，而是如何具体实践。他的主张是：广兴学校，无一乡一村不有学校；打开议院，有一官一邑即有议院。筹练海军，同时加强陆军，采用西方的操练方法，提高军队素质；开采"所有之矿以裕财源"，多修铁路和多造浅水轮船，以便利交通，也为促进商品流通创造条件；设立商部，团结各种商会，"通力合作以收回利权"；改革科举和官制，以登进真才和澄清吏治；改订刑律，以简化手续和提高审判工作效率；改革厘金征收章程，本国货物出口免税，洋货进口重税，以发展对外贸易。所有土货，只于出产地方征税，而运往其他地方销售则不再征课，以利商务。又植树、畜牧和蚕桑，都应切实讲求；还应兴办女子学校，使妇女在生产和日常生活中能发挥更大的作用。总之，"凡利必兴，凡害必除，西人之所有，吾无不能造，又无不精"。

谭嗣同认为时事并未不可救，中国只要坚持不懈地改革，"铲除内外衮衮诸公"，就能转弱为强。他甚至憧憬道："以中国地宝之富，人民之多而聪慧，其为五大洲首出之国也必矣。"他发觉列强对中国实行的经济掠夺，并不仅仅止于真金白银，还有资源掠夺。因而他说："今之矿务、商务，已成中西不两立不并存之势。"而要做到这一切，就要创办新的学校，培养有用的人才，然后变法才有把握。因此，"育贤才"是变法的关键。谭嗣同深感焦虑的是，当时中国的许多读书人，固守旧习，沉溺于考据词章，不明中外大势，将"讲求实学，力挽大局"的人视为异端。当他们看到李鸿章经营十多年的洋务在战争中几乎被全部摧毁，就以此为借口而反对讲求洋务。谭嗣同则认为，兴办洋务，不能仅仅着眼于轮船、电线、枪炮等，这只是"洋务之枝叶"，并非精髓所在。谭嗣同经过反复考虑，觉得再不能"封于旧说"，"守文因旧"，他请求欧阳中鹄设立算学格致馆，培养一批能够肩负变法重担的人才。

算学在中国古已有之，但远不及西方那样精确和完备。完成学业的学生，应以给他们讲解算学为主，兼授物理、化学等格致知识，馆里应配置翻译的各种西学书籍，让学生阅读，还要引导他们多看《申报》《沪报》《万国公报》

等中外报刊。对于谕旨、奏议以及中外时事和有参考价值的评论，也应注意考究。学生有专学"商务""天算""医学"的，应指导他们结合现实状况。谭嗣同最后讲，如经费难筹，则"先设算学馆，而置格致为后图"。

谭嗣同的这封信既有对清政府不满的愤激之言，也有深切而理性的变法策论。这一年他刚满三十岁，并特意作《三十自纪》，回顾了自己的来时路。他在给好友唐才常的信中写道："三十之年，适在甲午，地球全势忽变，嗣同学术更大变，境能生心，心实造境。"甲午战败后整个国家的精神面貌，特别是朝中官吏庸碌不堪、愚昧麻木，一个个如同装睡的人，给予谭嗣同强烈的刺激。

对于谭嗣同、唐才常、刘善涵这些浏阳士子来说，他们最为向往的地方是两湖书院。谭嗣同在信里向欧阳中鹄描述的这些想法，可以说是两湖书院的升级版。张之洞主政湖北后，为培养"明体达用"的人才，以适应洋务活动的需要，于光绪十六年（1890）四月在武昌都司湖创建两湖书院。书院初设经学、史学、理学、文学、算学和商学六门课程，因算学和商学无人讲授，形同虚设，实际授课内容与传统书院无异。书院建成后，张之洞于光绪十七年（1891）正月札令湖北、湖南两省学使通知各属，选调"才识出群"秀才各一百人入学，并准各州县推荐若干名报审应调。凡经选送录取者均可入院住读，录取后不愿住校者可走读，称为"外课"。未经选送而由个人报考录取者称为"附课"。

两湖书院，位于武昌都司湖畔。彼时的武昌城曾有一条名为"十里长街"的宽敞大道，也就是今日城内的解放路。它南起曾经的湖广总督署，北至今天的司门口，当时的武昌衙署官邸多位于这条繁华的路上。两湖书院就在这条路的南端，今日的武昌实验小学和湖北音乐学院附近。旧日的讲堂早已消失在时间的光影里，唯有几座曾经的斋舍还留存在这所小学操场的深处。湖北音乐学院的学生们，也常常会路过校园中这块名为"两湖书院旧址"的石碑。

两湖书院规模宏大，根据刘善涵的描述："两湖书院前后凿两湖，南士居前湖，北士居后湖，各百人，讲堂踞于其中，巍楼杰阁，气象雄伟……古诸侯视学之地，未尝有此也。堂之上进为官厅，四周嵌以玻璃，表里洞澈。再进为楚学祠，堂之东曰经学、史学分教处，绕湖复道以行，则提调厅也。堂之西为文学、理学分教处，又西则南北书库、商学斋、管书委员厅在焉。"

光绪二十年（1894）深秋，二十九岁的唐才常抵达武昌，他此来也是参加两湖书院的招生考试。谭嗣同为好朋友的到来而兴奋不已，并为其大力奔走。他们相约一起参加考试，怎奈事与愿违，因为晚到且名额只剩一人，无奈之下，谭嗣同只好弃考，将最后一个名额留给了唐才常，而他自己却终生无缘再入任何一书院读书。

唐才常在此就读期间，谭嗣同常常从湖北巡抚署中往来于此，与他谈天说地，并在此听讲求学。他们在这里读彼得大帝、读明治维新、读西方的民权学说。久而久之，谭嗣同和两湖书院的教习们也都像老朋友一样熟稔起来。浩浩荡荡的长江，静如处子的都司湖，汉江口的古琴台，芳草萋萋的鹦鹉洲以及洲畔的祢衡墓，还有武昌城中的龟山、蛇山，巡抚署中的胭脂山，都曾经留下过他们并肩而行的足迹和谈古论今的爽朗欢笑。

唐才常在两湖书院就读期间生活拮据，他曾倚靠谭嗣同在武汉的人脉关系，找他帮忙谋求一份糊口的工作。在急需用钱时，他曾向谭嗣同开口求援。谭嗣同对于好友发出的求助极为上心，他不惜放下世家公子的架子，为唐才常四处联系。唐才常在家信中提及此事，也是感激不尽："窃惟七丈（谭嗣同）平日如空山之云，天半之鹤，清高绝俗，不可稍干以私。"唐才常陷入窘境时，谭嗣同因已借钱于他人，囊中羞涩，他甚至去向亲友张口借债，最终凑足银两悉数送予唐才常。清高如谭嗣同，却为自己各处奔走经营，让唐才常深感不安。他叮嘱家人不可辜负对方的好意，"如此委屈深情，真感激无他"。

光绪二十一年（1895）闰五月十五日（7月7日），欧阳中鹄在浏阳接到谭嗣同痛言时局艰难、要求兴办算学馆的万言长信，大受感动。他正在考虑如何将谭嗣同信中的文字变作现实的图景时，又看到谭嗣同写给南台书院首事（主要负责人）邹明沅的信。在那封信中，谭嗣同说他的父亲谭继洵对于兴办算学馆并无异议，只是不希望由他的儿子出面。欧阳中鹄觉得谭嗣同的决心很大，但"压于父命"，只能转托他人负责此事。看到谭嗣同有志匡时，却得不到身为地方大员的父亲的支持而深感痛苦，欧阳中鹄决心站出来为自己的学生做些事情。他将谭嗣同写给他的那封长信，删去十分之二，再根据自己的观点，在信上写了注解，又在信的末尾作跋。欧阳中鹄用活字版印刷，将其装订成一本《兴算学议》的书籍。他写信给谭嗣同的另一老师、浏阳的地方绅士涂启先，说明时局艰难，拟设立算学馆以培育济世之才，并附寄《兴算学议》，希望能够得到他的支持。同时，欧阳中鹄还在浏阳县城里广为散发，进行宣传鼓动。涂启先在读了欧阳中鹄的信和《兴算学议》后，复函表示赞成。

但是，像欧阳中鹄、涂启先这样的开明人士并不多，即如谭嗣同敬仰的师者刘人熙（时任河南省许州直隶州知州）便不认同。虽然刘人熙在甲午战争失败后，也痛愤不已，甚至想要辞官返乡，与外弟王铁珊携手南归。但刘人熙并不认同谭嗣同等人提出的兴办算学馆，他认为，这么做是舍本求末，动摇礼教纲常的根本，追求西方科学技术的细枝末节。此风若长，会使读书人弃四书五经为敝屣。他指责谭嗣同兴算学是庸俗，是虚妄，是不靠谱的事。那段时间，他看到《兴算学议》就心情沉闷，"为之不怡"。

此外，还有一个以浏阳"名士"自居的陈长樋，进士出身，时任湖北宜都县知县。此人曾在光绪十五年（1889）殿试策问时"鄙夷洋务"，也因此博得读卷官员的赏识。他听说欧阳中鹄接受谭嗣同的建议，将在浏阳设立算学馆，也写了一封万言长信给欧阳中鹄，说这么做将会造成士民不安，祸机并发，湖南之难，必自浏阳而起。他不仅反对聘请外国人给青年学子传授科学知识，反对西方的基督教传入浏阳，而且认为开矿和用机器生产，也会造成灾祸。他将自己的滔滔之言，抄写多份，寄给浏阳的一些守旧士子。当时正值各省学政主持的院试，那些沉迷于功名的士子，都以他的荒谬见解为依据，反对兴算。

2

光绪二十一年（1895）秋天，谭嗣同由武昌返回浏阳。暑气渐息，蝉声如不安者的喧嚣。这一天，谭嗣同放下了书中的微毫，揉了揉发酸的眼睛，望向窗外的夏花暑草。两个月来，他每日坐在这里埋头著述，整日不辍。

十年树木，百年树人。这个世道连栽培一棵参天大树的耐心都没有，更何况去开启一代人的见识。时间就像是一趟封闭车体的马车，晃晃悠悠，自得其乐。车里的人被晃醒，又被晃得睡了过去，其中有装睡的，有真的昏睡的。不见世界，以为世界不过这方寸之地的快活。活一天，就寻一天的快活，管不了那么多。

笔耕之余，谭嗣同和唐才常、刘善涵等人商量，决定想方设法取得湖南学政江标的支持。只要江标能够饬会浏阳知县将南台书院改为算学馆，他们的兴算计划就算成功了。江标是个开明之士，当他接到刘善涵执笔所撰之"禀"，完全同意，遂饬会浏阳知县照此办理。在此之前，江标已读过谭嗣同的《兴算学议》，称谭为当世奇才。

此时正值岁试（学政考查生员学业的考试，各府、州、县生员都会集于省城长沙），生员们得知学政要将浏阳南台书院改为算学馆，大为惊异，甚至有些人诋毁浏阳的兴算是"妖异"。浏阳知县唐步瀛心存顾虑，不敢立即遵办。别说是他，就连先前高调支持谭嗣同等人的欧阳中鹄，也突然表现得暧昧不清。他怯于谭嗣同所提出的"尽变西法"的主张，他提出在以后设立的算学馆里，学生"除习算学外，仍是读十三经，崇我圣道"，他不愿为了兴算而得罪守旧派。对于浏阳知县唐步瀛不执行学政江标将南台书院改为算学馆的指示，觉得可以谅解。他为了不让谭嗣同等人失望，决定采取折中的权宜之计，在算学馆成立之前，先办一个规模较小的"算学社"。在创办"算学社"过程中，谭嗣同拟订章程，筹划周密，出力最多。对此，欧阳中鹄也颇为赞赏，便在写给谭继洵的信中说，"（谭嗣同）论事极有见地，任事极有力量，实系达艺从政之才"，建议谭继洵此后"可令先谋，以备采择"。谭继洵不为所动，而是邀请欧阳中鹄到湖北"抚院"去做"幕宾"，将其调离浏阳。如此一来，谭嗣同在浏阳兴算的变法活动便失去了支撑。谭嗣同自然心领神会，也于九月中旬离开浏阳返回湖北。

当欧阳中鹄途经长沙时，拜访了其旧相知、新任湖南巡抚陈宝箴（字右铭、江西义宁人）。当陈宝箴听说他将前往湖北抚署"入幕"，便挽留他协助自己办理赈务。湘东各县遭受大旱，庄稼颗粒无收。老百姓只能挖野菜，野菜挖光了就啃食树皮，最后连树皮都没有了，只能以观音土充饥，不少饥民全身水肿，奄奄待毙。陈宝箴甫一上任，就面临如此大考。他决定奏告朝廷，成立办赈机构，有计划地实施赈济。他委托欧阳中鹄回浏阳主持办赈事宜，欧阳中鹄不便推辞，只得应承下来，很快折回浏阳。

谭嗣同在湖北没有等来欧阳中鹄，却等来浏阳南台书院生员请求将翌年全部经费提归筹赈局，停课一年的消息。他觉得这是一个将书院改为算学馆的绝佳机会，于是他以唐才常、刘善涵等的名义，亲自撰写呈"抚院"和"学院"的"禀"，并代拟算学馆章程。十一月中旬，他到了长沙，便将"禀"和章程一并呈送"抚院"和"学院"。他并没有将这一切告诉欧阳中鹄，因为他发觉欧阳中鹄对于将南台书院改为算学馆，起初愿意支持，继而产生疑虑。尽管如此，欧阳中鹄事后还是获知谭嗣同在长沙的活动情况。

谭嗣同办完要办的事，也回到浏阳。当他得知欧阳中鹄忙于筹办赈务，又了解到浏阳因旱灾而发生饥荒以及由此而造成的社会问题时，也决定暂时投身于此。虽说这事轮不到谭嗣同来管，但他还是决定停止筹办算学馆的运作，全力赈灾。

此时浏阳的西乡、北乡和南乡等地，"晚稻大半颗粒无收"，灾民不但食一种名唤"黄花菜"的野菜，而且"有食草根、竹粉者"。很多人得了水肿，饿死的"赤贫下户"不计其数。灾民们纷纷要求"团总"转告知县发给"护票"，以便出外逃荒。因没有得到圆满的答复，愤怒的人群像湖湘大地上滚过的一团烈火，他们捣毁了"团局"，四处聚众滋事。南乡的情势尤为紧急，因为这里耕地少，遍布数十处煤井。平日所需粮食，也是在卖煤换钱后，由外地购进。这一年夏秋以来，久旱无雨，河水陡落，甚至干涸，因而挖出的煤不能运至外地销售。谭嗣同也被浏阳的灾情牵绊住脚步，他留下协助欧阳中鹄办赈。

谭嗣同参加了筹划办赈的会议，看见地方乡绅并不热心，他们在会上吵得不可开交。考虑到"愈商议必愈无成，愈思和衷必愈不和"，与其拖延，不如由"筹济局"包揽把持，将主动权从地方绅士的手中夺过来。为此，谭嗣同拟订了办赈章程。其内容有三：一是县城设立"筹济总局"，各乡设立"筹济分局"；二是筹集赈济的钱粮，以及城乡公款都由总局拨用。三是开办南乡煤矿和淘挖西乡河中金沙，实行"以工代赈"。谭嗣同和唐才常一道，前往各煤井所在地勘查，召集那些经营"煤井"的人开会，"筹济局"在县城南市街设立"官煤局"，大量收购各种煤，并酌提价格，让那些在煤矿挖煤的灾民能够得到更多工钱。与此同时，谭嗣同还委托刘善涵到上海等地"物色矿师"。

谭嗣同在浏阳协助欧阳中鹄办赈，将千头万绪之事梳理得井井有条。欧阳中鹄称"复生本系世家，又有人望，其才实能办事，煤金两项皆其主持"，欧阳中鹄决定委任他为"筹济局"提调。谭嗣同似乎也很乐意接受这一职务。就在谭嗣同大展拳脚之际，他的父亲谭继洵的一封家书，让这热气腾腾的场面戛然而止。他的妹妹谭嘉贞（嫁刘锦棠的三子刘国祉）病亡，灵柩将由湖北运回湘阴安葬，需要他张罗一番。还有朝廷命湖北布政使王之春出使俄国，吊唁俄皇亚历山大三世之丧，并贺新皇尼古拉二世即位。王之春奏调谭嗣同为参赞，让他尽快熟悉外交礼仪。妹妹谭嘉贞系庶母卢氏所生，他和她一直保持着深厚的兄妹之情，面对她的夭亡，谭嗣同不能不感到悲伤。至于王之春奏调他为使俄参赞，他并不乐意，甚至感到耻辱。王之春让他充任参赞，既顾全了父亲谭继洵的面子，又为自己找到了"捉刀代笔"的替身，谭嗣同向来看不惯这种守旧且圆滑的官僚。

当父亲催促他返回湖北，强迫他去做他不屑于做的事情时，谭嗣同当时"如冷水浇背，绕室彷徨，毫无生人气"。谭嗣同只好求助于欧阳中鹄，欧阳中鹄立刻写信给谭继洵，说浏阳的办赈正值吃紧之际，嗣同出力很大，他建议委派嗣同为提调。若是将其召归湖北，如断其"右臂"，使他陷入孤立孑然的状态，而且设立"官煤局"和淘挖金沙，都是谭嗣同规划并负责筹办的，如果嗣同离开，便无人主持。欧阳中鹄言辞恳切，请求"垂念乡闾，许留相助"。谭继洵不为所动，欧阳中鹄感到气愤，他在写给陈宝箴的信中愤然道："天生此才，乃令受尽折磨，不能自行其志，百万生灵所关，求其暂助而不可得，诚不知所遇何苦也！"在欧阳中鹄看来，谭嗣同是世间难得的奇才，老天何苦要如此折磨于他，使他无法施展平生之志。即使他所为事关百万生灵的活路，也无法求仁得仁。

具有反讽意味的是，谭嗣同这时候突然接到一封信，这信来自好友、湖南新化人邹代钧。信里说，陈宝箴本来打算将南台书院改为算学馆，但在接到欧阳中鹄请求暂缓"批发"的信后，又认为这样做不妥，所以没有批示。我们可以想象谭嗣同的内心，他无论如何也想不到是欧阳中鹄让他的算学馆之梦破碎。

"您难道不想算学馆办成，为什么从中阻挠呢？"谭嗣同和唐才常不解地问。

"南台书院生员已听课，暂时无法改习算学。我考虑不提高南台书院的经费，另外筹款创办算学馆。"欧阳中鹄给予解释。谭嗣同便不再诘问，只是在内心希望欧阳中鹄能够将他的设想变为现实。

谭嗣同离开浏阳的前夕，在上海"物色矿师"的刘善涵回来了。他告诉谭嗣同：矿师已初步联系到，待得来年春天便会赶来浏阳。紧接着刘善涵又说了一件令谭嗣同极为兴奋之事，说他见到了康有为，康有为特地托他带一本书赠给谭嗣同。谭嗣同连忙打开书一看，原来是《长兴学记》。两个从未谋面之人，早已从其他人的叙述里，从他们的文字里，在精神层面完成了某种跨越空间的契合。两个拥有思想的人，一定怀抱彼此能够解读的秘密。谭嗣同觉得康之学说，有不少和他相通之处。在长沙和武汉，谭嗣同从邹代钧、刘善涵等处获悉了强学会成立及其被封杀的消息。他根据得到的消息，对康有为有一个大致的了解。他曾在给欧阳中鹄的信中称："康长素（康有为）倡为强学会，主之者内有常熟（翁同龢）、外有南皮（张之洞），名士会者千计，集款亦数万。"

谭嗣同知道强学会是康有为发起成立的，主张传播"孔子教"的维新变法团体。此时的谭嗣同正处于壮怀激荡时，他仓促间展露出的情怀，很容易将自己的视野带往图强救亡堆砌起来的河床。他向老师欧阳中鹄说："强学会诸君子，深抱亡教之忧，欲创建孔子教堂，仿西人传教之法，遍传于愚贱。某西人闻之，向邹沅帆（邹代钧）曰：'信能如此，我等教士皆可以回国矣。'"我们可以想象，此时处于思想激变中的谭嗣同，虽然对康有为有着知己之感，但两人对时局和西学的态度并不完全一致。如果没有爆发甲午战争，谭嗣同的任侠作风与康有为等人的政客手法，也是很能相互融合的。

这一年十二月十日，谭嗣同被迫离开浏阳返回湖北，途经长沙时，他拜谒了湖南巡抚陈宝箴。陈宝箴历经帝国半个世纪的变化。他在 1860 年前往北京会试时，恰遇英法联军火烧圆明园，给他带来了深刻的刺激。陈宝箴回乡探望母亲时，见到驻扎在安庆的曾国藩，后者叹他为"海内奇士"，期望他能"转移风气"，陈也随即加入湘军作战。在浙江、广东、直隶出任按察使、布政使等职时，陈宝箴整治河道、查肃官吏，但或许因为不是湖南人，他从未有真正施展才能的机会。甲午战争爆发后，他被任命为东征湘军的粮台，驻扎天津，被刘坤一称为"军兴粮台所仅见"。他也曾严厉批评李鸿章，不过他的批评与众不同，不在于北洋作战不力、马关和谈受辱，而是因为李鸿章屈从于主战派压力，明知没有把握，还仓促应战。

战败没有终止陈宝箴的政治生命，反而让他获得了实现抱负的机会。他的长子陈三立听闻任命时"独窃喜自慰"，三立富有政治策略与人际网络，是他最杰出的助手。在中国陷入整体危机之时，他们认定"湖南据东南上游，号天下胜兵处，其士人率果敢负气可用，又土地奥衍，煤铁五金之产毕具"，他们可能在此"营一隅为天下倡，立富强根基，足备非常之变"。这也是大清帝国晚期政治的另一个重要特征，地方权力迅速兴起，变革力量来自地方而非中央。

他们的理念即刻得到呼应。湖南学政江标深具改革意识，这位翰林学士皮肤白皙、样貌俊俏，曾就读于同文馆，是薛福成的追随者。1894 年履任湖南后，他将数学、科学引入书院课程，并支持谭嗣同、唐才常在浏阳创办算学馆。

一个具有变革意识的士绅群体慢慢浮现出来，既有王先谦、朱昌琳式的人物，他们已六七十岁高龄，目睹湖南兴起，与名臣们颇有交往；也有中生代的张祖同、蒋德钧、邹代钧，他们生于中兴气氛中，却在成年时遭遇国难；还有年轻一代的唐才常、熊希龄，正血气方刚，具有强烈的行动欲。这三代人都因甲午之败而重新思考湖南的命运，构成了一个改革同盟，推动各种变化。邹代钧管理陈宝箴推行的第一个重要计划矿务局，朱昌琳负责官钱局、铸钱局，张祖同筹办电线、电灯，王先谦推动制造公司的建立，熊希龄、蒋德钧则办理轮船、铁路。当然，所有的行动中，他们经常集体出现。

这是湖南一个独特现象，地方士绅的权力尤其显著，陈宝箴也了解如何与他们合作。陈宝箴和其子陈三立对甲午战争的态度与众不同，他们认为当时中国不堪一战，因而主和。他们对李鸿章的指责"不在于不当和而和，而在于不当战而战"。《马关条约》签订之后，陈宝箴痛哭失声，认为"无以为国矣"。在创痛巨深的刺激下，陈氏父子开始有革新弊政的想法。

谭嗣同的到来，让陈宝箴大为欣喜。在两人的此次交流中，谭嗣同力主在浏阳设立"矿务分局"，大量开矿，以免被西方侵略者掠夺资源。他还就改浏阳南台书院为算学馆，再次提出请求。陈宝箴早在湖北任按察使时，就对谭嗣同有所了解。在这期间，欧阳中鹄也致函陈宝箴：谭嗣同乃天下奇男子，才气横绝，为人所不能为，类似于前朝李德裕、张居正；在本朝则近似李卫、田文镜。任天下事必日起有功，任乡党事或太刚则折，眼下我欧阳中鹄需要他的辅助。

经过欧阳中鹄的介绍，陈宝箴对谭嗣同有了较为深入的了解。他向谭嗣同示意，若其父允许他回到湖南，必当重用于他。谭嗣同也点头应允，作为湖南人，他何尝不想在湖南成就一番事业。

谭嗣同于十二月二十五日（1896 年 2 月 6 日）回到湖北。妹妹谭嘉贞的灵柩已先期运往湘阴，他未能赶上照料，为此内疚不已。父亲谭继洵让他做好准备，必须陪王之春前往俄国一趟。虽身在湖北，谭嗣同仍心系浏阳。他本想在湖北发起募捐，而湖北因汉水泛滥，灾情为近年所未有，逃荒的人群也拥向县城。谭嗣同央求父亲，从湖北藩库"借款二万"，在汉口买了米后，用船运到浏阳。因为买米的钱是借来的，要还。谭嗣同决定"以工代赈"，就是让农民挖煤或挑柴火来换米。谭嗣同收了煤和柴后，再让人运到长沙去卖。消息传出后，每天挑柴或煤来换米的络绎不绝，状元洲柴火堆积如山。"以工代赈"

只能解决短时期的问题，要彻底补救灾害给浏阳造成的损失，还要想别的办法。谭嗣同是个脑子很灵活的人，他派人到耒阳买红薯种，在当地种，把红薯苗割回来，发给乡人种。虽然这些办法不能完全解决灾难给人民带来的苦难，但也在一定程度上解决了灾民的温饱。后来，湖南巡抚陈宝箴盛赞浏阳：囤煤种薯，以工代赈，是办赈奇策。

3

光绪二十二年（1896）正月，谭嗣同得知朝廷发出诏谕命李鸿章出使俄国，他自己也不需要充任参赞。俄国人以王之春"位望未隆"为借口，拒绝接待。他们力主亲俄的李鸿章参加庆典，意在从中国攫取更大的利益。与此同时，谭嗣同从《京报》和人们的传言中，了解到以康有为为首的维新派所筹设的北京和上海强学会，受到朝中守旧派的攻击破坏而遭到取缔。

谭嗣同听到这些消息，思想受到很大的震动。在此之前，他从已参加强学会的邹代钧、张伯纯（谭继洵的幕僚）、陈三立（陈宝箴之子）、张通典（湖南湘乡人）那里了解到强学会"名士太多，华而不实"，他们为此不满，有意在湖南另设分会。谭嗣同先前对强学会并无兴趣，可如今横遭取缔，反倒激起他奋然抗争的意志。他在给欧阳中鹄的信中说到此事仍愤然不平："传耶稣教则保护之，传孔子教则封禁之，自虐其人以供外人鱼肉，中国人士何其驯也！"他借用耶稣会的名义成立"湖南强学会"，以突破清政府的禁令。他推举英国驻汉口领事贾礼士担任会首。贾礼士在文章中写道："一些年轻的湖南人也乐意同外国人交往，并消除湖南的排外观念。一个旨在介绍西方科学知识的团体开始建立起来，它将指出儒家学说和基督教教义的一致性。若干外国人，包括我本人在内，被邀请作为该团体的会员，而且不必支付任何费用。"

谭嗣同在"不图西人丝毫之利，亦不授西人丝毫之权"的主张下，与贾礼士订立密约。他甚至打算在湖南强学会走上正轨以后，致函北京总会的负责人，建议他们仿照他的办法恢复活动。然而，事情很快出现了转机，清廷将强学会改为官书局。在这种情况下，所谓"耶稣会"已无成立之必要，谭嗣同才将筹办湖南强学会的计划放弃。

谭嗣同写信给陈三立，托其转告其父陈宝箴，他愿意回淮南干有益于国计民生的差事。当时，邹代钧为张之洞聘请绘制湖北地图，已经完竣，他也应陈宝箴之邀，将返回湖南办理开矿事宜。他转述陈宝箴之意，邀谭嗣同一同前往。谭嗣同征求父亲的意见，谭继洵虽然没有拒绝，但让他陪伴侄儿谭传赞（谭嗣贻之子）到北京参加荫生考试（清代官员的儿子参加的考试，经过一次考试，就可以得到监生的资格），待考试过后，再决定行止。但是，到正月下旬，谭继洵突然严厉地训斥谭嗣同，并斥令他赶快到吏部办理浙江候补知府的手续。刘锦棠几年前就奏保谭嗣同为候补知府。

谭继洵显然对谭嗣同近年来的表现并不满意，尤其去年冬天以来，从湖南浏阳、长沙到湖北武昌，议论和诽谤谭嗣同的声音就从未消停过。虽然谭嗣同没有说，但根据他一年的活动轨迹大致可以推测：一是他要求"尽变西法"，并在《兴算学议》中指责朝廷的守旧体制和官僚；二是为了筹设湖南强学会，经常出入英国领事馆，并打着耶稣教的旗号。身为地方大员之子和朝廷候补官员的谭嗣同在这些事上，经过人为的渲染和捏造，自然成为预谋者的口实和依据。据说御史张仲炘（湖北江夏人）已备好究办严查的奏折。幸亏谭氏父子的老熟人李昌沔（曾在湖北主办开捐事务）在北京托人说转，才使谭嗣同躲过一劫。

谭继洵在得知此事后，已责备谭嗣同收敛言行，不料波澜又起。湖北有个大流氓李玉成，谎称自己是朝廷的高级武官，伪造证件，在各县进行诈骗。知县詹某不仅被骗去现银一千两，还被骗去银票一千两。但李玉成在凭银票取银时，因被发现有诈而没有得逞。此人竟然将银票交与一个比利时人转交德国驻汉口领事，"备文索讨"。官府明知李玉成勾结洋人进行诈骗，却不敢揭破，怕引发更大的纠纷。正陷入僵局之时，谭嗣同挺身而出，找到英国驻汉口领事贾礼士"从中排解"。于是，德国领事不再干预此事。谭嗣同又敦促官府对李玉成诈骗一案进行调查，揭出了一些官员"或买缺、或买厘差、或专营哨弁"的贪污舞弊案件。对此，湖广总督张之洞也不敢公然庇护，决定公开审理。对于向来谨慎且老于世故的谭继洵而言，自己的儿子这样做，既得罪了一些官员和其上司，又使他们误解自己，认为是他放任谭嗣同在湖北官场搅动是非。谭继洵正为此事烦恼不已，而其妾（除卢氏外，还有王氏、魏氏）又进谗言，说谭嗣同不离开湖北，终究会闯下大祸累及他。谭继洵这才大发雷霆，逼迫谭嗣同迅速离开湖北。

欧阳中鹄在接到谭嗣同的信后，曾在写给陈宝箴的信里，提及谭嗣同受"天伦之累，横被不白"，而陈宝箴也曾"悯之曰恭世子"，可谓知之甚深。"恭世子"是春秋时晋献公的太子申生。晋献公听信其"夫人"骊姬的谗言，将杀申生。重耳（申生的异母弟）劝申生表白或出奔，申生都不同意，最后自缢而亡。陈宝箴借用这一典故，说明谭嗣同因遭受庶母谗谤而不为父所喜爱。欧阳中鹄也认为陈宝箴将谭嗣同比作申生极为恰当。又说谭不能"孤行其志，乃不得已迫使以此赴引，其痛可知"。

谭嗣同不得不离开父亲的主政之地，他在启程前夕写给欧阳中鹄、唐才常的八首留别诗，沉郁困闷之情溢于言表。欧阳中鹄抚信良久，只觉得"其音酸楚"。一个人的身影不能投射于自己情志所系的那面墙上，却投射于自己不屑的墙面，如同一个词语受到两种修饰力量撕扯，冰炭相激；如同火光在自我的具形时刻受到明与暗的诱惑，形迹可疑。生在这样的家庭，谭嗣同不知是他的幸，还是他的不幸。欧阳中鹄也不无同情道："嗣同虽生为公子，而危苦甚于齐民。天下伤心之人，遂有天下伤心之事。"

谭嗣同不善于"丧"，他固然痛苦，但他终究是要去赴一场时代的盛宴。

有道是"旋当北去，转复悲凉。然念天下可悲者大矣，此行何足论"，天下之大，他经受的这点苦又算得了什么？这么多年来，他必须习惯很多事情，其中一件，就是必须习惯这个家庭给予他的伤害。尽管如此，谭嗣同上路前还是"发一宏愿"：他要通过此次"北游"，实现他访学的目的。既能让他见到神交已久的品德高尚、学识广博之士，使他自己能够得到提升；又能接触许多"异人异事异物"，以扩大自己的眼界。

谭嗣同上路了，和他的侄儿传赞一道，他必须挺直腰板。或许，这是他对过去自己的一次叩别。

4

上海，作为这个古老帝国最年轻富庶的城市，有着极其重要的战略意义。

中英签订《南京条约》之后，五口开关互市，上海亦于道光二十三年（1843）十一月开始对外贸易。经过半个世纪，其地位迅速上升到全国的金融中心，已占全国各海关财税总额的六成。对于当时关注时务、研究西学的维新人士来说，这里具有极其重要的地位。

在谭嗣同的视域之外，上海这座城市像是一个充满了荷尔蒙的少年，有着按捺不住的激情与冲动。踏足沪上，除了军事上的难题，困扰他的还有洋务。每次他来到上海，沿着老城与英租界的接壤处散步，尤其是在看到两边截然不同的秩序与风貌时，不觉涌出一阵无名的惆怅，堵得人心发慌。若不是有人告诉他，秩序井然的一边是租界，脏乱不堪的另一边是清朝府衙所辖之境，他一定会颠倒认识。

英国人和法国人在各自的租界里造起了各式各样宫殿般的房子，老迈的帝国在变化不定的潮流中呈现出明媚与颓丧的两面性。那些熟谙旧传统的人已经在用眼睛看到的一切替换所掌握的知识经验，一个他们暂时还无法理解的新世界，正在迅速成长起来。甲午年（1894）冬天，时任天津水师学堂汉文教习的宋恕（燕生）辞职返回上海。在此之后，孙宝瑄（仲愚）亦辞职南下，移居上海，与宋恕毗邻而居。他们和他们的朋友都是具有维新思想的人，经常聚会，交流学术，议论政治，成为上海地区第一个维新人士群体。乙未年（1895）夏秋之际，汪康年来到上海，计划成立"中国国会"，开《译报》馆，与宋恕等人并未达成共识。与此同时，康有为也离京南下，发起成立上海强学会，创办上海《强学报》，虽然给沪上维新运动带来强大助力，但不久即遭封禁。这一时期，各派维新人士纷纷会集沪上活动，使上海很快成为全国维新运动的又一个中心。丙申（1896）七月，汪康年、黄遵宪、梁启超在上海创办《时务报》，公开主张维新，宣传变法。

在谭嗣同到达上海前，浏阳维新人士刘善涵首先到上海拜访了宋恕。谭嗣同于丙申二月中下旬（1896 年 4 月），抵达了上海，并在走访位于公共租界北海路上的格致书院时，结识了宋恕，这是谭嗣同结识的第一位上海维新人士。此人并不简单，早在光绪十八年（1892），他就赴天津上书李鸿章，提出"易服更制，一切从西"，受到李鸿章的赏识，称其为"海内奇人"。同年，著《六斋卑议》，提出了以古文经学为基础的尊儒贬法的托古改制理论。对于宋恕，上海维新人士平日多以师友待之。谭嗣同每次到上海，都要拜访。宋恕对谭嗣同的评价极高，认为"维新之士真发于爱国至诚者，当世仅二人：一谭复生，一章太炎"。

格致书院是一个特殊的科学教育机构，其设施宏敞，内有书房、博物馆等，陈列着各种中西文格致书籍和科学仪器，任人阅览参观，著名的英国传教士、翻译家傅兰雅就在这里工作。维新人士也经常来这里阅览、购书和聚会，谭嗣同曾经在这里有过短暂的停留。

谭嗣同又一次走进了傅兰雅那座陈列着诸多古怪仪器的房间，又一次看见了计算器和那台能够穿透皮囊照见人骨头的"爱克斯光"照相。自从上次离开这里，他经常会想到这里。谭嗣同的眼睛放着奇异的光，那些古怪的器具唤起了他对新世界的欲望。傅兰雅看着眼前的年轻人，觉得有必要将西学神圣化，包括一些圣物，以及宗教思想。他说，西方已有一种新的仪器，能够测知人们的大脑活动，把他们正在思考的事物测绘出来，还能测知人们在熟睡时的梦境，并用这种仪器给人们制造梦境。傅兰雅继续说：随着西方"格致学"的发展，在千万年后，"大约人的身体会发生变化，星月必然可以互通往来"。

傅兰雅的此番言论，让生在 21 世纪的我们认为这是科学的预言。而在彼时，傅兰雅不过是在向一个落后国家的青年传授新知，但仔细想来，他又何尝不是在宣扬本民族的宗教思想。他声称，将来可以通过"格致"改变人的身体状态，让人的灵魂突破现实的禁锢，甚至摆脱人的身体而独立活动。此时，人的灵魂就可以飞升到星月空间。如此荒唐的言语，完全暴露了傅兰雅作为西方传教士的本性。他的目的达到了，因为谭嗣同相信他说的这番话，甚至对人的灵魂产生了无限的想象。谭嗣同在和傅兰雅的谈话中，还了解到国外有关矿产的信息。欧洲的安的摩尼（即锑）矿，已即将挖尽，所以英国各"创造局"都委托傅兰雅在上海大量收购矿石。这样的信息让谭嗣同听得怦然心动，他想到浏阳有着丰富的安的摩尼矿产资源，并且已经在逐步开采中。谭嗣同连忙和傅兰雅"面定办法"，他写信给当时在湖北的唐才常，要他转告刘善涵，尽快来上海与傅兰雅订立合同，作为"信据"，免得夜长梦多。

谭嗣同拜会完傅兰雅，又去寻访在上海筹设强学会的康有为。让他颇感遗憾的是，康有为已于去年十二月（1896 年 1 月）回广州给母亲祝寿。谭嗣同没有见到让他神交已久的康有为，这个世界能够让他敬服之人寥寥无几，康有为算一个。没有见到这位具有匡时之志的大儒，让谭嗣同深以为憾。怀着满足且惆怅的心情，谭嗣同从上海到天津，他看到那里的机厂、轮船、船坞、铁路、火车、铁桥、电线、炮台等，他无比兴奋，也让他不由自主地想到了在这里主持洋务建设的李鸿章。作为直隶总督、北洋大臣的李鸿章，也曾经营过唐山煤矿和漠河金矿。

谭嗣同从西方世界的"格致"又回到大清国的现实中来，现实居然也给他带来了希望。他觉得李鸿章以前重视兴办洋务，也算是当世"人杰"，如今接替李鸿章职务的王文韶，远不及李，"敷衍尚不能了"，更谈不上有什么作为。但转念想到李鸿章"晚节不忠"，心头的悲凉与愤恨又交织在一起。

当谭嗣同走出热气腾腾、机器轰鸣的工厂，寒风裹挟着雨雪扑面而来，让他避之不及。走出天津外城时，他眼前看到的却是一幅幅苦寒至极的灾民图景。去年（光绪二十年），永定河决口，造成了很大的水灾。谭嗣同看到的灾民们在堤上架起一尺多高的栖身之所，用草席掩盖，远远望去像是木柜。数千灾民饿得"鹄面鸠形"，但他们能够保住一条命，已算是幸运的。很多人饿死在逃荒的路上，或是早就葬身鱼腹。永定河的水患如此严重，而执政者却仍不疏凿。他们试图利用水患之险，阻挡外国人的兵船，以此保卫京师。如此荒谬之举，这是拿民众的生存当儿戏。谭嗣同指责他们面对灾难"幸灾乐祸"，痛恨他们不惜牺牲民众的利益以保卫自身的利益。侵略者若是来犯，难道只会用轮船从永定河进发，而不能依靠车马来犯吗？

那一刻，他为自己生于仕宦之家而深感羞耻。灾民流离失所，而自己却过着丰衣足食的生活。虽然人生来有命，家庭的变故也曾给他带来精神上的痛苦，但他从来没有尝过灾民之苦。他为自己坐视世人的痛苦，仍然悠闲自得地度过时光，感到愧疚。他在内心反复告诫自己，"誓拯同类，极于力所可至"。

第六章

北游访学：两颗时代巨星的相遇

1

光绪二十二年丙申三月上旬（1896 年 4 月），谭嗣同叔侄二人抵达京城，他们居住在半截胡同的浏阳会馆。谭嗣同在妥善安排侄子谭传赞参加"荫生"考试的事情后，便往吏部报到，听候选用。

在京城朋友们的眼里，谭嗣同不过是一个世家公子，却总想着在不合时宜的政治活动中崭露头角。他们不明白，既然不安于室，为什么还要仕途求进，去做什么候补官员。父亲虽然位居高官显位，可并不代表他刚一进入体制，就能有特殊的对待。父亲是父亲，他是他，各有各的道。虽然手中有些权力和人脉关系的谭继洵也想过为自己儿子的官场之路铺设一条相对便捷的通道，可是心有余而力不足。

他们父子之间的关系很奇怪，就连最简单的交流也成为一种难以达成的愿望。尤其是随着年龄的增长，谭嗣同能够明显感觉得到，谭继洵很多时候在不自觉地抗拒着儿子对他的某种示好与靠近。一旦四目相对，他便会将目光瞬间移向别处。谭继洵总是端着父亲的架子，生怕稍一松懈就会被子女们造了反，失掉了尊严。

谭嗣同很羡慕吴樵与父亲吴德潇之间的父子关系。有人说，谭嗣同在这一期间，认识了吴樵父子。吴樵号铁樵，四川达县人，是随父来到北京的。他们像是久违的老朋友，二人思想观点接近，脾性亦相近，大有相见恨晚之意。谭嗣同久闻其父吴德潇（季清先生）的大名，请求拜见吴父。谭嗣同接连几次到吴樵寓所，都没有见到吴父。等他见到吴父时，不由得"抚掌大笑"。原来立于眼前的老先生，正是谭嗣同三年前遇到的那位与之谈论"数万言而不得休息"的游客。吴铁樵也大为惊诧，以为奇遇。谭嗣同比吴樵大一岁，便称其为弟，而以父礼待吴德潇。自与吴樵结交后，谭嗣同不但在政治、经济改革方面，开拓了知识面，而且对于自然科学也有了新的认知。吴樵既精于算学，又钻研格致学，也能运用一起进行实验。吴铁樵对谭嗣同也有极高的评价，从相见之日起，便视其为知交。他在写给汪康年的信中说："谭复生精锐能任事，不可多得之员，初不意此君能如是也，于新学亦极能见到，吾辈又多一徒党矣！湘中人士勇挚，真不可及也！"

吴樵在谈论他所认识的有志之士时，对梁启超颇多赞赏。梁启超与谭嗣同的初次会面应在这段时间，是吴铁樵引荐的。但梁启超在其所著《谭嗣同传》中却提供了二人初次见面的另一时间，他记载此事："南海先生（康有为）方倡强学会于北京及上海，天下志士走集应和之。君乃自湖南沿江下上海游京师，将以谒先生，而先生适归广东不获见。余方在京师强学会任记纂之役，始与君相见。"也就是说，谭嗣同拜谒康有为而不得见，在京师强学会见到了梁启超。有人不大相信梁启超的这段记述，以为谭嗣同不会专门跑到北京登门拜见康有为。其缘由或许是康有为后来的名声颇有争议，仿佛这样就玷污了谭嗣同的名誉。

谭嗣同的到来让梁启超眼前一亮，他的风采、气度有别于一般的世家子弟，令人折服。同样少年气盛的梁启超也有不凡的气度，同时代人曾这样记述那个时期梁启超的打扮：紫红缎的皮袍，天青缎的出洋灰鼠风的皮马褂，一副世家子弟的穿着。

在与梁启超的第一次见面中，谭嗣同就将其引为知己。梁启超的出现，为他打开了看世界的一扇窗户，这也促成了其思想、学术的转变。梁启超专门讲到谭嗣同的这一"变"。梁启超在《清代学术概论》中说："嗣同幼好为骈体文，缘是以窥'今文学'，其诗有'汪（中）魏（源）龚（自珍）王（闿运）始是才'之语，可见其向往所自。又好王夫之所学，喜谈名理。自交梁启超后，其学一变。"

谭嗣同此时已经三十岁，而梁启超比他小八岁。人于世间行走，看似提着灯在黑夜里找路，实则是在寻找同路人。世事如此，你视若瓦砾，它任你挥霍；你视若拱璧，它一毫不予。谭嗣同的出现，让梁启超兴奋不已，他很快就将谭嗣同介绍给了自己的老师康有为，不吝赞美之辞："才识明达，魄力绝伦，所见未有其比，惜佞西学太甚，伯理玺之选也。因铁樵相称来拜，公子之中，此为最矣。"

经梁启超的介绍，康有为对这位尚未谋面的小老弟也顿生好感。他在离开上海前，托人将自己所著《长兴学记》送给谭嗣同。谭嗣同离开北京时走得匆忙，并不知道梁启超曾经写信给康有为，而康有为也将其视为自己人。当谭嗣同接到康有为馈赠之书，大为吃惊，"五内彷徨，悲喜交集，一部十七史苦于无从说起"。大名鼎鼎的康有为怎么会知道他谭嗣同？

谭嗣同会见梁启超后，梁便把老师康有为基于今文经学并糅合佛教、基督教教义而构成变法维新理论根据的学术理想，系统地向谭嗣同作了介绍。谭嗣同在 25 岁以后受了王夫之思想的强烈影响，并在这个影响之下，特别提出王夫之的道器论，来强调儒家的"圣人之道"和天人性命之学必须落实于政治社会之中。梁启超将康有为的学术思想原原本本说与谭嗣同，引起谭嗣同的极大兴趣。谭嗣同认为"西法博大精深，周密微至，按之《周礼》，往往而合"。他主张以西方的法度政令为基础，进行"变法图治"，而这种"变法图治，正所以不忽尽弃圣人之道，思以卫而存之也"。

谭嗣同的观点里有着托古改制的浓厚底色，与康有为的变法思想很相似。所不同的是，康有为的立论根据是《公羊春秋》，而谭嗣同则是《周礼》。梁启超的语言充满了无形的火焰，让谭嗣同在其中看见了自己。语言金石交织，思想架起一柱柱火炬。谭嗣同对康有为早有耳闻，他对康有为及其学说的更多了解，则来自梁启超。谭嗣同似乎兜兜转转之间等待着这一时刻的到来，可他并没有意识到，若干年后，这个世界会有人说，他们之间的这次见面是晚清思想界的一次大事件，但至少在彼时彼刻，他们的内心是愉悦且美好的。这种难得的愉悦，让我们暂时越过时间结出的果实，把目光直接停留在每个过程的细节里。从日出到日落，他们聊得没完没了，都认为彼此的经验和智慧已经远远高出了对方。

谭嗣同不禁慨叹："（结识梁启超）始备闻一切微言大义，竟与嗣同冥思者十同八九。"两个骄傲的灵魂碰撞出的火花，让人感觉到激烈而美好。谭嗣同在思想上与康有为早有强烈的共鸣，而在感情上与梁启超有着更为亲近的思想基础。

两人的见面是一大堆事件中的一件，虽不宏大，但也绝不是微小的。它像蛀虫一般，钻进了时间的缝隙。于是，历史被打通。人生在世，能够得到这样一个知己，虽死无憾。他们为各自的观点激烈辩论，时而愁眉不展，时而开怀大笑，古今中外，天远地阔都凝滞于此时此地。人世芜杂，乱音入耳，只有二人的交谈之声贯通天地。

梁启超向谭嗣同介绍的思想学说，主要包括三个方面：其一是孔子改制理论和兴民权之说。谭嗣同写信告诉欧阳中鹄"诸如此类，兴民权之说，不一而足"。并由此得出结论，"《公羊春秋》，确为孔氏之真传"。其二为"绌荀申孟"说，即认为孔门之学，后衍为孟子、荀卿两派，荀传为小康，孟传为大同，扬孟而贬荀。其三为康有为的佛学思想，即提倡"以出世之心，行入世之事"，从事救国救民。谭嗣同在信中引用梁启超的话，并说明"此盖得于其师康长素也"，对南海师徒的人品学问表示钦佩。

谭嗣同对于康有为学说极为叹服，尤其是康有为从维新变法的需要出发，将孔子打扮成主张民主、平等与自由的进步思想家，将当时新兴民族资产阶级迫切要求摆脱封建主义束缚，能够参与政权的愿望，都说成孔子的主张。康有为不仅抬出孔子来宣扬自己的变法思想，而且仿效西方国家尊基督教"为治强之本"，尊孔子为"教主"，企图把由孔子开创的儒学宗教化。这些，就是康有为论证的"孔子改制"的基本内容。

谭嗣同的目光从未如此坚定，这种坚定来自自我认知，是由事件的猛然降临而造成。他与梁启超的相识，既然是一种不能忽略、不容否定的事件，那么历史只有被死死擒住，动弹不得，反抗不得。

这种思考的折返与溯源让谭嗣同懂得，人脱离母胎，落于世间，就像是一个无岸可泊的精神流浪者。时间不是长度，时间是一种体验，我们用难以计数的瞬间拼凑成万物之永恒。康有为主张以孔教立国，并以孔子纪年，招致许多人的反对，不仅保守派从政治上肆意攻击他，说他借尊孔而反满、反清，图谋不轨，即使在维新者内部，也无法达成统一，如黄遵宪、严复等人，在学理上持不同意见。

所谓圣贤之道，不过是人的一时情绪。你认为对圣贤之道有了认知，就可以自我超脱，可以实现人性的明亮与清澈，就可以高人一等吗？不是这样的，人要学会的东西并不在圣贤的手里，而在个人的见识与思考中。谭嗣同对康有为早有耳闻，他曾经于父亲的湖北府衙的邸报中某御史参奏的折子中见到他的名字，并想方设法寻觅到《新学伪经考》读之，大为叹服。用他的话说："（康学）扫除乾嘉以来愚谬之士习，厥功伟；而发明二千年幽蔀之经学，其德宏。"

在梁启超的叙述里，谭嗣同仿佛看见了他的来时路：那是一条颠簸曲折的弯路，与大多数求取功名的文人一样，他曾经也将自己往死里逼，也将自己往现实的热闹里赶。他也曾经在无数个不眠夜里，思考国家的出路和民众的教化。可那算是什么呢？飞蛾似的乱撞而已，见火光就扑，也不问值不值得。

所谓的鸿学大儒，他们所传授的大多是举子之学（应考的学问），而非"经世之学"，这是让他失望的地方。那些高居庙堂的知识精英对民间社会的态度太过于情绪化，忽而仰望，忽而鄙视；他们总是站在道德的制高点上，将自己视为生活的标准答案，对民间社会表现出居高临下的不耐烦，动辄搬出前朝圣贤的话来教训民众。如果说普通民众信仰缺失，那么责任不在民众，而在传教的方法不对，有待改进。当时有些耶稣会的教士就说："中国既不自教其民，即不能禁我之代教。"无论康有为、梁启超还是谭嗣同，他们都将教化民众视为变法维新的基础，中国复兴的根本。人与需在一起是儒，心有所需，就会欲望缠身。谭嗣同从来就不是传统意义上的儒，若是儒，也是挎剑而行的侠儒。时人眼中，他是一个天分极高、热力亦足的豪杰之士。假以时日，他对康有为的认同，甚至会超过梁启超。

儒学从来就不是理想主义者的第一选择，经世致用才是第一位的。西方人批评孔教不推崇天（上帝）而只尊崇君权，谭嗣同认为，这是他们不了解孔教。像他父亲、张之洞、李鸿章等体制内的宠儿，在他们看来，只有登上更高的台阶才有机会去领略不同的风景，去实现自己的政治理想。正因为如此，父亲才会催着年近三十的他进京办理江苏知府候补的手续。只有登上这一级台阶，才能去实现更多的可能性。在这个过程中，有人一脚踏空，有人步步扎实，有人身不由己，有人如鱼得水。人就像是一尾鱼，摇晃摆动的姿态各有不同，只为求一个平衡。而谭嗣同将这种平衡看得轻如鸿毛，就连他的老师欧阳中鹄事后也认为谭嗣同"丙申入都，见康而议论一变，颇不信其师说，今年几决裂矣"。欧阳中鹄也认为他受了康有为的蛊惑，为此，师生差点走到决裂的地步。

2

慧能说，众生是佛。众生能否成佛，不在佛光，而在于个体心性的迷悟。

多少个静穆的日与夜，谭嗣同就这样被吱扭一声关在了佛门外。那两扇红漆斑驳的山门如同圣俗两界的分界线，他曾因信奉船山之学，便自然继承了王船山否定佛教、批判佛教的传统。但这种态度在此次北游访学之后，发生了剧烈的摇晃。

谭嗣同在写给友人刘善涵的信中说："静趋空灵，天机充盈，此为入禅学之方便法门。"此时的他已经开始接触佛教禅宗，其态度也由最初的否定转为肯定。成就佛道必须具有优良的根器，即"品质"。他认为刘善涵是具有上等根器之人，希望他能保持灵光之气，经常自我鞭策与激励，他日救度一切众生。晚清佛教在社会上已衰敝至极，但在文士之中，佛教义学反而出现异常活跃的气象。一批先进的文人尝试把佛教义学作为挽救国家民族的精神武器。

从龚自珍到魏源，那些经世学风的倡导者，最后都是在佛光禅影中了却余生。他们从红火热闹的外部世界退守佛门净土，既有现实困惑，也有印证大千世界圆满的追求。比如，龚自珍从佛教"业报"学说引申说道："人心者，世俗之本"，心力所至，足以"报大仇，医大病，解大难，谋大事"，据此而言，"天地人所造，众人自造，非圣人所造"。这种不依靠"圣人"，而要求"众人"以自有心力创造天地的呼喊，无疑潜藏着某种维新变革的因素。而魏源则认为"惟此横出三界之法，乃我佛愿力所成。但办一心，终登九品"，只要自己持诵"阿弥陀佛"名号的心能够专一不乱，待到生命终结时就能够往生西方，登上极乐世界九品中的某一品。人活这一世，留下太多求而不得的遗憾，但人终究要以自身来印证大千世界的圆满。有人说，他们仕途坎坷，进行社会改革的志向受挫后消极避世；也有人认为他们皈依佛门仍处于经世之念。我相信，无论是龚自珍，还是魏源，他们在吟诗时，此生未了的心事依然会汹涌澎湃起来。不然，魏源又为何替佛国世界发出浩然慷慨之声："劝化数十百僧，辗转至千百万，皆往生西方成佛。"老病多艰的世道，士人们仍念念不忘拯救苦难众生，经世致用的理念轻易就越过虚实之境，成为他们良知世界的执念与笃信。

谭嗣同耳闻目睹体制内绝大多数上层官僚昏聩腐朽、政事败坏，感到非常愤慨。对于官场学这门最具实用价值的学问，谭嗣同并不像那些死读经书的书生那样天真迂腐，毕竟他出身仕宦之家。正因为如此，他的愤慨意识也要来得比别人更为猛烈。他觉得自己以前所掌握的知识难以在实际运用中奏效，应该另外寻找可以消弭当前祸端的途经。于是吴嘉瑞等佛学家和西方传教士向他宣扬的宗教理论便强烈地吸引着他。尤其是他从梁启超这里听说康有为吸收佛教和基督教的某些观念来丰富"孔教"，使他开始考虑从"性灵"或"灵魂"的角度去寻觅救世的良方。

深秋的黎明时分，秋风已生寒意，万物凋零。在北京西山碧云寺的青石小道上，走来三位挺拔昂然的年轻人，他们是谭嗣同、梁启超和吴樵。据梁启超回忆："余初交铁樵，在京师，实乙未冬也，与谭浏阳三人，相视如兄弟。铁桥雅不好为诗，尝偕游西山碧云寺。"在认识梁启超的同时，谭嗣同还与寓居北京的佛学家吴嘉瑞（字雁舟），以及精通佛学的夏曾佑（字穗卿）和吴德潇来往密切。

夏曾佑乃浙江钱塘人，光绪十六年进士，时任礼部主事。此人好学深思，喜谈公羊学，尤精于佛典。在佛学上，影响谭嗣同最深的是吴嘉瑞。谭嗣同称呼他为"雁菩萨"，自己为菩萨身旁的侍者。吴嘉瑞，湖南长沙人，进士出身，翰林院编修，他对康有为的学说很是欣赏。吴嘉瑞系近代佛学大师曹镜初的外甥，熟悉佛教典籍，时人称其为"阿难多闻之流（阿难是释迦牟尼的从弟和十大弟子之一，长于记忆，称"多闻第一"）。谭嗣同跟随吴嘉瑞学佛，他"昼夜精持佛咒"。如果人随心而活，就会断绝佛法的初衷；如果抛开一切诸相，又会违背灵性的生活。在京师与吴嘉瑞等人谈佛论经，谭嗣同内心的冲突一如自己与自己交战。他每日都会抽出时间坐禅，排斥杂念，使心境恬静平和下来。

北京周边，佛门寺院林立，谭嗣同有选择地去了几处。穿行于出家人修行的场所，那些投射在他身上的每一片太阳的光斑都充满着佛的启示。他修习禅定，从不间断，"渐渐能入定，能历一二点钟始出定，目中亦渐渐如有所见"，并将自己所住浏阳会馆居室称为"莽苍苍斋"。自此，佛学对谭嗣同的影响与日俱增，并将给他的思想学术的发展增添新的重要内容。佛学是一种特殊的人生思考方式，是关于生命的一种另辟蹊径的实验。一边是入世的焦虑，一边是出世的超脱，谭嗣同以为自己内心早已不存在选择的两难，但彼时他居然为之一动，而且是地动山摇。

谭嗣同幻想着运用佛教哲学去消解精神与现实之间存在的矛盾，但是一遇到国计民生的问题，他又觉得佛教不够灵光。尤其是在吸收了西方社会政治学说以后，他对于自然科学更为着迷。风何来？雨何往？求的是一个自然，没有太多抽象的思考。

如果说生命如同河流奔涌，那么属于谭嗣同的生命之舟在渡过一个个思想险滩，正以前所未有的加速度向前挺进。庞大的帝国体制对于大多数人来说，就像一个充满诱惑的赌场，而置身其中的每个人都像是执着的赌徒。谭嗣同此时在向京城的佛学者和基督教传教士进行访学的同时，还密切地关注着时局的动向，特别是官僚集团对变法维新所持的态度。他上年曾听说光绪帝的老师时任军机大臣、户部尚书翁同龢支持康有为、文廷式等筹办强学会，觉得他们算得上开明之士。尤其翁同龢在光绪朝中后期，一度权倾朝野。翁同龢是咸丰六年（1856）殿试的状元，也做过同治、光绪两朝帝师，出入中枢数十年，官拜协办大学士、军机大臣、户部尚书。此人早年并不是站在维新变革的立场上，他甚至属于典型的守旧派官僚。甲午战败对翁同龢的刺激是十分巨大的，其后，他参与了总理衙门对德国强占胶州湾的交涉，再一次看清了弱国无外交的悲剧，他萌生了变革维新的想法。

3

时间在左，空间在右，它们总是无法调和，沉默无声地消解着现实带来的种种困惑。谭嗣同知道，待自己离开京城之日，便正儿八经算是大清国的"体制中人"，很多事便由不得自己。生于仕宦之家，体制内的游戏规则，谭嗣同早就清楚。

或许是因为强学会的缘故，梁启超的寓所很快成为京城名气最大的地下沙龙组织，一些有抱负而又对现实不满的低级文官也加入进来。于是，沙龙聚会的规模越来越大，影响力也越来越大。这让他们在感到快乐的同时也心生忧虑。

四月二十三日（6月4日），谭嗣同以后进晚生的身份登门拜访了翁同龢。进京之前，父亲谭继洵特意写信介绍谭嗣同参拜军机大臣李鸿藻、大学士翁同龢。作为地方大员，谭继洵与这些京城要员素有往来，信也写得客套："小儿嗣同以知府分至浙江，现来京验引，并挈小孙传赞就便考荫，特命晋谒。崇墀祗聆钧诲，伏望指示一切，俾有遵循。"

谭嗣同此次拜见，给翁同龢留下极为深刻的印象。他们之间谈话的具体内容，未见文字记载，无从考证。但翁同龢在他的日记中写道："（谭嗣同）通洋务，高视阔步，世家子弟中杰出者也（戊戌政变为避祸，"杰出"后改为"桀骜"）。"历史学家汤志钧先生在《戊戌变法史》中写道：两人的谈话内容集中于"洋务"事宜，不仅仅限于学习西方军事工业和民用工业的技术，其外延有所扩大，包括效仿西方国家的政治、经济等方面的制度和做法。他们的此次谈话，可能对洋务的整个内容都有所涉及，并且表述了独到的见解，提出了某些建议。谭嗣同的宏阔视野，以及不同于世家弟子的忧患意识，深深地打动了翁同龢。尽管如此，翁同龢不会对谭嗣同所说的话表明自己的观点。国运如此，非一人之国，实在是制度之过也。唯有将此种制度连根拔去，种上新的制度种子，大清国才有希望。

翁同龢听得内心激荡不已，他知道，大清国好比一个重症病人，必须进行一场大手术，切除病灶。但手术对于病人来说，若是失败就会加速病人的死亡。大清国不是英法，也不是日本。他虽然倾向于改革，可环顾朝野，特别是那些满族大臣，对变法都不赞成甚至激烈反对。眼前这个长相英武，略带几分沉郁之气的年轻人，与印象中的世家子弟截然不同。在他们初次见面的谈话中，翁同龢采取守势，以听为主，他不会将自己内心的真实想法向这位晚辈后生和盘托出。他可不愿因为公开支持谭嗣同而取怨于守旧派。翁同龢对谭嗣同虽有赏识之意，但脸上浮现的仍是老派官僚的沉稳，这显然让谭嗣同感到失望。

谭嗣同除了拜访翁同龢外，还接触了京城的一些官员。他们要么吃相难看，要么面目模糊，不仅不像翁同龢那样对变法虽有顾虑而尚抱有一定的同情，而是赤裸裸地反对，甚至仇视改革。他们只管今天，管不了明天，更管不了帝国内部的抽心一烂。他们两眼盯的是大大小小的职位，只等着那些在其位谋其政者早日出现差错，以便有机会取而代之。但是，谭嗣同发现清廷的下级官员和一些到北京谋求入仕的知识分子中却有不少人才。他在写给刘善涵的信里说："京官在下位者，人材极多，游士中亦不乏人，三品以上，则诚无人矣。"

谭嗣同对于清廷将强学会改为官书局，曾因不了解其真实情况而说过"此近日一大喜事"的话，但他通过这次实际调查，发出"改名官书局，不过敷衍了事"的感慨。官书局不过是一张皮，完全失去了原来强学会的血肉灵魂。强学会虽然经翁同龢、李鸿藻等人争取，得以改名"官书局"而保存。但是在孙家鼐（工部尚书）兼任总理之后，这个圆滑的安徽寿州人采取了中庸之策，既不得罪守旧派，又能应付维新派，将"官书局"办成以藏存清朝皇帝诏谕、"钦定各书"、"各衙门现行规例"、"经史子集"的译刻、外国关于"律例、公法、商务、农务、制造、测算"等文献的机构，而将原来强学会刊行报纸和定期开会"讲求中外掌故"等推动变法的措施取消。同时他所依靠办事的人，除文廷式、杨锐等数人外，用吴樵的话说"皆以此局为升官发财之捷径，趋之若腥"。在谭嗣同抵京前，文廷式已被御史杨崇伊奏劾革职。官书局更是成为投机营私的场所，自然被弄得乌烟瘴气，使人有"非我族类，万万不便沾染"之感。

面对京城官场的乱象，谭嗣同就像是一个陷入困境的斗士，左冲右突，尤其来自内心的反复与碰撞，让他越来越清醒。身处繁华热闹的京城，谭嗣同感觉到了从未有过的孤独。虽然此处有抵近前程的门槛，有早年的故交，有投契的新友，但最让他留恋的辰光，还是与梁启超、吴樵父子等人在一起。他在写给刘善涵的信里说："时事较之未乱前，其苟且涂饰尤为加甚，岂复有一毫可望者哉？"

尽管如此，京师的开明士绅和维新人士并未气馁，他们自发地聚集起来，互相联络。在当时的条件下，有维新思想者人数少且分散，他们提出了"合群"的口号，以极大的热情召唤志同道合者。维新人士之间的结交、联系和转相介绍，成为他们的主要活动形式。梁启超致书汪康年："我辈今日无一事可为，只有广联人才，创开风气。"他们在通信中经常会互相询问："君近有所得否？江湖之间所见何人？"时间的烛火照亮了纷乱世道里的帝王将相，他们指点江山，激扬文字，他们就像是剧本里早就安排好的角色，一阵锣鼓声过后，他们会在历史的重大关口闪亮登场。与大人物们相反的，则是处于光亮之外的康、梁，他们到处寻找机会，空有抱负却无处安放。有人说，他们太会投机，太懂得自我宣传，可他们不靠自己点亮烛火，摸索于幽暗的历史隧道里，谁又能看见他们？

这一年的夏天，梁启超在写给夏曾佑的信中讲到京师维新人士的社交圈。他说："弟在此新交陈君次亮炽，此君由西学入，气魄绝伦，能任事，甚聪明，与之言，无不悬解，泂异才也。"他介绍吴嘉瑞（雁舟）和曾广钧（重伯），谓"雁舟学道之士，于内典持引颇熟，盖阿难多闻之流也，一时学子自无与其比者……以重伯之才，惜嗜欲太多，讲求太少，其言论有极深玄处，亦有极可笑处。"人与人之间的某种联系不过是命运之手的随意拨弄，有时候成就的是一段故事，有时候成就的是一份感动，而梁启超的叙述却是维新人士之间气氛之活跃与热烈的景象。

地理坐标记载了一个人的成长历程。对于生活过的每个地方，谭嗣同都有一种身份认同和记忆追索，不管是湖南浏阳、湖北武昌、甘肃的秦州和兰州，还是天子脚下，抑或是边境之地。在每个地方，他都会结交一批志同道合的朋友，与他们共同探讨思想学术，寻求维新变法之路。谭嗣同在与京师的维新人士相聚时间不久后，很快就各奔东西。梁启超先于三月中旬离京赴沪，与汪康年一同创办《时务报》；吴樵父子也相继离京，吴德潇将赴浙江上任，吴樵则应邀赴湖南；夏曾佑也赴密云教馆，不久改官出京。

谭嗣同无意做一个体制内的撞钟人，而他的所有的知，都要建立在"行"的基础上。知行两依，义无反顾，路还是要继续走下去的。他在吏部办好了以候补知府身份赴地方听候委用的手续，因浙江停止分发，改至江苏（其侄谭传赞也通过考试而取得荫生资格）。他在离京赴省之前，就往各朋友的寓所辞行。有人考证，谭嗣同离京前，还见了自己少年时的老朋友大刀王五（王正谊）。谭嗣同与大刀王五、通臂猿胡七等江湖游侠的关系，历来为世人所演义。他们是兄弟，是师徒，是不同世界的两种人。对于谭嗣同来说，他们相处的时候，或许是人生最惬意的时光。当满面风尘的王五出现在谭嗣同面前，他们紧紧拥抱在一起。谭嗣同将自己心底的愿望和目前的处境，都一一相告。王五听后，劝谭嗣同随他到关外的平原和山林深处去，做一个真正的江湖客。王五说他打算大量购置骆驼、牛、羊和马，交给当地牧民养，并适当地从事耕种和打猎，邀请谭嗣同去经营管理。以后，谭嗣同可卖去这些饲养之物，用这笔款作结纳国内志士的经费。大刀王五希望谭嗣同能够像马援那样，以"大丈夫当马革裹尸"的决心投身于他所向往的变革维新事业。

大刀王五这个豪迈的江湖客，居然知道马援，谭嗣同不禁肃然以对。马援是东汉光武帝时期的名将，王莽朝时出仕为官。后追随光武帝，因讨伐羌族有功，被封为伏波将军。我们这个民族从来就不缺英雄，但英雄的结局往往太过于悲情。有人会将自己的历史观以英雄的立场为参照物，于是，那些与英雄唱反调的君王就成了昏君，与英雄唱反调的官员就成了奸臣。这个世界没有对不住英雄的地方，相反，谭嗣同始终认为这个世界厚待了英雄。历史铺陈了那么大一个舞台，就是为了成全他们的一世英名，这多让人羡慕。

王五这番话说得慷慨激昂，完全出于诚意。谭嗣同没有接受。或许是他觉得民族已到了生死存亡的时刻，变法图强刻不容缓，待到王五描绘的蓝图实现再去实施，就错过了时机。无论如何，谭嗣同从心里感激王五。人在碌碌世间，比进取功名更重要的是人的存在，而比人的存在更重要的是人能够用心来体悟自己的存在。只有自己感觉到存在，活着才是一件有意义的事。其实在很多时候，活着并不代表自我的存在，这也是为什么很多人活着却始终找不到自己。

这一年的夏天，谭嗣同离开京城，结束了为期五个月的北游访学。

第七章

南京候补:《时务报》与《仁学》的交相辉映

1

光绪二十二年(1896)六月十八日(7月28日),谭嗣同和侄儿传赞离开北京南下,途经上海。谭嗣同与上海维新人士的交往,也于这一时期达到了高潮。甲午战败对近代中国知识分子来说乃是思想转变的一大契机。大受刺激的梁启超、谭嗣同正是在战后开始了著述以醒世的工作。他们就像重回大地的安泰俄斯,浑身充满着不可抑制的力量,而报纸这一新兴的传媒机器也彰显甚至放大了一个思想家的力量。梁启超主笔的上海《时务报》正式在上海发行。曾留学英伦的新派人物严复在给梁启超的信中说,写下这些文章是因为甲午后,正当东事臬兀之际,"觉一时胸中有物,格格欲吐"。像他们一样的知识界人士,实在是按捺不住。他们比洋务派知识分子走得更远,注意到了中西社会制度层面的差异,而不仅仅是器物上的落后。

谭嗣同于此时经梁启超介绍而认识黄遵宪,谭、黄之交始于此时。当时黄遵宪任金陵洋务局总办,负责办理江南五省教案,经常往来于上海与南京之间,与谭嗣同接触机会较多,也由此建立起密切的关系。黄遵宪,字公度,1848年出生于广东嘉应州(今梅州市)一个商人家庭。1877年,广东大埔人何如璋奉命出使日本,何十分赏识黄遵宪,邀其同行。黄遵宪思虑再三,决定放弃科举正业，随何如璋赴日，遂被聘为驻日本公使馆参赞。以参赞身份随使日本不久，黄遵宪便立意撰写《日本国志》。在日本四年多时间，他利用各种途径广搜资料、多方咨访，随着对日本明治维新的认识渐趋深入，其撰书意旨也渐由述史而趋重借鉴，并初步形成仿效日本变法求强的改革思想。撰成初稿后，他即调任驻美国旧金山总领事。

在美国的三年时间里，虽对时事多所措置，但黄遵宪自感满腔抱负不得施展，遂乞假回籍，抑郁而归。他决心暂离官场，回乡著书，完成自己多年的心愿，他摈绝留任美国使事及两广总督张之洞派巡南洋之邀，潜心撰述，两阅寒暑，终于定稿。《日本国志》这部书对于战后渴望了解日本的国内学人士子来说不啻是久旱逢甘泉。人们争相传阅，两三年间又经多家书坊刊刻，一纸风行。梁启超曾痛惜此书印行太迟："令中国人寡知日本，不鉴不备，不患不悚，以至今日也！"

1890 年，黄遵宪以分省补用道任驻英国二等参赞，1891 年任驻新加坡总领事。中日甲午战争期间，黄遵宪被召回国，任江宁洋务局总办。康有为、梁启超等在上海创办强学会。黄遵宪不久加入该会并成为中坚力量。强学会遭顽固派御史杨崇伊劾奏，被迫关闭。黄遵宪"愤学会之停散，谋再振之，亦以报馆为倡始"。汪康年也由湖北张之洞的幕府来到上海，二人达成办报共识，并商请函邀梁启超参加。黄遵先对梁启超的学识才华极为推崇，曾有"三千六百钓鳌客，先看任公出手来"的诗句，并付与"以言救世之责"。随着吴樵父子离京南下抵沪，黄遵宪与汪康年、梁启超、吴樵父子等五人共同筹办《时务报》。经过一番讨论商议，他们确定了《时务报》以"论政"为主、"为当路诸人振聋发聩"的办报方针。黄遵宪带头"捐金一千元为开办费"，并致函各处劝捐，物色编译人才，托人派报、议定合同等。

汪康年本来是张之洞的幕僚，张之洞任湖广总督时，他任两湖书院分教，并担任张之洞孙子的"业师"。康有为到南京参谒张之洞后，根据张的旨意写信邀请汪康年来上海。汪康年于 1860 年生于杭州，因太平军战乱，他自出生便与家人流落四处以避战祸，后随家人移居广州。直到 1883 年春天，二十四岁的汪康年才带着父亲的灵柩与家人一起回到杭州。

早在 1890 年初春，梁启超在北京参加庚寅年会试，他的老师石星巢就介绍了同在北京参加会试的汪康年与他相识。梁启超没有描述过二人见面的情形，但他俩很快就成为无话不谈的朋友。

1896 年 8 月 9 日，《时务报》在上海创刊。《时务报》为旬刊，连史纸、石印，由汪康年任总经理，梁启超任主笔。《时务报》是在上海强学会的基础上成立的，在再议办报宗旨时，梁启超认为既然担任主笔，就要抒发言论；汪康年则顾虑重重，瞻前顾后。其创刊号就刊载了梁启超的《论报馆有益于国事》。这是中国人办的第一份杂志，分设《论说》《谕折》《京外近事》《域外报译》等栏目，以宣传维新变法、救亡图强为宗旨。《时务报》数月之间风靡海内，每期销售量达到一万余份，为"中国有报以来所未有"，对推动维新运动起了很大作用。梁启超用他生动的笔触，撰写了《论不变法之害》《论变法不知本原之害》等文章，"笔锋常带感情"，深受读者欢迎，产生了很大的社会影响。

话语就是道路。道可道，非常道。中国人的话语道路跟我们一生难解难分。你说的话，就是标签，会傍着你的一生；他说的话，在世道人心的罗网里，往往困住的是自己。梁启超用手中的笔，为自己赚得极大的名声，从此康梁并起。尤其是他公开提出："法者，天下之公器也；变者，天下之公理也……变亦变，不变亦变，变之权让诸人，束缚之，驰骤之。呜呼！则非吾之所敢言矣！"

《时务报》的成功，让许多跟风效仿者涌现。各地报刊如雨后春笋，各地报人也纷纷致信汪康年和梁启超，要么求代销《时务报》，要么想借助《时务报》的销售网络，或者请梁启超撰写发刊词。这些序言、章程构成了梁启超写作中相当大的一部分，人人都想借助他的才华与名声。

一个人走过的路就是他的命运，密如经络的分布图为他们的命运提供了无数可能性，而每一个偶然又必然会推导出下一个偶然，每一次出发又隐藏着下一个落脚。如此往复，永无止境。有时候，微不足道的个体也会修改那些确凿无疑的路线，在背景转换之后，在时间和空间的相互作用下，命运也有可能会被重新组装。年轻人都是血脉偾张的，一到上海，就有一种解放感。一个人在一种文化里面待久了，到另外一种文化之中会有一种解放感，其中也有道德约束。

谭嗣同与上海维新人士的交往，也于这一年八月达到了高潮。黄遵宪奉命调署湖南按察使，谭嗣同与梁启超等人为之送行，并迎候将于月中由北京南下的吴雁舟，这是谭嗣同在南京期间首次到沪。随着黄遵宪的离沪，张之洞授意汪康年把上海强学会"余款"点交，试图将康有为创办强学会以及《时务报》和强学会的"蝉联一线"轻轻抹去。黄遵宪曾经预感到这一切，他希望报馆用"举董事"这种西方化的方式运营，所有者与经营者分离，杜绝裙带关系。他或许受到了梁启超的影响，后者曾私下向黄抱怨汪氏兄弟把持报务。

此时此刻，我的眼前摆放着一幅光影斑驳的老照片，我长久地凝视，照片里的每个人都保持着不同的姿态和表情。我想象着一百二十多年前的那个下午，位于上海外滩附近的光绘楼照相馆迎来了七位客人。三位身着马褂，三位身着长衫，还有一位客人，则与几位宽袍大袖的同伴不甚相同。他内着箭袖对襟开衫，外披一件白色大氅，神采俊逸，气宇轩昂。

这张照片中的最右者就是时年三十一岁的谭嗣同。他露出左臂，右膝着地，双手合掌，神情肃穆沉静。其他的人，也都模仿佛教徒的姿态。由此可见他们对佛学的虔诚。今天与昨天的关系既是联系的又是隔断的，他们停留在早已泛黄的时间里，每个人的眉目之间还暗藏着往事的索引。他们的名字依次是：前排左起为时任《时务报》主笔的梁启超、士人胡惟志、佛学家吴嘉瑞，后排左起为时任《时务报》经理的汪康年、两广总督李瀚章之婿孙宝瑄、"浙东三杰"之一维新思想家宋恕。合影拍完后，孙宝瑄在相片后题写了一则偈语："众影本非真，顾镜莫狂走。他年法界人，当日竹林友。"

当时上海维新人士中流传着品评人物的风气，从中可以看出时人对于他们的评价："夏粹卿如白云幽石，吴雁舟如高林静月，宋燕生如断霞孤雁，谭复生如怒马惊涛，胡仲逊如明月晴云，孙宝琦如行云流水，孙宝瑄如孤岭春阳。"这些被品评的人物，大部分都是照片中的人物，尤其"怒马惊涛"的谭嗣同更是让人心向往之。

这张合影，即是谭嗣同与上海维新报刊《时务报》诸人交游之印证。冲印之后，吴嘉瑞从上海将照片带至南京转交谭嗣同。谭嗣同十分喜爱，专门写信要求光绘楼照相馆将底片留好，以便于他"随时晒印"。他还开玩笑道，倘若有一天此照流落尘寰，不知其中姓名的"考据家"或许会将其称为"大魏龙门摩崖碑"。随后，他将照片冲印多张随信赠予亲友，还曾将自己的部分单独冲印并在旁签名以贻他人。

从宋恕、孙宝瑄日记中，我们可以了解谭嗣同在上海活动的大致轨迹。

八月九日，谭访宋恕。十四日，孙宝瑄宴谭、宋、梁启超、汪康年于一品香酒楼，畅谈佛学与格致。宋恕笑谓"今日可称小灵山会"。十五日，吴雁舟抵达后，谭嗣同设宴招待，宋恕在席上初识吴雁舟。十六日，谭嗣同偕吴雁舟访胡庸、宋恕，与之畅谈。十七日，宋恕设宴招待谭嗣同、吴雁舟，席上畅谈。席散，同至博物馆一览。

来日未卜，长夜未明。那些在北京一时难以舒展怀抱的知识界人士，纷纷来到上海。他们中有地方府衙的幕僚，有学堂的执教者，有政治上的"局外人"，有好作耸人之闻的评论家，有用功而又总是运气不好的儒生。对于当下中国的语境，他们大多有着激烈的政治情绪，出现在世人眼里的他们就是这样一群由众多侧面交织而成的古怪形象。

上海这座城市有着鲜明且矛盾的风格，既有来自体制内的严肃风气，同时还有令所有男人痴迷忘返的市井风气，雕梁画栋的酒楼歌馆弥漫着腐烂的气息。不过这里同时又是当时中国大地上各种思潮汇集的学术蓬勃之地。那些所谓的知识精英像发现了新大陆一样，传播着自己发现的新思想和新的生命体验。而帝国的官员们则以一种较为模糊的面目出现在这里，他们刻意放低的身段和淫逸奢华的生活形成了鲜明的对照，也让上海这座大都会凸显出奇异而明艳的色彩。对于那些怀揣着救国图强愿望的文人来说，彼时的上海更像是他们狂欢的精神乐园。当时国内的维新派和倾向改革的人士，多聚集或往来于上海，从事社会活动。如果有幸置身其中，你会惊讶地发现这样一幅景象：租界内外的两个世界、报馆和学校，都成了思想者的讲所、争鸣者的地盘。那些维新之士和半吊子旧学文人纷纷开辟讲坛，雄辩滔滔，将那些自以为玄妙无比的思想播散得到处都是，现实世界的困顿在唾沫横飞中烟消云散。

谭嗣同一连在《时务报》上撰写了《报掌总宇宙之文说》《黎少谷〈浏阳土产表〉》《浏阳麻利述》三篇文章。他此次来到上海，收获最大的是与汪康年联系，相处得颇为投契。谭嗣同认为，在那个纷乱之世，个人的能量即使再强大，也大不过撰文登报所产生的社会能量。他盛赞该报时评文章"均非寻常肺腑所有"，《时务报》如大海纳百川，引得众水所归。

由于当时南京风气闭塞，《时务报》在宁始终销路不畅。谭嗣同虽然积极寻觅代销处，但效果并不明显。他在写给唐才常的信中感叹道："金陵销《时务报》仅及二百份，盖风气之通塞、文化之启闭，其差数亦如此矣。"他积极寻求报事"持久不败"之道，当他得知报纸创办一年"得利银二十万元"，不禁大喜过望，特地致函祝贺。鉴于谭嗣同对报社业务的关注与投入，他被聘为《时务报》十二位董理之一。

梁启超在上海，刚开始住在报馆。待到家眷来沪后，即移居跑马厅泥城桥新马路梅福里。谭嗣同每次来上海必至此处。谭嗣同先后四次从南京来到上海。他陪父亲谭继洵入京陛见，送至上海。宋恕的日记里留下他此行的少许记录。"三月二日，日中，谭复生至，纵言佛理。"四月十五日，谭嗣同再次来到上海，会晤由湖南来到上海这座繁华之都的陈三立、蒋德韵，商议湖南时务学堂有关事宜。是年九月底，谭嗣同由南京抵达上海，与康有为首次会面也于此间。谭嗣同第一次见到了这位与自己神交已久的契合者。谭嗣同曾于文字中绘声绘色地回忆了从听闻康有为名字到了解康有为思想的全过程，同时对自己与康有为的思想契合而大为赞叹和惊奇。在从未谋面、互不相识的情况下就认定思想契合度高达十之八九，正因为如此，谭嗣同对于康有为"心仪其人，不能自释"。

二人的初次见面，当事人没有留下只言片语，的确不好妄言。

而我想说的是他们的思想变迁有着怎样的起承与转合。谭嗣同尊称康有为为"海内贤达"，认为"英杰一出，海内景附，宁有异故？亦局量度越寻常累大万也"。彼时的中国正处于学问饥荒的时代，西方的进化论、政治、经济等社会理论和哲学学说还没有系统输入中国，自然科学的输入也只限于"初期普通学"。而这一时期，康有为却完成了自己的思想建构。在谭嗣同看来，康有为的思想建构带有两大特质，一是中学为主，二是对西学的阐发和借鉴以自然科学为主，而这与自己的思想来源与理论构成大同小异。他在赠梁启超的诗中写道："闻道潮音最亲切，更从南海觅灵槎。"人不怕面对世界，怕的是面对自己。一旦终日面对自己，你就无法回避那种来自内心深处的觉悟，它或许是痛苦，但至少是真实的。读懂其中的奥义，就如同将心中的碎碎念念组合成无数斑斓的蝴蝶，而它们飞翔的姿态早就存在于圣贤的智慧里。

如果说，谭嗣同在此之前的所有思考是一种积累，那么在遇见康有为之后，他的所有积累犹如决堤之水，很快便冲垮了自己内心设置的大大小小的障碍。他对康有为发自内心的崇敬之情，不时跃然而出。自视甚高的康有为更是将两人思想相通说成是谭嗣同受了自己的影响，或者说是对自己的服膺。但值得注意的是，谭嗣同似乎有所保留，他在写给好友唐才常的信中说："迩闻梁卓如述其师康南海之说，肇开生面，然亦有不敢苟同者。"这种保留态度，可见二人学术上的特殊关系。

自大可能没有什么好指责的，他源自人类自我保护的天性，这与大自然中的一切没什么两样。蜗牛为自我保护而生出坚硬的壳，变色龙为自我保护而改变颜色。按照康有为的说法，谭嗣同在听了他秉持今文经学的原则，以公羊学发挥微言大义的思路讲《春秋》三世进化之后，才开始向往大同之世，立论以仁学为宗旨，像他那样推崇孔教。而他的学生梁启超也站在老师的一边。康有为、谭嗣同的思想之所以相通，绝非不约而同的心心相通，而是因为谭嗣同受惠于康有为，谭的思想和《仁学》都是对康有为思想的阐发。

当然，这些死无对证的表述，都是发生于谭嗣同牺牲之后。就像所有的玩笑都是半真半假。这里有一个背景需要交代。无论是师承关系还是梁启超早年对康有为的亦步亦趋都表明两人无论在私人交往、政治同盟还是学术渊源上都关系密切，"康梁"称谓亦属自然。变法失败后，梁启超开始意识到建立一种"不中不西即中即西"的新学派已经为时代所不容，于是如饥似渴地输入西学，最终成为"新思想界之陈涉"。这样一来，梁启超与康有为的思想渐行渐远。社会上通行的"康梁"称谓与梁启超后来反复强调的"康、谭一派"相遇时，三位当事人之间的关系顿时变得扑朔迷离。摆脱过往的唯一办法就是将过往重新嫁接。

历史毕竟不是一家之言，历史活动即人的活动，只有透过人物幽微隐曲的心理动机，才能窥见历史的底色。谭嗣同对于康有为学说亦有不同表述，他读了《新学伪经考》大为惊叹，待收到康有为赠送的《长兴学记》，开始了解康有为学说。尤其是在京城结识康有为最著名的弟子梁启超后，谭嗣同倏然惊觉：康有为的微言大义，虽然闻所未闻，但与自己的观点竟"十同八九"。二人相交的因缘，也由彼处发端，不存在谁影响谁，完全是"冥思者"的自然契合。

2

光绪二十二年（1896）六月二十九日，谭嗣同以候补知府分发江苏，抵达南京，借寓卢妃巷刘公祠杨鸿度公馆。紫金山下玄武湖畔的南京自古以来是兵家必争之地，曾为六朝古都。明朝开国皇帝朱元璋在此开基立国，明成祖朱棣迁都北京后，这里仍是陪都。清代以北京为都城，以盛京（沈阳）为陪都，南京改为江宁。当时文人墨客又习惯于用古名金陵。让人遗憾的是，在此建都的朝代享国都不长，只有东晋达到103年，其他都不超过百年，太平天国也曾将都城设于此地。

南京是当时中国最重要的政治、经济中心之一，是清朝管辖苏、皖、赣三省兼理漕、河、盐三务的两江总督的驻所。在来到南京之前，"六朝金粉地，金陵帝王州"，那里的很多古迹也经常会出现在谭嗣同的梦境。南京秦淮河的风流和风景让人神往，遗憾的是，他一直无缘在秦淮河上荡舟观光。他在想象中与江南的才子们在撩人的月色下谈古论今，他们的词锋与月色交相辉映。可是当谭嗣同真正踏上这片土地，进入这座城市，他才发现这里与想象的截然不同。与光怪陆离的上海相比，这里显然要冷清许多，就连维新者的足迹也零落稀疏。风气未开，官场显得沉闷，一派腐烂枯朽的气象。谭嗣同一到此地，便生出"六朝名胜地，乃而俗陋耶"的感叹，内心不胜寂寥。他在写给恩师欧阳中鹄的信中说，他虽然早就知道官场的黑暗，没想到的是金陵尤甚。初到此地，他曾试图融入其中，拜访当地的知名人士，以求学访道。可是当他们听说谭嗣同是候补官，便将其拒之门外。这与北京、上海等地维新群体热烈交往的情形形成了强烈的反差。

无论是北游访学，还是候补江南，谭嗣同都怀抱着不凡的心志而来。诚如他北上临行时告别师友所写："莫嫌南宋小京都，勾践钱镠有霸图"。而北游访学的结果，却像是一盆冷水浇头，让他感到彻底失望，他由此断言"中国全局断无可为"。屈服于现实的冷酷，他将这些年来的个人痛苦全都倾泻于对现实的异常不满之中。而数次落第，也被他视作一生洗刷不去的耻辱。最后还是屈从于体制，依靠金钱铺路得到一个候补的官衔。他在给唐才常的信中写道："东征负创，不为不深；北邻要盟，不为不厉。变法三四年，不为不久。不惟大体了不更张，而犹以科目取士、资格用人……是不惟人贱，时又甚贱也。"

知是行之始，行是知之成。没有比较就没有优劣之分，而优劣之分不过是人为的虚饰，当不得人生的取舍。谭嗣同怀揣着人生与世道的"霸图"而来，结果却落得一个失望而归："死心越国难图霸，抉目吴门去看潮。"站在时代的潮头，对前浪的绝望，使之对后浪的期待更加炽热。

在很多人眼里，谭嗣同不过是一位狂生。他们并不了解，也不想了解他的大愿本心。由于清廷大开捐例，卖官鬻爵，只要有钱就可以捐个官衔。京官自郎中以下，外官自道员、知府以下，都可捐资而得，候补官员日益增加。有些品行不端、学术乏善之人，凭借权贵的一封推荐信，也能够很快补缺授官，平步青云。谭嗣同虽然明白其中的门道，但他不屑于此。所以他从吏部领取分发到省的文书后，就不再寻求权贵的私荐。他的父亲是地方大员，身为仕宦子弟，他比别人更具有优势。但他以为凭着自己的才能，也许能够得到上司的器重而被委用。当他怀揣着入仕圆梦的想法叩响江苏府衙的大门时，微弱的声音很快便消弭无形，更不会得到回应。他多次去拜访江苏巡抚赵舒翘，均被拒之门外。一个没有得到京城权贵推荐的候补官员，算不得真正的官员，不过是庸碌之辈。谭嗣同又多次去拜访江宁知府和近府城的知县，也没有被接见。不久，或许是碍于谭嗣同父亲的情面，赵舒翘才勉强见了他一次。谭嗣同不想借助父亲的声名为自己谋得前程，他有一种强烈的预感，他在政治上的所有努力，都在与父亲的愿望背道而驰。那是一个让人尴尬不已的场面，他与赵舒翘只讲了几句不痛不痒的话，旁边那些候补官就窃窃私议，神色紧张起来。这一幕让谭嗣同啼笑皆非。

读书人的命运从生下来就被规定好了，而架床叠屋的体制就像是一只巨大的蚂蟥，紧紧地吸附于每个人的身上。即使我们能意识到它的存在，但仍难以摆脱它，它无时无地不在规训和控制着一个人要走的路。谭嗣同并不急于去找江苏地方官员请求委用，而是留在寓所安静地读书，疲倦时就外出游览。他看到南京虽相当热闹，但不复昔日繁华。有些街道的房屋残破不堪，有的还是丘墟，呈现出荒凉的景象。其实这座六朝古都，只要不打仗，很快便会恢复它的繁华。

当地有上了年纪的人说起往事，仍愤恨难平。南京的老百姓苦，这几十年活命的光景总是在打仗。城头变幻大王旗，兵灾连绵不断，战乱一个接着一个。从太平天国定都南京开始，南京城一直笼罩在战争阴云中。老百姓需要的是和平，江南大营和江北大营像把大钳子，紧紧地夹住了南京。太平军攻入南京时，并没有焚杀，百姓倒也过上几日安宁的生活。但当时很多人认为太平军是"叛匪"，天天盼着城外的官军来。谁知曾国荃率领的湘军攻破南京后，却"见人即杀，见屋即烧"，大火七日不熄。而在放火之前，他们奸淫抢掠，无恶不作，将这座古都破坏得不成样子。老百姓心中，没有战乱的太平日子就是好日子。

谭嗣同听了这些话，非常气愤，从此就对曾国藩、曾国荃等统领的湘军产生极为憎恨和鄙夷之情。但令谭嗣同感到快慰的是，他在此有幸结识了闻名遐迩的佛学大师杨文会。

谭嗣同在北京已开始学佛，到金陵后继续研习。他曾感叹："士生今日，除却念佛持咒，又何由遣此黑暗之岁月乎？"他经常会借助佛家经典排遣精神上的孤独寂寞。在谭嗣同看来，人永远无法穿过时间的河流抵达彼岸，这是生而为人的悲哀。人的活法有千百种，只有一种活法能让人类摆脱蜉蝣的命运，消解现实的悲凉，那就是念佛持咒。

心会迷失方向，但时间不会，时间有着一个恒定的方向。清寂的佛学将人类庸常琐屑的生活进行了删繁就简，正因为如此，思维的力量才由此得以凸现。离体制越近，越觉得自己所追求的蝇营狗苟的小官僚生活是如此迂腐、如此可笑。当听说当时著名的佛学家杨文会寓居南京碑亭巷，谭嗣同认为这是千载难逢的学习机会。于是，他迫不及待地就登门拜访了。

杨文会，字仁山，安徽石埭（今石台）人。早年入曾国藩幕，后随曾纪泽、刘瑞芬两次出使欧洲，前后共七年，"考察英国政治制造诸学，深明列强立国之理"。据他的孙女杨步伟在《先祖仁山公之生平》记载，杨仁山 11 岁时，在曾国藩面前说："我何必在异族人手中去取功名？"这句话把其父杨朴庵吓得面如土色，而曾国藩微笑不语。临辞别时，曾国藩对杨朴庵说："此子器宇不凡，将来必有大用。"同治七年（1868），杨文会在南京创办金陵刻经处。他少年时的情趣喜好，与谭嗣同倒有几分相似。"十四能文，雅不喜举子业，性仁侠，稍长，益复练习驰射击刺之术"，"生平好读奇书，凡音韵、历算、天文、舆地，以及黄老庄列，靡不领会"，又研究西人测绘舆地之学。这种相似的兴趣爱好无疑会对谭嗣同产生吸引力，并成为两人交往的基础。

小的时候，谭嗣同经常会陪着母亲去寺庙。每次走进略显空旷和阴郁的殿堂，心里压抑得很，仿佛迎面撞见了神佛，这时候便会不由自主地点上一炷香。生怕不如此去做，便会被神佛压倒了一般。这时候他便会想，那些神佛的初衷，应该不是这样吧？这么做的应该是泥塑的神佛，而不是被世人赋予了无边法力的救世主。佛教宗派甚多，门户之见甚深。学习佛学究竟从何入手，以及如何处理各宗之见的关系，常使谭嗣同感到困惑。困惑的又何止谭嗣同一人，对佛教各宗，维新人士各有所重。如吴雁舟提倡禅宗，杨文会重视净土，夏曾佑倡导唯识。谭嗣同虽然"善华严（经）"，但对佛教各宗并无偏见。

佛与道是一种特殊的人生思考方式，是关于生命的一种另辟蹊径的实验。虽然谭嗣同兼收并蓄，取其所需，但还是希望杨文会能够为他做出新的指引，以构建自己的思想体系，让他的内心变得更加丰富、深厚与辽阔，以真实和美好的情态面对这苍茫人世。杨文会对佛教各派都有研究，他曾得到日本名僧南条文雄的帮助，从日本找到国内久已失传的唐朝佛学家窥基所著《成唯识论述记》及其他佛教逸书，在金陵翻刻。由于其两次到过英、法等国，不仅研习了某些自然科学并购回了不少仪器，而且开了眼界，主张中国应效法西方国家进行必要的改革。

谭嗣同见到杨文会的时候，他正将一批远道而来的客人送出门。他笑容满面地将谭嗣同迎进门，交谈之下，大有相见恨晚之意。两人谈到当下中国的现实困境以及破解之道。

杨文会认为："时务多艰，此皆众生业力所感。"也就是说，中国之所以存在艰难、危急的现象，都是因为人们身、口、意三面恶的活动而产生的"报应"所招致。他又认为，"不变法，不能自存。既变法矣，人人争党，始而效法他国，既而求胜他国"，势必"统地球各国坏至不可收拾"。他赞成变法以图存，但又担心通过变法使国家强盛后，会因与其他的国家竞争而发生世界性的毁灭人类的战争。

谭嗣同认为中国的祸乱，乃至人间的痛苦，都能够以心为解救之道，因此需要讲求"心学"："大劫将至矣，亦人心制造而成也。西人以在外之机器制造货物，中国以在心之机器制造大劫……无术以救之，亦惟以心救之。"谭嗣同曾在上海傅兰雅处，购得傅兰雅翻译的《治心免病法》（美国人乌特亨立著），他读完后，大为惊喜。这部书是讲"心学"的，它用西方的自然科学知识，来解释人类心理的"感应之理"。谭嗣同将这个"感应之理"与儒家的"诚"、佛教的"慈悲"结合起来，认为人们对于"用机之人（使用机诈、权术之人）"，只要自己先消除"机心"，抱着慈悲且诚恳的心念和感情去对待，就能使对方消除"机心"，人与人之间才能产生信任，结下友谊。

在研究佛学之人的心中，佛绝不是多么神秘的存在，他们有着与常人一样的情感与肉身，既可以膜拜，也可以对视与交谈。就像一个人，每天耳畔回响着梵音与风声，但最摇动心思的还是尘世的那点热闹，皮相上的恭敬是入不了法眼的。在此之前，谭嗣同虽然对佛学有所认识，但知之不深。杨文会与其谈论大乘教义。大乘教义是以佛说的《大集经》与《般若经》为依据，以实相真心为根本。实相无相，实相无不相，实相无相无不相。大乘佛教追求"超越"的理想对于维新者在精神上的支持，特别是大乘佛学里面那种非常关键的，以"皆空"或"唯识"对于"我执"的瓦解，在消解固有观念、促进思路开放上具有积极的作用。

南京多名寺古刹，且规模宏大，鼎盛时城南号称有四百八十寺，咸丰初年尚存数十处。太平天国独尊上帝，严禁偶像崇拜，定都后大规模摧毁神像及其所在，致使无数名胜古迹毁于一旦。谭嗣同偶尔登临那些幸存下来的寺院，面对残垣断壁，他会驻足良久。人世间的一切病痛哀愁，也在木鱼与石磬的敲击声中化为一场虚无。谭嗣同喜欢这里的幽静与肃穆，喜欢寺院墙壁上几近斑驳的佛像，那么静默美好，像是能够将世人所承受的苦难、身上所绑缚的枷锁，都一一卸去。

每次从寺院的青石板路上走过，谭嗣同的步态会不自主地慢下来。有时蓦然抬头，正好可以望见寺院里的菩提树在风中晃动着叶子，沙沙的声响犹如亿万精灵在天空下翻飞着翅膀。这也让他理解了人为什么会在极其安静的状态下，觉得身心轻盈而又饱满。尽管谭嗣同不是一个以清修为业的人，但是在面对自然的草木荣枯和昼夜的往复交替时，内心总是会响起清越嘹亮的歌唱和沉郁难抑的幻想。大部分时间，谭嗣同会待在杨会文的刻经处。杨文会深邃的佛学修养和虔诚信仰使他为之深深着迷。

尤其是杨文会强调把变法和佛学结合起来，就是说，要把佛学作为变法的理论根据。他说，西方国家和东方某些国家进行改革，不但保留着宗教，还进一步予以"振兴"，因而他们达到"至善"的境界。

每一次交流，谭嗣同都收获满满。一边是入世的美妙，一边是出世的超脱，谭嗣同以为自己的内心早已不存在选择的两难，但此刻居然为之一动，而且是地动山摇。谭嗣同自称是杨氏"受业门生"，经常会说"作吏一年，无异入山"。百无聊赖的半体制内生活并不能给谭嗣同带来更多新鲜的东西，尤其精神世界。既然如此，那么他索性投入佛学之路的探索，并渴望能够寻找到更多的同路人。

他这样描述自己学佛的情形："远羁金陵，孤寂无俚，每摒挡繁剧，辄取梵夹而泛观之，虽有悟于华严唯识，假以探天人之奥，而尤服膺大鉴。"沉浸于佛堂里的诵经声，谭嗣同的眼前晃动着大千世界里的波光云影。明亮的光线透过木雕的门窗，落在他和杨会文的脸上，全无圣徒自居的傲慢。这安顿世俗人心的诵经声绵延起伏了近千年，从不曾惊扰这个世界。

丙申八月下旬，吴雁舟由京城而来，转达梁启超的意见：韩无首将在香港办《明报》，希望谭嗣同能够从佛学的角度，联系中国的历史和现实，为该报撰写文章。谭嗣同接受了这个建议，构思"开一种冲决网罗之学"，这也成为他撰写《仁学》的契机。谭嗣同还陪同吴雁舟拜访了杨文会。两位佛学大师共同"说法"，也由此成就了佛学史上的一段佳话。

谭嗣同用心倾听着当世两位佛学家的高妙言论，那超越思想羁绊的声音，既像来自遥远时光，又像来自身旁，让他感受到某种难以言说的神秘力量。在谭嗣同听来，两位大师的金陵说法是这个世界上最能打动人心的合唱。佛学世界里的山清水秀，让谭嗣同暂时忘却了内心世界的困闷忧愤。如果说，是吴雁舟让谭嗣同倾心佛学，那么杨文会则让他真正将佛学视为一门学问，不再瞎耽误工夫。谭嗣同吸取了两家的精华，逐步形成了自己的思想体系。如其所言："吴雁舟先生嘉瑞为余学佛第一导师，杨仁山先生文会为第二导师。"

3

天地有四时，人间也有四时，若然如此，此时的大清国便走到了初秋的黄昏。

因为是在初秋，盛夏盛世的流风余韵仍残留于花枝草叶，以至耳目混沌之人，并不觉得有败象藏于其间。而被后世称为先知的人，或许已嗅到了腐叶的腥臭，看见了月下的残荷，闻见了冻死者的哀号。世间的万象或许并不在一个"相"字，就像世道，有人眼前尚看不清楚，更别说它的下场或未来的样子。

南京的秋天舒服得让人沉睡不醒。尽管大自然厚待人类，但人类却也只能忧患自知。这种由环境所带来的情绪变化，并没有让谭嗣同抵达"至善"的境界。在南京的时候，谭嗣同只是一个候补官，并无多少事可做，担的只是一份闲差。正因为如此，他才会经常和杨文会泡在一起，一有时间便相聚讲论，佛学万象，尽在掌握。

杨文会甚至将自己的讲堂搬到了金陵刻经处，处处皆讲坛，时时传佛学。有人说他太过招摇，但很少有人会静下来，靠自己的心平衡这世间的一切。杨文会看着那些围坐身边听讲的弟子一个个痴迷的表情，虽然说得口干舌燥，咳个不停，但内心愉悦带来的满足感让他忘记了身体的疲倦。很多时候，都是杨文会催他们歇息才尽兴散去。杨文会喜欢和弟子们待在一起，或研习佛法，或相聚畅饮，他会将佛学渗透到与他们相处的分分秒秒。正所谓，半床明月，映着半床佛经。不知是明月读经，还是经读月河。

谭嗣同在自己钻研佛学的同时，也向自己的朋友们传递佛学的功效。他在给唐才常、刘善涵的信中写道："两君具上等根器之再来人，若不学道，则堕地狱亦甚难。"劝他们尽快研究佛学。争论与辩诘是每天生活的主题，谭嗣同与杨文会之间，杨文会与其他佛学者之间，其他人或参与，或附和。一场又一场的佛学盛宴，让谭嗣同神清气爽。

虽然佛理不辩不明，但是很多时候，讲论的话题一旦打开，就会缠绕无尽头。谭嗣同的参与感从未如此强烈，如同置身于人生的盛大宴会。他在听杨文会说，杨文会在听他说，他们相互包容，却又相互排斥，最主要的是他们深深影响了彼此。李鸿章的女婿孙宝瑄阅读佛书也是受谭嗣同等人的影响。据他说："余家佛书二百余种，余丙申年在海上所购也，皆金陵杨仁山刻本。是时谭复生、吴雁舟同过海上，聚谈甚乐。余之佛经，皆彼二人所代购。"

就在谭嗣同苦苦冥想之际，他先后接到刘善涵和唐才常的信。原来浏阳东乡的锑矿自经矿师勘验后，就由欧阳中鹄、唐才常、刘善涵等主持开采。在前期勘测中，发现此地有硫黄矿，储藏量极为可观。因经费困难，又加上当地的地主乡绅借口保护祖坟和风水，反对他们开采。而在谈价时，当地人出卖矿山的价格高得离谱，同时还附着种种要挟。究竟以怎样的形式开矿，唐才常和刘善涵产生了分歧。唐才常认为，应借助官府的力量排除干扰，实行官商合办，股份比例按"官四商六"。对此，欧阳中鹄也表示赞成。刘善涵则认为与其让官府插手而使其控制企业的管理权，不如让那些地主乡绅入股，团结他们共同管理企业。正在他们争执不休时，湖南省矿务总局通过抚院衙门，接管浏阳矿务局，将浏阳的锑矿改为官办，所得利润，都归官府。如此一来，不仅刘善涵非常不满，唐才常也大失所望，打算"退避"，不再参与开采矿产之事。

谭嗣同接到信后，于九月十三日（10月19日）由南京回到江夏（武昌）。为了让唐才常、刘善涵放下成见，统一认识，他写了一封长信给唐才常，并嘱咐他要将这封信拿给刘善涵看。在这封信里，谭嗣同不同意由官府控制企业。他认为中国落后的症结是朝廷的权力过大，君权过大，民权尽失。官权虽有所压制，但他们仍拥有威胁民众的权力，官场风气日下，"昏暗残酷"。老百姓一听到"官"字，就"蹙额厌恶"。话说回来，谭嗣同当时对湖南矿务实行

"官办"的内容缺乏了解，以为除由矿务总局直接管理、独揽利权这一形式外，还有多种形式，如管理权归省局（湖南省矿务局），而利润则归县局（浏阳矿务局），或省局和县局平均分配；管理权和利润都归县局等。谭嗣同甚至将"准入商股"也看成是"官办"。他认为县局开矿所得的利润，不能归省局，而应作全县创办学堂、备荒和开发水利等公益事业的经费。如此，名为"官办"，实则全县人民都是有股份的商民，所以"官办"也就成为"至大至公之商办"。

谭嗣同主张的"官办"是"散利于民"，反对省局独占开矿利润。他认为刘善涵提倡的"私办"，是由一两家垄断，无利于全县之民。在他看来，西方国家允许任何人从事开采矿产、修筑铁路和设立工厂的活动，只要谁有山、有地、有钱，就可"随意开办"，政府当即给予"自主之权，绝不来相禁阻"。有一人因某种经营获得较多的利润，其他人便会为此展开激烈的竞争。政府不但不遏制其贪欲，反而"鼓舞其气"，使更多人出来兴办企业。于是，竞争更加激烈，不少人发了大财，而他们的国家也随之富强起来。中国要摆脱受西方列强欺侮的困境，"与之争富强"，那就不能不吸取他们的经验，大力鼓励和扶持"私办"。当然，这只是他的想法。至于能否落于实处，收到效力，则又另当别论。至于现实，则又是一番情态。别说区区浏阳矿产，就是当时由李鸿章亲自主持的铁路建设的招股，也是想得美，做得难。彼时，上海的英文报纸《北华捷报》采访了天津的投资者们，询问他们为何不愿附股投资。投资者们说，自己曾经在招商局投资，但招商局从来没有就资产的处理征求过他们的意见，他们对公司的业务毫无发言权。他们怕投进去的钱打了水漂。

谭嗣同从江南制造局编印的《西国近事汇编》中了解到西班牙、俄国、美国在发展大工业生产之后，出现了工人要求"借境内富室积产"以"赡贫困""贫富均财"，以及"康密尼党（共产主义党人）""唆令作工之人与富贵人为难"等情况。也就是说，工人要求富人们拿出他们的资产，用来救助贫困的工人。先知者在寻找适合本国土壤的种子，借鉴别国经验是一条捷径。而这种借鉴，无法照搬，只能摸着石头过河。

谭嗣同在肯定"私办"重要性的同时，认为西方国家因为"富者"势力过大，导致"贫者"生活痛苦的现象"于事理最为失平"。这样做，就会让那些"均贫富之党"同"富者"及执政者感到为难。谭嗣同认识到当时中国生产力落后，经济凋敝，只允许有财力的人出来兴办工业，并使"贫者"为其"效死力"，以"与外国争商务"，而决不可"均贫富"。他同时又考虑到"均贫富"是社会发展的必然趋势，百年或千年以后，世界终究会达到"均贫富地步"。因此，他强调对待工商业必须做到两点：首先允许和支持有资财者经营各种企业，使之能顺利地发展，获得丰厚的利润；接着，应由国家采取适当的办法，对"富者"加以"裁抑"，而对"贫者"予以"扶掖"。唯有如此，才能将国家治理好。

谭嗣同在阐述了他的这一套理论之后，希望唐才常和刘善涵在"私办"和"官商合办"的问题上能够化异为同，使浏阳的矿产开发能够体现"均贫富"的思想，以符合大多数人的利益，缩小贫富之间的差距，消弭"贫者"反对"富者"的现象，从而稳定社会秩序，为以后过渡到无贫富差别的"大同"社会创造条件。

不久，谭嗣同由武昌回到浏阳。他先到筹济局拜见老师欧阳中鹄。欧阳中鹄告诉他，赈务已进入最后阶段，只需两三个月就可以结束，并决定从赈捐余款中提拨一部分作为创办算学馆的经费。南台书院仍维持现状，每年从那里的盈余款项中拨出一点补助算学社。谭嗣同非常高兴，他觉得自己两年来耗尽心力孜孜以求的兴算事业，即将得以实现，这对于以后在全县乃至全省开风气、育人才，从而推动维新变法，必将起到较大的作用。

谭嗣同当着唐才常和刘善涵的面，劝他们消除成见，致力于开采矿产。唐才常愿意暂时留在浏阳矿务局工作，视主办官员的态度再做出选择；刘善涵决意离开浏阳，仍赴两湖书院读书，与邹代钧共同筹办《湘报》。刘善涵为筹办《湘报》而"行数千里，费数千金，孤诣苦心，不计甘苦"。对此，谭嗣同也极为钦佩，称赞他为"寒士中可谓绝无仅有"，还给刘善涵拟订的《湘报馆章程》写了"跋"，劝刘善涵不要将办矿的失落情绪带入筹办《湘报》的行动中。为了使浏阳矿务局在改为官办后能够做到"散利于民"，谭嗣同前往长沙，与湖南矿务局负责人及湖南巡抚陈宝箴商量。尽管他磨破了嘴皮，对方却没有给出使他满意的答复。他见自己的设想难以成为现实，便离开长沙回到武昌。

谭嗣同于十一月初二日（12 月 6 日）到达武昌以后，见到了吴樵。在与吴樵的谈话中，他得知对方应湖南巡抚陈宝箴的邀请，将赴长沙协助办矿。谭嗣同心中大慰，便将湖南矿产的分布情况和办矿存在的问题，简单地告诉吴樵。吴樵听后也是踌躇不已，他说，湖南的矿务能办则办，不能办则退。他打算联络一些朋友，集资购置洞庭湖的淤积土地，开办农场，进行开垦。谭嗣同也认为吴樵的想法不错，甚至愿意和对方合作。但他们不知道，洞庭湖的淤土，已由湖南巡抚衙门奏准清廷禁止擅筑堤垸开垦。

武汉是全国交通重镇，工商业也较发达，但在张之洞的控制下，政治并无起色。作为十九世纪末帝国最著名的能臣之一的张之洞，与曾国藩、李鸿章、左宗棠等中兴名臣以兵戎发迹不同，他是摇笔杆子出身，遇事敢为大言的风格和官场上善趋风势的本能，使他以"清流"得宠于朝野，一步步爬上了封疆大吏的高位并树起开明、新派的政治形象。在一些维新人士看来，颇具开明形象的张之洞是个可以引为知己的强势人物。比如严复，这个担任过北洋水师总教习，喝过洋墨水的新派知识分子在与陈宝箴讨论时事的一封信中，就曾对张之洞表示了十足的好感，称其"极足有为"，"素为公忠体国之人，相比有一番经纬也"。康有为办《强学报》曾得到过张之洞捐银八百的资助，但双方的蜜月期也仅仅维持两个月，最后还是以破裂收场。

张之洞不禁将目光盯住两湖地面，更以儒臣之心而忧患天下，注视着天下的学术与思潮。随着梁启超因《时务报》声名鹊起，康有为在广东、广西讲学及《孔子改制考》等书籍的刊行，康、梁等人在政治思想及学术理念上的影响力急剧增大，张之洞及其派系对此非常警惕。大多数的官僚，上自总督，下至知县，都趋于保守，不愿进行符合时代发展趋势的革新。至于地方上的大多数士子，也习惯安于现状，缺乏进取精神。

谭嗣同认为要打破两湖地区的沉闷局面，必须通过办报开风气，给人们灌输新的思想。他和吴樵、张通典（时任湖北抚院幕客）商量，打算在汉口创办《民听报》，每日一张。经费由谭嗣同和张通典负责筹募，并初步确定，由张担任主笔。谭嗣同除为筹办《民听报》而奔波劳顿之外，还要调查刘善涵插手浏阳锑矿的私运问题。原来，浏阳矿务局自改官办后，有些人私自将一部分产品运到汉口和上海等地销售。欧阳中鹄等怀疑刘善涵插手，便托谭嗣同顺便调查。谭嗣同多方"密访"，也没有找到任何证据，便来到两湖书院当面询问刘善涵。刘善涵毫不迟疑地予以否认。谭嗣同深知刘善涵的脾性，一个倔强且诚恳的男人，他相信对方"实不知情"。他随即写信给欧阳中鹄，为刘善涵消除诽谤之音。谭嗣同还询问了刘善涵和邹代钧筹办《湘报》进展是否顺利，刘善涵慨然而叹："我本来打算近日赴上海去购买排版的'铅子'，谁知股份难招，没有钱就难以办成事！"谭嗣同见刘善涵一时难以找到安顿身心之事，便邀请其来南京教侄儿谭传炜读书。传炜是仲兄谭嗣襄的儿子，时年八岁。自谭嗣襄死后，二嫂黎氏及其一子二女便过着缺乏家庭温暖的生活。因此，谭嗣同和妻子李闰商量，决定把二嫂和侄儿接到南京一同居住。他正为找不到懂得新知识的人教侄儿读书而焦虑。当他听说刘善涵等人谋办报失败，觉得聘请刘去担任家庭教师是最为妥帖的安排。

十二月十日（1897 年 1 月 12 日），谭嗣同搭乘"楚材"号兵轮前往南京。此次同行之人还有刘善涵和谭的妻子李闰、二嫂黎氏及其子女。他们乘坐兵轮，驶至九江时，突然阴风怒号，大雨滂沱，天地陷入苍茫。雨水将歇，大雪又纷纷扬扬。窗外是沉沉的夜，愈添寒气。人陷入大自然的恶劣场景，会心生悲怆之感。究竟要去哪里呢？四顾苍茫，哪里可供栖息？哪里可堪凭借？只觉得这臭皮囊都可以割舍抛弃的。兵轮被迫停泊三日。

4

十二月十七日，论公历已是 1897 年 1 月 19 日，但还算丙申年。这是一年中最寒冷的季节，一切腐烂的东西都烂到了极限，仿佛悬挂于树梢的那些风干的果子，微风一吹便会跌落尘埃，而一切新生的事物，则在积雪烂泥的掩埋下，悄悄钻出坚硬的冻土。想想这一年所经行的北京、上海、南京、武昌等地，谭嗣同觉得自己真像天空中被风雷催动的一朵云，飘来荡去，莫知西东。人还刚过而立之年，他却已深尝浮生之哀乐。旧年已所剩无几，明天太阳还会照常升起，他虽然抱有新气象的希望，但黎明前的黑暗是最难熬的，会将一个人吞没。

如果说空间的转换，在无形之中塑造了时间，那么身居其中的每个人，也就有了各自不同的命运。谭嗣同到南京后，抓紧处理完一些杂事后，就投入了撰写《仁学》的紧张工作之中。他在写给汪康年的信中说"已得数十篇矣，少迟当寄上"。早在上年八月吴雁舟来南京代表梁启超约稿后，谭嗣同就开始构思并撰写，中间虽有办矿等其他事务耽搁，但他一直断断续续地在撰写。

在撰写过程中，谭嗣同曾将一部分书稿拿给梁启超看过，并征求对方的意见。梁启超在《三十自述》中说："复生著《仁学》，每成一篇，迭相商榷。"谭嗣同多年来遍读古今典籍，却又苦于找不到方向。就像是一个人到了陌生的地方，从一个路口到另一个路口，看着都像是能够走出去，可是太多的岔路让他不知到底该选择哪一条路。有些岔路走下去，就成了找不到出口的死胡同。他的好友宋恕看了《仁学》，又拿给浙江余杭的维新人士章炳麟看，章"怪其杂糅"。这确实道出了《仁学》短板所在。

①哲学思想

谭嗣同重视"仁"这一观念，康有为则认为是受了他的影响，梁启超也在《仁学·序》中作此看法。实际上，谭嗣同仁学思想的主要来源仍是张载和王夫之的思想。谭嗣同在二十五岁以后，受张载和王夫之这一思想传承的影响极深。至于康有为，不过是起到一个助缘的作用。张载的《正蒙》是儒家"天人合一"的宇宙观，他本着儒家的入世精神，强调宇宙不是虚无，而是实有。张载受《易经》的影响很深，他认为气中蕴含着相荡相感的阴阳二性，因此气不会停止在太虚的状态中，而是"升降飞扬，非尝止息"。他的宇宙观是动态而非静止的，不过这种动态并不妨碍宇宙之和谐。

王夫之虽自认是张载的思想传人，但他的思想有其独立性和复杂性。张载本着"实有生动"的观念去发展其气一元论，王夫之则顺着这个思路，进一步发挥儒家的入世精神。他批判宋儒的理气二元论，认为理是气的属性，气在理也在，理与气是不能分开的。谭嗣同在三十岁以前所写的札记中，已有承袭张载和王夫之所阐扬的"气一元论"的倾向。这种倾向在《仁学》里仍然支配着他的宇宙观。

谭嗣同撰写《仁学》时所依据的"思想资料"庞杂，除了张载、王夫之的气一元论，其中还包含为今文经学家所推崇的儒家经典、老庄著作和墨子，以及陆九渊、王阳明的心学。他在《仁学》中还引用了一些自然科学和西方的社会政治学说，以及以黄宗羲为代表的反对君主专制的民主思想，同时也吸收了佛教的轮回和性海之说、基督教灵魂不死之说。这些"思想资料"在哲学观点和社会政治上存在着或大或小的矛盾，但谭嗣同都将其作为自己的理论渊源，这就难免会陷入矛盾与混乱。

　　《仁学》作为一本哲学文本，是相当枝蔓芜杂的。有些东西于他而言，也是糊里糊涂的，因为和传统的知识结构完全不同。尽管如此，谭嗣同抓住了信仰的问题、人心的问题，所以他提出了"以心挽劫"，弄佛学，弄西学。在西学当中，他想把这些东西化解，最后搅成一锅粥。我觉得这也是中国人的一个思维方式——本质主义。老认为有一个东西是一点就破，全盘皆赢。谭嗣同的心路历程在其中都有体现，一种是日趋强烈的宗教心灵，另一种是他因受多方的影响而思想领域逐渐开阔，再一种是他对文化和政治的态度日趋激烈。谭嗣同的看法和想法，虽然有些地方失之片面，甚至是幼稚的、天真的，但他的可贵之处在于一个"仁"。他认为这个价值是儒家伦理思想的精髓，是所有道德观念的总汇。

　　谭嗣同把原来继承张载、王夫之的物质性的"气"用了一个叫"以太"的科学概念，其希腊文的原意是燃烧、点火，是古代希腊哲学家设想出来的一种媒介。谭嗣同找到这个假设的物理学名词后，感到无比的高兴。因为在他看来，用朴素的气一元论来说明物质世界的自然现象和精神现象还很牵强。他指出：宇宙间充满着"以太"，大到地球、太阳系和银河系以至其他更远的天体，小到一片树叶、一粒尘和一滴水，它们都是"以太"凝结而成，并使之同其他事物相联系。谭嗣同不仅认定"以太"具有"不生不灭"的性质，而且由于他相信"以太"具有能使各种事物"互相吸引不散去"的功能，就断定"以太"具有"知"的属性。就是金石、砂砾、水土等，它们既能在与其他事物的联系中相互作用，也就不能说"无知"。就像他认同佛教教义，其中包含着的许多善意的成分，即使对于那些不相信的人，也是有意义的。就这样，"仁"就伴随着"以太"而成为《仁学》中的重要范畴。

　　谭嗣同经常会走出困顿身心的公馆，漫无目的地走到大自然里，或是寺院中小憩身心。这与他的身体状况有关，也与他此时的心态有关。他看见天空明朗、阳光普照，大地如同洗濯后那样洁净，飞禽走兽悠然自得，草木欣欣向荣。而这一切在谭嗣同看来，也是"仁"的一种体现，是由"以太"的"动"而促成。谭嗣同根据《周易》强调"动"和"变易"的观念，并结合西方传来的进化论，认为客观世界的事物由于运动变化，才不断向前发展。他相信生物进化，相信它们能够从低级到高级，越到后来越超过前人，并由此发展为"日新"学说。他认为天地、日月、草木以至人的血气，都因能够"日新"才不丧失它们各自具有的特点。也正是因为他重视事物的运动变化，所以提倡"破对待"。所谓"破对待"，也就是破除事物的矛盾。谭嗣同主张运用"格致"即物理、化学方面的知识来"破对待"。在他看来，事物的运动，并不是绝对运动和相对静止的统一，而是瞬息万变、根本不存在相对的静止状态。他说："旋生旋灭，即生即灭。"由此，谭嗣同论断，对于"大小""多少""长短""久暂"等"对待"，也按照这一说法去理解。

禅宗认为人要活出三重境界，见山是山，见水是水，取决于你所达到的境界。人的境界决定于"小我"与"大我"的分界。"小我"则是以自我为中心，"大我"则是把小我放大到与时间、空间等量齐观，小我融于宇宙之中而与宇宙合一。在这种境界中，与"小我"有关的一切都全部消失，人从"小我"的烦恼中得到解脱。仁在谭嗣同的思想里不仅代表一种道德观，更代表一种宇宙观。正如他在强调仁为诸德之冠时所说："天地亦仁而已矣。"

谭嗣同在《仁学》里抛开那一代知识分子所谓儒家正统，深度地去探究生命问题，宇宙观、人生观的问题。在佛学方面，按照当时梁启超的回忆，谭嗣同最感兴趣的是华严思想。这出自《华严经》——佛教里一部经典著作。《华严经》提出了一个重要的佛学思想，就是对待生死的根本看法。它说人的生命其实就像宇宙中一个巨大的能量场，它是不灭的。而我们形体的这一生，只是一个能量的暂时的显现，你到下一世可能以另外一种能量显现。

在钻研佛学的过程中，谭嗣同把佛学宣传的"一多相容"和"三世一时"的观点奉为"真理"。这两个观点都是华严宗的法藏提出的命题，"一多相容"

是说事物的本体和现象能够互相包容,而"三世一时"的意思是,任何事物的生灭非常快,在极短的时间内就体现了它们的过去、现在和未来的历程。佛教上讲到对生死问题的彻底看法,其实需要一定的实践性,也就是我们讲的修行。佛教里对生死的看法,一类是靠智慧,一类是靠意志力,而这让谭嗣同的信仰成为他的力量。谭嗣同这个人意志力很强。他用意志力来说服自己,生命其实是不会断灭的,是不断循环往复的。

在《仁学》中,谭嗣同还着力阐述了他的认识论。让人感到遗憾的是,他不仅没有使认识论和自然观保持一致,反倒由于采用不同的"思想资料",而使二者处于分离的状态。他论述自然观,主要是依靠他所掌握的一些自然科学知识作为根据,所以表现出了相当鲜明的唯物主义色彩;而在阐发他的认识论时,却把自然科学知识丢在一边,完全以佛教法相宗(唯识宗)的学说作为理论基础,是一种唯心学说。在他的自然观里,"以太"被规定为万物的本源和媒介,是物质性的东西;"仁"则是由"以太"把各种事物贯通为一体而形成的绝对平等、同一的状态,它是一种精神现象。但在认识论里,他用"心力"代替了"以太",将"以太"能传播光和电,能递送信息的功能寄寓于"心力"之中,认为"心力"也能"感人使与我同念",通过"心力"消除人与人之间的隔阂。

②批判思想

谭嗣同在仁的观念里融摄了儒家以外的许多思想,也由此产生一种激进的抗议精神。他认为,"名教"的"名"是统治者主观创造的,并无事实依据,意在"钳制天下",即从精神上奴役被统治者,从而束缚他们的行为。在人世间到处都是名的笼罩和桎梏。名似乎在人世间布下了天罗地网,因此要完满地体现"仁",就要做到"冲决罗网"。封建统治者公开要求被统治者遵循其所制定的"忠""孝""廉""节"等道德规范,并且通过文学、艺术、宗教、教育和政令等方式,大力宣扬这些道德规范,造成一种笼罩于整个社会的浓烈气氛，使被统治者的心理陷于麻木甚至蒙昧的状态。

这种抗议精神最大的特色就是以仁黜礼的思想。就仁而言，谭嗣同认为礼是一种障碍，只有把这种障碍除去，仁才能完全实现。他在《仁学》里展开对礼的全面批判，而这批判的主要对象是礼的核心——"三纲"（即君为臣纲、父为子纲、夫为妻纲）思想，其中攻击最烈的是"君臣一伦"。他觉得中国传统社会充满了壅塞和隔阂，人与人之间的感情无法充分地交流，心灵无法沟通。谭嗣同认为，君主制度是造成壅塞和隔阂的一大原因，而君主制度的根源就是人的私心。所以从仁恶立场来看，君主制度不但违背了仁所蕴含的平等精神，而且也违背了仁所代表的"通"和"公"的思想。从此出发，他在《仁学》里痛斥"君统"，指出两千年来"君统"在中国造成了"大盗"与"乡愿"并存的世界。诚如他所言"惟大盗利用乡愿；惟乡愿工媚大盗"，"由是两千年来君臣一伦，大为黑暗否塞，无复人理，沿及今兹，方愈剧矣"。

谭嗣同在《仁学》里不但否定了传统的"君臣一论"和两千年来的"君统"，还提出了新的"君主"观念。他认为"忠"实际表示"中心"，即待人接物一律均等、"心"无偏袒，是人与人之间双方都应有的道德，如果把它解释为臣民单方面在道义上对君主应尽的责任，那是不符合"忠"的本义的。人来到这个世界，本无所谓君臣，皆民也。民不能相治，也无暇相治，于是共举一民为君。君主是大家共同选举出来的，不是君择民，而是民择君。

谭嗣同对汉朝以来的各个朝代提倡"尊君统"和"忠君"的儒生，进行了尖锐的批评和攻击。例如唐朝的韩愈在《原道》里宣扬君主生下来就是发号施令的，臣僚辅佐君主统治人民，人民则必须老老实实地从事生产和贸易来供养统治者。谭嗣同认为韩愈的这种说法完全是谄媚君主，把人民视为"犬马土芥"。到了宋朝，程颢、程颐、朱熹等理学家，更变本加厉地鼓吹君权至上，得到君主的特别赏识。几百年过去，时至今日，许多守旧的官僚、士大夫，他们仍抬出程朱理学作为反对变革的理论根据。

　　谭嗣同不但批判"君为臣纲"，而且对"父为子纲"和"夫为妻纲"也提出批判。他宣称父子平等，"父权"是不合理的存在，而"孝"更不应该成为富有政治性的不可触犯的道德规范。至于"夫为妻纲"，也是人与人之间不平等关系的体现。他认为"重男轻女"是最"暴乱无理"的表现。他指出，传统社会的性关系是以女人为牺牲的。有钱有势的男子，娶妻后又讨小老婆，终日纵情于淫欲之中，毫无顾忌。而妇女偶然失身，却被视为不可原谅的罪责，往往将其杀害或逼其自尽。他尤其痛恨那些将女婴溺死之人，咒骂他们比豺狼虎豹还要凶残。他同情妇女在封建包办婚姻中遭受的困难，而不能自己选择配偶。她们的丈夫"自命为纲"，对她们不尊重，甚至给予非人的待遇。虽然她们不堪与丈夫共同生活下去，但仍不能"下堂求去"，没有要求离婚的权利；有的丈夫已死，也不能改嫁，只有忍受种种痛苦，默默地忧郁地断送自己的一生。谭嗣同在描述妇女的不幸遭遇时，洒下同情的泪水，发出愤怒的呼号。他不但要求人性的解放，而且要求男女两性的平等。

　　谭嗣同主张将君臣、父子、夫妻之间的不平等关系打破，而归之于平等的"朋友"关系。唯有如此，才能使人与人之间长期存在的对立和隔阂得以清除。他认为朋友之伦应该取代三纲而为五伦之中心，人际关系应该以朋友关系而非三纲为圭臬。

　　③变革思想

　　谭嗣同喜欢阅读古人留下的兵书战策。有人将其视为男人征战杀伐的秘诀，可是在他看来，瞬息万变的战场如同一个国家的命运有着各种变化的可能。谭嗣同在写给友人的信中曾说："夫大《易》观象，变动不居，四序相宣，匪用其故。天以新为运，人以新为生。汤以日新为三省，孔以日新为盛德，川上逝者之叹，水哉水哉之取，惟日新故也。未生之天地，今日是也；已生之天地，今日是也，亦日新故也。"人生活在这天人一体的宇宙中，并不是一片静寂，而是一个生生不息、充满着活跃变动的过程，而且这个变动不是一种机械式的变动，而是一种创造性的变动。

由于西方文化的影响，这些环绕"变动"观念而展开的传统思想，在《仁学》中已质变为一种歌颂动力的勘世精神。他赞美西方充满动力的机械文明和工商社会，特别指出"西人以喜动而霸五大洲"。他对中国传统社会深表责难，认为在传统社会中，处事做人以柔静为主，而柔静代表一种生命萎缩的态度，与仁所代表的"生生不息"的态度大相径庭。此外，他在"柔静"之外，特别提出传统所谓"俭"德来批判。每个人都知道柔静是道家的态度，而"俭"在传统社会里却是人人都尊重的美德，可是在"俭"德之后却隐藏着一种与柔静相似，代表着保守、消极、怯懦、萎缩的心态，他说："中国守此不变，不数十年，其醇其庞，其廉其俭，将有食槁壤，饮黄泉，人皆饿殍，而人类灭亡之一日。"

谭嗣同针对"柔静"而提出"动"的观念，针对"俭"而肯定"奢"的观念。所谓"奢"，即工商社会注重开源以使世界变得日益丰盈富有的心态。对于谭嗣同而言，"仁"代表自然人性的解放、生命的发扬、宇宙的繁荣滋长。从这些观念出发，他批判了传统社会。

谭嗣同的批判，是从批判君主专制而来。当然在 19 世纪末，批判君主制度已非首创之举。谭嗣同的批判有着更深层的原因。他在阐释"仁"这个理想时，特别强调"通"的观念。他觉得中国传统社会充满了壅塞与隔阂，人与人之间的感情无法充分地交流，心灵无法沟通。而这一切，都是君主制度造成的。君主制度的根源就是人的私心，所谓"君主视天下为其囊橐中之私产"。所以从仁的立场来看，君主制度不但违背了仁所蕴含的平等精神，而且也违背了仁所代表的"通"和"公"的理想。从此出发，他在《仁学》里痛斥"君统"，君主以"天"之子自命，为所欲为，残民以逞，臣民若不服从，则以"叛逆"的罪名而立即杀害，并株连其亲属，实际上，君主的宝座却是真正从"叛逆"中夺取来的。君主常用"伦常"来钳制臣民，而他们才是破坏"伦常"的魁首；他们的妃嫔多得不计其数，却又不允许别人过夫妻生活，下令将宫中的男人"割势"。

谭嗣同指出，君主的宝座，原是"公位"，"人人可以居之"，如果君主"不善"，人人都可以把他杀掉。如此算不上"叛逆"，而是正义的举动。因为"君主犹是耳目手足，非有两鼻四耳，而智力出于人"，所以人民不应该绝对服从他，听任他作恶而不管。他说，在远古的人类社会，本来不存在君臣关系，后来由于需要有专人管理生产和生活的事情，才由大家"共举一民为君"。民是"本"，而君是末。世上没有因"末"而累及"本"的，难道可以"因君而累及民"吗？君既由民共同推举，也就可以由民共同废弃。他所说的"君"，并不是皇帝，而是由公民选举产生的总统。因为他的语句里出现了"前有尧与舜，后有华盛顿"，他大呼"止有死事的道理，决无死君的道理"。也就是说，人们只应为国事而牺牲，决不应为君主而"死节"。

这些思想显然是受了西方民主思想的影响。学者张灏认为，谭嗣同之接受民主思想，是透过仁所代表的道德理想主义的观点，而不是当时的一般知识分子基于富国强兵的功利主义的立场。他认为"君主制祸，无可复加，非生人所能忍受"。

谭嗣同对"三纲"做了彻底的攻击，当这些重重的罗网被扫除之后，他所追求的"仁"的精神——无私的爱才能"通天地万物人我为一身"。为了体现仁的精神信念，任何外在的制度、法规、习俗、仪式甚至学说、理论都可能构成障碍，因此都要超越，都要否定。谭嗣同的言论过于激烈，因此失去生前发表的机会。戊戌政变后，梁启超、唐才常分别把所藏原稿或抄本先后发表于《清议报》和《亚东时报》，梁启超还为此书写了序言。后来，梁启超写作《清代学术概论》，称赞谭嗣同的《仁学》是"打破偶像"之书、"冲决罗网"之书。谭嗣同在《自序》中也层层撕开冲决的罗网："初当冲决利禄之网罗，次冲决俗学若考据、若词章之网罗，次冲决全球群学之网罗，次冲决伦常之罗网，次冲决天之罗网，次冲决全球群教之罗网，终将冲决佛法之网罗。"时至今日，捧读《仁学》虽让人有血脉偾张的快感，但其中的思想局限让人难以认同。在时间的冲刷下，昔日之新也是今日之旧，更何况彼时的谭嗣同接受新学及西学的时间不长，还不能融会贯通。不要说今日读来有过时之感，在风云激荡的大时代背景下，仅仅数年之隔，亦有隔世之感。诚如梁启超后来所言："驳杂幼稚之论甚多，固无庸讳，其尽脱旧思想之束缚，戞戞独造，则前清一代，未有其比也。"尽管如此，梁启超仍竭力为其开脱："由今观之，其论亦至平庸，至疏阔。然彼辈当时，并卢骚（卢梭）《民约论》（《社会契约论》）之名亦未梦见，而理想多与暗合，盖非思想解放之效不及此。"

冬日的光阴总是那么绵长，太阳照到的地方万物是明亮的，待到山墙的另外一边天地便混沌起来。1897 年，无论康有为、梁启超还是谭嗣同，他们像候鸟一样受一种神秘力量的驱使从北京、上海、南京、武汉，甚至湖南的浏阳和长沙迁徙，他们的迁徙虽然并不仅仅为了寻找政治或是经济上的庇护，但迁徙造成的则是中国近代思想火种的一次次播撒，一次次蔓延。

这个冬天，谭嗣同仅仅拜访和接待了几个平日跟自己有交谊的朋友，大多时间，他都一个人躲在南京东关头公馆里从事理论研究和写作，有时奋笔疾书，有时什么也不做，就是静静地坐着。

这一日，谭嗣同在南京公寓读到《时务报》上严复写的《辟韩》时，不禁大叫"好极好极"。他读过严复翻译赫胥黎的《进化论与伦理学》（《天演论》），这是一个比他小一岁，与他一样经受了近代西方文化洗礼而自负的年轻人。严复在《辟韩》里，借着对唐代文人韩愈《原道》的批评表达了对民主的赞同。韩愈把圣人的形象抬高到超人的地步，而把民众描述成了一个个完全呆滞的无灵魂的肉体。在严复看来，这种对民众体力、智力和道德的严重低估和漠视，成了近代中国可悲地衰落的一个主要原因。谭嗣同没想到，严复的这篇文章引起轩然大波。张之洞"见而恶之，谓为洪水猛兽"，并授意一个叫

"屠仁守"的御史撰写《驳论》一篇，并以《辨〈辟韩〉书》为题，发表于《时务报》。严复在一封家书中懊恼地说，其实他已经猜测到了授意写批驳文章的人十有八九是张之洞本人。

此时求新求变之人毕竟是少数，从睡梦中醒来的人也是少数，人群中多的是麻木者、保守者，还处于昏昏然的状态。对于梁启超、谭嗣同和严复这样醒来的人是痛苦的，他们看到现实的危险性，于是大声疾呼，奔走相告。而那些仍昏睡者显然不适应他们的做派，认为他们是危险的，搅了自己的好梦。据说，张之洞还放出话来要找严复的麻烦。严复恐罹不测，找了郑孝胥等人从中说情，方才平息此事。

第八章

维新者说：湖南之士可用

1

　　1897 年的春节，谭嗣同和妻子李闰在南京东关头公馆度过。这里紧邻秦淮河桃叶渡码头，是一处安静所在。想起李氏与自己结婚十余年，谭嗣同不无愧疚地发现，他们就像一条河的两岸，总是聚少离多。二人婚后曾育有一麟儿，却不幸夭折。当时他们兄弟间公认，老九的老婆最漂亮，老九本人倒其貌不扬，总是要打趣老九。谭嗣同从来不参与议论，某次同族的嫂子见他在一旁不作声，便笑着调侃道："七叔（嗣同），七婶蛮不错的吧？"谭嗣同不以为意，爽朗地回答："是呀！是呀！配我有多，配我有多！"见他一脸坦荡，众人不由为之动容。

　　新年的到来和往日并无不同。除了几声爆竹在秦淮河畔的街巷里毫无感情色彩地炸响，空气里偶尔飘来肉香和祭祀的香烛气味，此外再也让人觉察不到，这是岁在丁酉的光绪二十三年（1897）的第一日。

　　尽管早就厌倦了开年首日里的种种繁文缛节，可是作为一个身有功名、薄有名望的体制中人，谭嗣同还是早早起了身。这是薄阴的天气，似雨非雨，天气倒也不怎么冷。行诸礼毕，百无聊赖，仍是躲进书房寻清净。南京候补一年，他很少应酬，书倒是读了不少，《仁学》也进入修订收尾阶段。在此之前，他一度感到迷茫，陷入精神困境，深感所愿皆虚，所学皆虚，心迹一日日散淡着，以至于"平日所学，至此竟茫无可倚"。或许也正是这份困惑、这份迷茫让他努力求索。简而言之，这一时期的谭嗣同大致在两个方向上努力：一曰做事，二曰读书，如有其三，便是因读书而引发的思考与讨论。

就当时的形势而言，诚如时人所言，天下就要亡了，国家就要亡了，亡国灭种的危险就在眼前，哪里容得下你"两耳不闻窗外事"，躲到山谷中间、躲到密林深处去读书？救亡是压倒一切的任务。从完成《仁学》初稿后，谭嗣同开始认真思考推进维新运动的实际策略和步骤。

前些时日，谭嗣同写了一封信给汪康年，告诉他，自己筹划创办的浏阳算学馆已正式成立。而湘乡东山书院也效法浏阳算学馆，将讲习"时文制艺"改成以讲授算学为主。谭嗣同还随信附上《报章总宇宙之文说》《浏阳土产表》和《民听报式》三篇文稿。他希望汪康年能够将前两篇文稿在《时务报》上公开发表。《报章总宇宙之文说》是针对守旧文人反对报章文体而写，这种前所未有的新文体具有充分论证宇宙间各种复杂事物及其演变道理的功用，使文章能适应时代需要。这种文体发端于《时务报》的创办，其中尤以梁启超的文字为最。梁启超的文字借助《时务报》，成为广大青年学子的最爱，也征服了一些有资历、有地位的人。后世更是将梁启超称为中国第一代启蒙大师，执晚清舆论界的牛耳。人们把梁启超在报纸上的这种文体称为"时务体"或"新民体"，其实是现代白话文的源头，在晚清和民国都产生了巨大的影响。时人有言："当我读到康梁（特别是梁启超）的痛快淋漓的议论以后，我很快就成了他们的信徒，一心要做变法维新的志士，对于习八股、考功名，便没有多大兴趣了。"这便是新文体的魅力，即使像李鸿章、张之洞和翁同龢这样的高官硕儒也难以抵挡。《浏阳土产表》着眼于发展地方经济，使各种物产都能尽其用。至于《民听报式》，则是他为正在筹备创办的《民听报》所拟订的简明章程。

谭嗣同与广东维新群体的关系大为接近，同时与浙江维新群体也保持着良好的关系，湘、粤、浙三者之间一直维持着平衡的关系。然而没有多久，这种平衡就被打破了。维新群体之间的矛盾发端于上海《时务报》。《时务报》是彼时思想家的发声阵地，是国内报纸的"报王"和"馆祖"。大量的报刊文章问世，使得梁启超、章太炎和严复等人在中国思想界的地位日趋提高。在19世纪90年代初的中国，还没有谁能轻易发现其他人身上潜伏着一个天才思想家的禀赋。1894年那场与近代中国命运攸关的中日战争，就像是思想的天空炸响一声惊雷。国势日危的种种惊愕、忧虑和愤懑，如决堤之水倾泻而出。大受刺激的知识分子们突然觉醒，羸弱的身躯充满着无可抑制的力量，而报纸这一新兴的传媒机器将他们发出的声音放大了千万倍。

《时务报》的资金来自捐款和筹集，主要创办人为黄遵宪、汪康年和梁启超三人。在湖南众多维新人士中，黄遵宪是唯一见识过西方资本主义的人。他出使东西洋各国任外交官多年。他的《日本国志》作为中国人所写的第一部日本通志，"叙述了日本古往今来各方面的情况，尤其是'明治维新'后所发生的巨大变化，可以说是一部'明治维新史'"。黄遵宪先后辗转于日本使馆参赞、美国旧金山总领事等外交职位，三十八岁解任回国。他在家乡生活了五年，闭门撰写《日本国志》。光绪十六年（1890）他随薛福成出使英、法、意、比四国。四年之后，中日之间爆发战争。这时，张之洞自湖广总督调任两江总督，他以筹备防务需要人才为理由，奏请朝廷调黄遵宪回国。

黄遵宪回到国内已是光绪二十一年乙未（1895）年初，他的《日本国志》也于此时问世。据说有人带着这部书去见张之洞，不无遗憾地说，此书如果早些问世，可以节省二万万两白银（《马关条约》里的赔款数额）。是年八月，康有为离京南下，创办上海强学会。在这段时间里，他曾往南京面见张之洞。大约就在此时，黄遵宪与康有为走到了一起，他们"纵谈天下事……自是朝夕过从，无所不语"。张之洞本打算委以重任，怎料黄遵宪"自负而目中无权贵"。有人说他在拜见张之洞时，像一个不识时务的狂妄之徒，"昂首足加膝，摇头而大语"。张之洞委任他为江宁洋务局总办。他经常往来于南京、上海，也由此结交了康有为、梁启超等一帮新朋友，积极投身于维新变法运动。强学会关闭后，他联络梁启超、汪康年、吴季清等人，共同创办《时务报》。黄遵宪尤其欣赏梁启超，他曾说"罗浮山洞中一猴，一出而逞妖作怪"。

《时务报》一纸风行，全赖黄遵宪、汪康年、梁启超三人之力。黄地位较高，开办时捐款最多，"报馆一切事无不与闻"。汪康年任经理，相当于今天的社长，负责经营管理，不辞劳苦，出力最多，黄、梁均承认"此馆非君不能成功"。梁启超主笔政，也就是今天的总编辑，负责报纸的内容编排，倾注了大量心血（《时务报》十日一册，每册三万字，经启超自撰及删改者几万字，其余亦字字经目经心），《时务报》的影响力与日俱增，与梁启超的辛勤努力分不开。

光绪二十二年（1896）八月，黄遵宪离开上海，前往北洋水师营务处赴任，报社的经济、人事、行政诸权遂由汪康年兄弟一手掌握。黄遵宪从创刊之日就不断强调，《时务报》是共同的事业，并非一家一户的买卖。他甚至还建立一套企业管理制度，"此馆章程即是法律，西人所谓立宪政体，谓上下同受治于法律中也。章程不善，可以酌改，断不可视章程为若有若无之物"。黄遵宪有一套自己的想法，一是设董事会，由董事会统领全局。二是将立法、行政分开，有制定章程的，也有实际操作的。他甚至担心汪康年日日忙于歌舞宴请，没有时间掌管全局，于是建议让吴铁樵来上海，吴主内，汪主外。他还建议汪康年的弟弟汪诒年专门负责校勘和稽查，他也一再请求梁启超在万木草堂的同学龙泽厚来上海。

黄遵宪的一系列想法和做法，引起了汪康年兄弟的猜疑和不满。在汪康年兄弟看来，这些不过是人事替换、权力分割的借口，因此对黄遵宪大为不满，并牵扯到梁启超。于是，长期以来潜藏于《时务报》的各种矛盾也随之公开化。

随着黄遵宪的离开，梁启超与汪康年由融洽到隔阂，由分歧到矛盾，关系越来越紧张。汪康年本就是张之洞的幕僚，张之洞的变法主张与改良派不同，对康有为的"孔子改制"说也始终反对。强学会在北京、上海成立之时，张之洞都捐了银子，包括后来的不缠足会、农学会等，他也都有捐赠，据说累计捐资高达五千两。《时务报》创办时，就用了上海强学会停办时剩余的银子。但他这个维新党，用严复的话说，不过是个"有维新之貌，而无维新之心者也"。《时务报》既用了他的银子，他就要将其纳入自己的掌控范围之内。

汪康年在担任《时务报》经理的前期，并没有完全听从张之洞的摆布。他曾写过《中国自强策》《论中国参用民权之利益》，惹得张之洞很不高兴，认为他文章中宣扬"民权"思想是不对的，劝他不要依附康有为。汪康年虽心有忌惮，却没有放弃革新的思想。张之洞犹如梁启超和汪康年之间的一道分界线，泾渭分明，不容逾越。他经常授意亲信梁鼎芬致书汪康年，"卓如（梁启超）诋纪甚，诋倭尤甚"，并警告汪康年，"以后文字，须要小心"。汪康年还想利用梁启超扩张《时务报》声誉，也一度以"经理不能管主笔之事"相推诿。他自己也曾写过几篇讲求新政的文字，但架不住张之洞的一再敲打。张之洞是现任湖广总督，是当权的地方官僚，而那些打着改良旗帜的思想者不过是无权无势的"士子"。汪康年在言论方面变得愈加谨慎，并设法对梁启超在《时务报》上的文字加以约束，劝其不要将"康学"引入报中。

如果说张之洞是梁启超和汪康年之间的一道分界线，那么康有为则是横亘于他们之间的一道坎，同样无法逾越。康有为主张"尊孔保教"，他在上海创办《强学报》，甚至用了孔子纪年，引起很多人的不满和反对。梁启超却追随其后，大肆鼓吹。黄遵宪和严复都曾经力劝他放弃保教的主张。虽然日后他和老师发生了分歧，但彼时他仍然将康有为奉为无可动摇的师尊。当汪康年、汪诒年指责他借《时务报》宣扬康有为的思想学说时，他毫不留情地驳了回去：

"启超之学，实无一字不出于南海（康有为）……弟之为南海门人，天下所共闻矣。若以为见一康字，则随手丢去也，则见一梁字，其恶之亦当如是矣。闻南海而恶之，亦不过无识之人耳。"也就是说，天下人都知梁启超是康有为的学生，如果说看到康有为的名字，就拒绝读《时务报》，那么看到梁启超的名字不是一样吗？

梁启超与汪康年围绕着康有为而发生的争执与争辩，一直蔓延至他们公开决裂时，直至无可回旋。梁启超曾在《创办〈时务报〉原委记》一文中质问汪康年："独所不解者，穰卿（汪康年）于康先生何怨何仇，而以启超有嫌之故，迁怒于康先生，日日向花酒场中，专以诋排为事；犹以为未足，又于《时务日报》中，编造谣言，嬉笑怒骂；犹以为未足，又腾书当道，及各省大府，设法构陷之，至诬以不可听闻之言。夫谤康先生之人亦多矣，诬康先生之言，亦种种色色，怪怪奇奇，无所不有矣，启超固不与辩，亦不稍愤；独怪我穰卿自命维新之人，乃亦同室操戈，落井下石，吾不解其何心也？"

丙申（1886年）年底，梁启超推荐广东学人麦孟华（孺博）为《时务报》撰稿人，而汪康年也聘请浙江人章太炎（又名炳麟，字枚叔）为报馆撰稿人。章炳麟赞成维新变法，但是他不同意康有为创设孔教的主张，与梁启超、麦孟华等"论及学派，辄如冰炭"。章太炎连续发表了《论亚洲宜自为唇齿》等为人传诵一时的文章，产生了很大影响。谭嗣同读后大加称赞，致信汪康年和梁启超："贵馆添聘章枚叔先生，读其文，真巨子也。大致卓公（梁启超）似贾谊，章似司马相如，惟麦孺博先生之作尚未见，然读其《四上书记序》，亦周之南华山人也。"谭嗣同不会想到，自己无意间发自肺腑的一番话，会成为《时务报》馆内康门弟子与章太炎发生冲突的导火索。

据章太炎自述，他平时在报馆私下议论，经常将康有为比作李贽，斥之为"狂悖恣肆，造言不经"。康氏门徒向来视康有为为"南海圣人"，不容半点异议。李贽是明朝最为异类的思想家，章太炎辱及师门，自然会让康门弟子心怀怨恨。而来自江南的谭嗣同将梁启超的文章比作贾谊，将章太炎的文章比作司马相如，并未提到麦孟华，麦因嫉妒而生恨。这一日，康门弟子上门找章太炎理论，文人动起武人的拳脚。而在《时务报》撰稿人孙宝瑄的日记里则是另一番情形：章太炎酒醉失言，称康有为为教匪，为康党所闻，来与他争辩，最后演变为全武行。

无奈之下，章太炎被迫辞去报馆职务，返回杭州，以避其锋芒。就在他离开上海的前两日，谭嗣同还在写给梁启超的信中，特别叮嘱代为问候"枚叔先生"。当谭嗣同在南京得知事变消息，不禁为当日言语的草率而愧疚，也为章太炎的离去而感到惋惜。他在与好友郑孝胥谈话时还心有戚然："汪所引章枚叔与粤党麦孟华等不和，章颇诋康有为，康门人共驱章，狼狈而遁。"在这件事上，章太炎意气用事，言语不当，固有责任，但康门弟子以势压人，乃至大打出手，由此酿成晚清思想界的一桩丑闻。

谭嗣同对章炳麟抱有同情之意，他曾就此事询问梁启超：外界有传闻，《时务报》将会把浙江人赶走，而全部聘用广东人。梁启超听后大为震惊，他虽然坚持完成报纸的撰稿，但还是带着麦孟华等广东人搬出报馆，以避嫌疑。到了这个时候，《时务报》的内部之争就有了"党争"的意味。当时在上海的浙江维新人士中，宋恕等人虽有思想，但缺乏采取行动的勇气和能力。而汪康年虽为革进派，但和康梁相比，他也只能算是一个温和的改革派。他不主张激烈的行动，以为天下大器，破坏容易，建设太难，尤其是中国当时面临的困境，内忧外患，国弱民贫，经不起任何折腾。浙江维新人士的这种状况，自然不能使谭嗣同满意。

谭嗣同有着急切的政治情绪，他与康、梁的激进有着天然的契合，他觉得这个老大的帝国已经病入膏肓，非得动一场大手术不可，温和的改良主义不符合中国国情。随着时间的推移，谭嗣同与汪康年在思想和行动上逐渐产生距离，而与康、梁走得越来越近。谭嗣同也看到湖南和广东维新人士学派相同，观点接近。他不无感慨地说："近年两省士夫，互相钦慕，接纳情亲，迥非泛泛……几有平五岭而一遄之心，混两派而并流之势。"他特别强调湖南与广东维新人士在学术上的一致性。谭嗣同最欣赏的近代湖南学者是魏源。魏源从"变"的观点出发，阐释天下万事，并且屡试不爽。魏源说过："天下无数百年不弊之法，亦无穷极不变之法，亦无不易简而变通之法。"大凡一事一物，发展既久必有弊端积累，日堆月积如不以"变"制弊，必然淹没以往所有得利之处。

2

二月中旬，谭嗣同被任命为江南筹防局（江南筹防总管长江江防）提调。他对这种职务感到非常"无味"，好在黄祖勋愿意佐助他，所以他勉强就职。世界的飞速变动，使得他对于维持旧机器运转的局部事务提不起半点兴趣。就像费正清所说，近代世界是被"强加给"中国人的，"中国人不得不咽下去"。作为那个时代有着觉醒意识的知识分子，谭嗣同和他的同行者已经认识到世界正在经历的巨变，而他们中的大多数人在艰难的行进中，又不得不咽下现实的屈辱。

在谭嗣同看来，官场风气日下，几无一事可做。此时的功名、官职，对谭嗣同来说也仅仅是一个说法，他并不奢望据此施展自己的政治抱负，做一番大事业。对于一个经世致用者来说，繁难和复杂的基层社会是他的用武之地，是他理论指导实践的主战场。无论是浏阳赈灾，还是兴算学馆，又或者开矿办商务，他都倾注了巨大的心力。时人有言，一个人要想在彼时的官场有所作为，须得内有门马、外有交游，又须钱钞应酬，广通声气。在外人看来，这三者谭嗣同好像都不缺，仕途顺达似乎是早晚的事。

大清国犹如一个拖着老迈躯体之人，各种困境与矛盾已成绷弦之势，而各方的忍耐与拉锯也已达到极限。历史走到这样一个荒诞的十字路口，不造出天大的动静，怕是无论如何也说不过去。各种修修补补的改革也在进行当中，与时代卷起的狂暴之风相比，所有这些都像是隔靴搔痒的小打小闹。此时陪伴在谭嗣同身边的除了妻子李闰，还有谭传炜（仲兄谭嗣襄之子），以及教授侄儿读书的刘善涵。汪康年与梁启超之争，不是个人意气之争，也不是单纯的争权夺利，而是以张之洞为代表的洋务派对资产阶级改良派的一场政治搏斗。谭嗣同也在其中保持着高度警觉，他甚至对教自己侄儿读书的好友刘善涵也存有戒心。他在写给汪康年、梁启超的信里说："倘晤淞芙（刘善涵），凡非常要语皆莫令知，缘渠近日似有心疾（内心有隐痛）也。"他还在信中嘱咐，将这件事转告吴樵和张通典等人。

谭嗣同的戒心来自刘善涵对张之洞的那份好感。随着《时务报》的风行，张之洞一方面劝诱和拉拢汪康年，另一方面也在去年（1896）年底邀请梁启超到湖北，热情接待，敦请梁为"两湖时务院长（即两湖书院时务总教习）"，并在署中办事，薪俸特别优厚。梁启超拒绝了张之洞的这一聘请，仍回上海办报。于是，张之洞决计唆使亲信对《时务报》和正在兴起的维新运动进行或明或暗的破坏。对此，谭嗣同已经有所警觉。他说同乡好友刘善涵"似有心疾"，就是他在与其交流中，发觉刘善涵对维新人士抱有成见，言语之中对张之洞抱有好感。刘善涵后来在《张文襄公逸事》中记录，自己曾在两湖书院读书六年，充任张之洞"属吏"三年，没有人比他更了解张之洞，所谓"闻见之真，殆无如余"，而康有为向来以"圣人"自居，后进之士只有拜其门下，"才予以称赏和推毂"，但他却不愿"依附康门以进"。同时他认为康有为办强学会，相当于结党营私，因而不愿与康有为及其门人相互往来。谭嗣同虽然发觉了刘善涵的"心疾"，但他考虑到刘善涵秉性纯良，不是玩弄权术之人，同时生活也很困难，仍留其在南京教自己的侄儿读书。

无心于官场的谭嗣同，他的眼睛和思想被花样辈出的新事物诱惑着。他和郑孝胥、杨文会、徐乃昌等人组设测量学会，即近代中国第一个测绘地图的组织——金陵测量学会，会址就设在金陵刻经处内。原本暮气沉滞、思想闭落的古都南京，在这个年轻候补知府的带动之下，一时间竟变得朝气蓬勃，新学涌动起来。谭嗣同每天都有着新的发现和探索，充满热情地拟订章程，他将自己所藏的仪器拿出来，每天到杨文会家中，互相讲解仪器的使用方法。他还写信给汪康年和梁启超，请他们在上海代借仪器。限于彼时的条件，他们的测量只涉及土地、地形和海道等学科，都是一些粗浅的部分。

谭嗣同倡设这个学会，不光是探讨新的学问，还要求在测量后绘制地图，并加以解说，供陆、海军行进时参考。19 世纪末期，许多国家掌握了地图测绘的技术，而中国在这一领域近乎空白。在极具前瞻头脑的谭嗣同看来，掌握以数学和地理学为基础的测量技术，或许会给这个老迈的帝国带来些许改变，尤其在军事方面。他将古人之法与西方先进的科学测量仪器结合起来，罗列了十条测绘行星、山脉、河流、道路的方法，而这些由他亲自制定的测量法，与现代建筑学科中的测绘法，竟然有着惊人的相似。谭嗣同对未来生活充满向往，他描绘道："今人灵于古人，人既日趋于灵，亦必集众灵人之灵，而化为纯用智、纯用灵魂之人。"在他的想象世界里，身为万物灵长的人类"可以住水，可以住火，可以住风，可以住空，可以飞行往来于诸星诸日，虽地球全毁，无所损害，复何不能容之有？"

二月底，谭继洵前往北京陛见，谭嗣同送父亲到上海。曾经意气风发的父亲已是年过七旬的老人，再难掩饰风烛残年的枯朽姿态。今天与昨天的关系既是联系的，又是隔断的，就连只言片语也暗藏着往事的索引。谭继洵是进士出身，京官外放，补授甘肃巩秦阶道，后擢甘肃按察使、布政使，后升任湖北巡抚。从政三十余年，人称办事唯谨。他有句金言："守老氏之宝，不欲为天下先。"

这个偏于保守的帝国官僚已进入职业生涯的最后阶段，老人将他没有实现的政治抱负寄托在儿子的身上，他对谭嗣同的前途有着深切的期望。很多时候，谭嗣同和父亲就像是活在两个世界的人。从小到大，谭嗣同既让他感到骄傲，又让他操心不已。他也清楚，谭嗣同的天分极高，热情亦足，只是性情始终未定。最令他放心不下的，是谭嗣同身上所表现出来的那种与生俱来的反叛天性，以及洪水猛兽般的学术思想。

他总是有着隐隐的不安，担心自己的儿子会闹腾出更大的动静。自己好不容易为浏阳谭氏家族挣来的荣光，会砸在儿子手里。很长一段时间，他们父子之间的关系陷入一种尴尬的境地。他们就像是一对不得不相遇的路人，不得不同居一室的房客，即使有着短暂的交会时刻，也是简短而客气的。这样的画面不仅存在于谭嗣同和他的父亲之间，也存在于彼时大部分封建家庭。

谭继洵走后，谭嗣同在上海勾留数日，与汪康年、梁启超商谈有关维新的事情，以及《时务报》的发行。在居留上海的短暂时光里，争论与辩诘是每天生活的主题。虽然真理不辨不明，但是很多时候，讲论的话题一旦打开，就会缠绕无尽头。

前不久，谭嗣同在南京曾接到汪康年的信，嘱他联系代售《时务报》的单位。他经过调查，觉得以委托"信行（信托商店）"代售最为妥当。于是，他向汪康年建议：要使《时务报》既能广泛发行，又能及时收回报款，需要制定"售报章程"。对此，谭嗣同提出了一些具体意见。他认为报馆的经费已到了"入不敷出"的程度，汪康年应早做打算，使《时务报》能坚持办下去。

在此次见面中，谭嗣同将《仁学》的书稿上卷拿给汪、梁看，下卷则没有带在身上。人生在世，能够得二三知己，虽死无憾。《仁学》本就是应梁启超之约为香港《民报》而作，写作期间，谭嗣同多次往返于上海、南京之间，与梁启超交流谈论。他们为各自的观点激烈辩论，时而沉吟不语，时而开怀大笑，往来古今、天远地阔都凝滞于此时此地。人世芜杂，乱音入耳，只有二人的交谈之声贯通天地。

他们的语言和思想就这样在你来我往的撞击中，不自主地碰撞到了"冲决罗网"这个命题。其核心思想仍然是一元论的宇宙观和向着更加美好的未来进化的历史观。这一年三月，梁启超在写给严复的信中谈到了自己阅读《仁学》的体会"浏阳谭君复生……著《仁学》三卷（实为两卷），仅见其上卷，已为中国旧学所无矣"。

一段段鼓动维新的言论就像是谭嗣同发散出去的感知这个世界的电波，穿过森林、湖泊，有人接收，有人呼应，才是他想要达到的真正目的。

一路走来，在外人看来，谭嗣同与那些逐名逐利的"事功"者并无本质区别，可谁又能了解他此时的心境。就连那些环绕在身边的同道者，又有几人能真正懂得了《仁学》的要义。或许只有梁启超，或许无人懂。有人说，谭嗣同之所以没有把《仁学》下卷拿给汪、梁看，是考虑到其中一些涉及反清和革命的言论，不仅不会为读者所赞成，相反地，还会遭到非议，包括眼前的汪康年和梁启超。因此，谭嗣同没有将《仁学》下卷拿出来给他们看。这说明他是一个头脑冷静、做事慎重的思想者。

四月中旬，谭嗣同再赴上海，此行是应来自湖南的陈三立、蒋德钧之约。他们为即将在长沙创办的时务学堂筹款和购买"格致"方面的仪器，因打听到杨文会有很多仪器出售，而谭嗣同与杨文会有着深厚的交情，因此他们就委托谭嗣同到杨家去选购。杨文会曾两次随清政府外交使团前往西欧，归国时带回许多科学仪器，另"机器图及各种格致之图、各种货物图（器具图），约计不下千百张"，还"制由天地球图，并舆图尺，以备将来测绘之需"。谭嗣同匆忙回到金陵，立即去往杨文会处。他将杨文会所有仪器，一一登记，当天就函告陈三立和蒋德钧，供他们选购。还有许多可供教学参考的"机器图"以及"格致"工具图，因堆积在屋内，一时难以清理出来，谭嗣同也代为全部预购，"以免分卖与人"。随后，谭嗣同又请杨文会派人与经办购买仪器的邹代钧联系。杨文会便派次子杨自超与其联系。邹代钧与杨自超是旧相识，他们都是上海强学会会员。

谭嗣同见到从湖北回来的杨自超，发现他办事利落，而且精通"仪器之学"。他在写给邹代钧的信中，举荐杨自超到时务学堂管理仪器。就在谭嗣同为时务学堂采购仪器之事东奔西忙时，却不料从汪康年的来信中，得到了一个令他万分悲痛的消息。他的挚友吴铁樵在湖北病逝，其灵柩即将运至上海。谭嗣同并没有赶往上海"苦奠"老友，一方面担心父亲谭继洵知道会"责其游荡"，另一方面最近出行过于频繁，恐受筹防局总办的批评。

在获悉吴铁樵病逝的那一刻，谭嗣同将自己关在公寓里黯然落泪，难以自已。直到第三天，他才从悲情难抑的心境中走出来，想到自己还要去完成未竟之业，才找到摆脱忧伤困境的力量。他以沉痛而慷慨的文风写下一篇《吴铁樵传》，在这篇沉郁之文中，谭嗣同并没有着墨于吴铁樵的生平，而是深情地回忆了两人从相识到相交的时光。光绪十九年（1893），谭嗣同在北京结识吴铁樵，大有相见恨晚之意。忧思与图存，让两个年轻人走得更近。而在认识吴铁樵之前，谭嗣同已与其父吴德潇成为忘年之交。在维新变革的洪流中，吴氏父子都算是一往无前的激进者。此时，其父吴德潇已调任浙江山阴县令，也是《时务报》的最初发起人之一。他与梁启超、黄遵宪、汪康年等人过从甚密，是维新思想传播的重要人物。在《时务报》内部出现纠纷之时，吴氏父子对调解汪康年、梁启超之间的纷争起到了关键性的作用。

逝者的话音犹在耳，转眼物是人非，阴阳两隔。仰天俯地，谭嗣同内心的悲痛可想而知。生死无常，人的国度如同蚁类的世界，不同的是我们可以体验和捕捉到这纷扰与喧嚣。谭嗣同在《吴铁樵传》中谓："中国有铁樵，则中国之事之待于铁樵者，不知凡几，铁樵必不死，而铁樵竟死，然则吾又将奚适也。"在维新人士眼中，吴铁樵是湘鄂维新群体的主心骨，他创办了《民听报》，而谭嗣同为其分担了在南京集资筹款、设计报式和撰文等任务。湖北当局的不合作态度，使维新人士陷入窘境。"铁樵生平一事无成"，抑郁而终，似乎预示着维新运动在中国坎坷多舛的命运。他的突然病逝，是对湖北维新运动的沉重打击。甚至有维新人士放出"铁樵死为亡国先声"的说法。谭嗣同在字里行间还流露出对当局者无视贤才、昏聩守旧的不满情绪。他将这篇小传寄给汪康年，却叮嘱他不必在报上发表（只宜收入为纪念吴铁樵而刊刻的专刊中），以免别人"窥破密谋"。所谓"密谋"，也无非是那些对当局的不满，尤其是对张之洞不重视人才的颇多指摘。

当时，汪康年、邹代钧、张通典等人因悼念吴铁樵，竟设坛"扶乩"。这本是托神灵骗人的把戏，汪康年却深信不疑。他还将自己在乩坛写的话寄给谭嗣同阅览，谭嗣同将其退回，并在复函中言道：因无法见到吴铁樵而扶乩，借以排遣悲痛，是可以理解的，但通过扶乩而伪托吴铁樵说些荒谬之言，却是对逝者的不尊重。

谭嗣同总觉得汪康年在维新与守旧的选择上，时时表现出首鼠两端的讨巧。台上面人影晃荡，台下面的角色也舍不得放弃。或许连他自己也不晓得，他要唱的是剿匪记，还是英雄出塞，或者是一个书生的两边不着调。墙头草也有春天，而春天本不应该是一个属于墙头草的季节。所有的风都是从一个方面吹来，墙头草又能主宰自己的几分命运？道不远人，道是以不干预万物，任其自然为法则。人可以不去争抢，但是人活着，必须要去经历，必须要去做事。

如果说在此之前，谭嗣同还天真地以为，维新人士都是为了改变现实生存环境而奋发，那么在北游之后，尤其是在掌握了大量的第一手资料后，他才强烈地意识到，这些充满泛物质化思维的价值观一旦无法找到实现的途径，就有可能会导致个体思想的迷失。

3

人类社会从野蛮的丛林走向文明的平原，最大的进步是学会了在劳作之余仰望星空，仰望让我们看见了天地神明，看见了人间英杰。更重要的是，仰望让我们的内心升起了图腾，建立了名誉。地上的圣贤既是仰望者，亦是被仰望的星辰。

时近五月，热风一日紧似一日，宦游两年，谭嗣同已渐生倦怠之感。

这一日，他站在南京寓所前的海棠树下发呆，奇妙的事情发生了。他看见一只从未见过的昆虫，微小的身体表面覆盖着一层极其好看而又难以形容的色彩。它悠然地依附于树干上，鲜丽透明的身体与粗糙的树皮形成一种强烈的反差。他惊异于那世所罕见的美，那一瞬间，他仿佛能够听见那梦幻般的色彩下面，血液在微小的身体内流动的声音。

一阵清风拂过，再去寻它，已踪影全无，澄明的空气覆盖了一切记忆。他不知道，那个微小接近于无的生命体试图要向他展示什么。它不过是风的携带物，谈不上自己的命运。人有命运共同体，这世界万物也有相互连接、彼此呼应的命运，你不在意，你看不见，不代表它们就不存在。谭嗣同对大千世界充满了好奇与敬畏，他想找到让它们彼此联系的那根神秘金线。他不需要去解释它，更不需要像那些圣贤大儒，去揭开一切事物的谜底。

谭嗣同曾经也试图破解，可是每每总是被一只无形的手轻轻抹去，让他遍寻不着，就像那只被风携来又卷走的昆虫。如果不是他亲眼所见，谁又能知道它来过这个世界。谭嗣同在他的文字中经常会流露出一个觉悟者的空虚之感，天地逆旅，光阴过客，到最后还是会如同山中草木一般慢慢枯萎腐朽。这段时日，谭嗣同继续过着读书写作的日子，并像一只警觉的豹子一般时刻观望着周围。

五月中旬（6月），谭嗣同将他在金陵刊刻的"东海褰冥氏三十以前旧学四种"即《廖天一阁文》《莽苍苍斋文》《远遗堂集外文》《石菊影庐笔识》，寄给好友唐才常。"廖天一阁""莽苍苍斋"和"石菊影庐"都是谭嗣同给自己所居之阁或室取的名号，其中"莽苍苍斋"和"石菊影庐"名气较大。比如"石菊影庐"名号，就源于他的乡土情结。谭嗣同向来钟爱浏阳所盛产的菊花石，青灰如玉，雪白的花瓣状似菊花，因此得名。他将自己半生所读旧学之书、所思之感结集于"旧学四种"。其中有道家思想对他的影响、墨学中的"任侠"思想，以及他研读《庄子》排遣忧伤的诸多体会。谭嗣同将自己的诗文集寄给唐才常时，还写了一封信给他，回顾了自己以前爱好诗文、训诂、考据和甲午战争时因愤于外患而决心抛弃"旧学"，转而致力于"有用之学"的学术立场。

谭嗣同将文集交与唐才常，无异于知己托付生死。他们有着"刎颈交"，二人并称"浏阳二杰"，自然有着血肉相契的信任。此文集若所托非人会给自己带来麻烦，那些横冲直撞的文字会陷谭嗣同于险境。现实总是把人往复杂里递送，越简单越不简单。

这一年的五月底，谭嗣同与梁启超、汪康年等在上海发起成立不缠足会，会址设在《时务报》馆。彼时，反对女子缠足不仅是时髦的理论宣传，更是一种带有革命性质的群众运动。一些进步的知识分子以此为突破口，在各地掀起倡导妇女开化、实现妇女解放的热潮。他们将口号喊得震天响，宣传男女平等，主张女子摆脱封建束缚而自立，提倡天足、放足，认为放的是文明，缠的是野蛮。

早在1887年，康有为就在他的家乡广东南海创办不缠足会，由于民众反对而失败。前年，他再次于广东成立粤中不缠足会，反对缠足的热潮也随之波及各地。在上海，梁启超已拟订《试办不缠足会简明章程》，谭嗣同作了一些修改。后来各地纷纷继设的"不缠足会"的章程，都是仿照或略加增补而成。其中要求"会友"的女儿不缠足，在社会上难以"择婚"，其他"会友"就应该破除敝俗，娶为自己儿子之妻。还规定：凡入会者，所生之女"不得缠足"；所生之子，"不得配缠足之女"。入会者所生之女，凡在八岁以下的"须一律放解"。后来，谭嗣同又参照于此，拟订《湖南不缠足会嫁娶章程》，规定入会者"虽可互通婚姻"，但必须"年辈相当，两家情愿"，不可强制为婚。又规定结婚必须"以简省为主"，女家不得向男家索取聘礼；女家嫁妆也要从简，男家不可以此而有轻视女家之意。显然，谭嗣同拟订的章程，考虑得更为周全，更切中时弊。谭嗣同发起妇女不缠足运动时，他的妻子李闰甚至带领家中的大足仆妇，走上街头现身说法，宣传不缠足的诸般好处。

毋庸讳言，这一时期对女权启蒙最有影响力的当数梁启超。他在《时务报》上发表了不少关于妇女问题的讨论，倡导女性教育。他在那篇著名的《变法通议·论女学》的文章里，大声疾呼，"故治天下之大本二：曰正人心，广人才。而二者之本，必自蒙养始。蒙养之本，必自母教始。母教之本，必自妇学始。故妇学实天下存亡强弱之大原也"，将"强国保种"的政治诉求与发展女子教育直接联系在一起。中国的知识分子终于将女学的盛衰跟国家强弱相联系，把女学看作国家兴存的一项举措，而不是一个单独的改革目标。

此前一年，梁启超辗转得知，有两位从江西到美国留学的中国女学生，已经在世界名校密歇根大学医学院获得医学博士学位，并且获颁"头等执据"——优秀毕业证书，受到西方男士们的推崇。梁启超认为，如果她们没有到美国，未能进密歇根大学，"则至今必蚩蚩然，块块然，戢戢然，与常女无以异。乌知有学，乌知有天下"。这个消息给康有为、梁启超和谭嗣同等人带来很大的启发，也由此将开办女子学校纳入维新图强的议程。

维新派中最激进的女权思想者当数谭嗣同，他在《仁学》中，批判"三纲"是统治者镇压与愚弄人民的手段，并着重批判"夫为妻纲"造成了丈夫虐待妻子的恶果，把家庭变为囚禁妇女、对妇女施以酷刑的监狱。在他看来，男女同为天地之精英。谭嗣同鼓励妻子李闰和黄谨娱（康广仁妻）一道担任女学会倡办董事，筹划设立学堂（校名为女学会书塾）。谭嗣同不仅参加女学会的筹备活动，还以夫人李闰的名义为女学会捐款百金，每年经常费十金，名标第一。后有石印捐册寄到湖南浏阳家里来，李闰的格式为"赏花翎江苏补用知府浏阳谭嗣同之妻，诰封恭人长沙李闰捐助开办常年经费洋银壹百拾圆"。谭嗣同忧国忧民，不断寻求经世之学、救国救民之道，与李闰厮守的日子很少。即使在一起，他也不善卿卿我我，因此身为人妻的李闰也有失落。但在谭嗣同平日言论的感召下，她渐渐认可丈夫义重于私情，乃欣然以乐羊子妻自居。十多年的夫妻生活，让李闰清楚地知道，谭嗣同洁如冰雪，了无纤尘，视富贵如浮云。他东奔西走，为的只是国家民族的命运和四亿百姓的安危。也因此，她不愿用儿女情长和家庭琐事去羁绊他。

当梁启超、谭嗣同等筹办女学堂时，李闰便心有所动。谭嗣同对于学堂应设什么课程，也作了考虑。他认为，女学的课程，除了讲授方言（外语）、算学外，还应设医学。他的主张还是从实用主义出发，他认为妇女只有解决了就业，才能在经济上独立；而经济独立，妇女才会有逐步解放的希望。待得第二年（光绪二十四年，1898 年）五月，浙江人经元善在上海城南的桂墅里创办中国女学会书塾。经元善早年是一个钱庄商人，与撰写《盛世危言》的思想家、广东香山人郑观应曾结拜金兰，也算是一个改良思想激进之人。

4

光绪二十三年（1897）十月初，湘水北流，秋雨南来，梁启超从那个逐渐繁荣起来的城市上海出发，一路南下，抵达湘江中游的岳阳，在这里稍事休息，又坐上那种张着白帆接近于官船的装饰船，溯水而上，目的地是南岸的长沙。湘江水系河网密布，如同大地的经脉，跟沅江一道自有蓄洪、泄洪、供水之功效，土厚水深，居之不疾，同样是洞庭湖的支流。

这一年，梁启超不过 24 岁。上海《时务报》生涯让他对新闻业心生厌倦。日渐繁重的截稿压力和过于频繁的社交活动使他身心俱疲。汪康年、汪诒年兄弟对报务越发专断，梁启超顶着"主笔"的头衔，却渐渐沦为一台供稿机器。然而，"新会梁启超"的名声已随《时务报》传遍大江南北。困顿之时，长沙第一所新式学堂—— 时务学堂向他发出了邀请。

十月二十日（11 月 14 日），梁启超、李维格一行终于抵达长沙。

在小东门外的码头上，陈三立、江标、黄遵宪、邹代钧、熊希龄、唐才常等都前来迎接。有些人是梁启超的老朋友，另一些人则素未谋面，都是富有改革意识的官员与绅商，也是《时务报》的读者。梁启超一行被簇拥到时务学堂。学堂设立在小东街与三贵街的交接处，这个宅子由连接的三座四合院构成，中间还有一个天井花园，因其昔日主人刘权之曾出任协办大学士，被称为"国相府"，刘权之的两个弟弟也都仕途风光，因此门前又得名"三贵街"。学生们在堂前放鞭炮迎接到来的教习，在未来的岁月里，他们将同在一院，教习们在院里住，学生宿舍在最后一进。11 月 29 日，时务学堂正式开课，地点就在现在的中山路三贵街 29 号。这位几乎与学生同龄的青年总教习，带着激昂的使命感和悲愤的忧患意识，实践着自己的教育主张，开启了一段新的征程。

梁启超此次湖南之行，是应黄遵宪等人邀请，出任湖南时务学堂总教习，随行的教员都是康有为的弟子。而在此之前，黄遵宪已被派任湖南长宝盐法道，兼署湖南按察使。当时湖南时务学堂正在筹建，黄遵宪便向陈宝箴力荐康有为，聘其为时务学堂主讲。陈三立则向父亲建议："曾见新会之文，其所论说，似胜于其师，不如舍康而聘梁。"当时任上海江南制造局总办的蒋德钧（少穆）亦建议聘请梁启超。他曾致书时务学堂总理熊希龄等人，称"时报西文李（峄琴）主笔，中文梁卓如孝廉主笔，天下通儒也。我西教习聘李，中教习聘梁何如？虽程度过高，局面稍阔，必能开风气，造人才，有益于湘"。陈宝箴采纳了他们的意见，其他诸人亦表赞成。需要说明的是，作为地方大员，陈宝箴虽有意借助这些人的力量在湖南开展维新运动，但他并不完全认同维新派的主张。

陈宝箴任湖南巡抚以来，便以"变法开新"的面目示人，将新政作为其执政的基本诉求。他先后"设矿务局、官钱局、铸钱局；又设电信、置小轮、建枪弹制造厂；立保卫局、南学会算学堂、湘报馆、时务学堂、武备学堂、制造公司之属，以次毕设"。诚如民国政客黄濬所言："湖南之焕然濯新，自右铭（陈宝箴）抚湘始。当时勇于改革，天下靡然成风，右铭与江建霞（标）、黄公度（遵宪）、梁任公（启超）等入湘，併力启发，一时外论以比于日本变法之萨摩长门诸藩。"在湖南前期新政中，学政江标的作用不可低估。"学政"又称"学院"，有清一代具有与督抚并立的地位。学政虽为清任，但有一种清峻的尊严，一般由翰林院侍读、侍讲等有进士出身的官员担任。"学政在其三年任内，必须出巡各府州县，走遍全省，主持生员岁试、科试以及最重要的童生试等。"

江标，字建霞，号萱圃，又自署笤誃，江苏元和人。光绪十五年（1889）进士，选翰林院庶吉士，入京师同文馆学时务，次年改翰林院编修。1894 年得以时学湖南。谭嗣同与江标的关系非同一般，他们的交往始于江标任湖南学政之后。谭嗣同倡办浏阳算学社，曾上书江标请求支持。谭嗣同、唐才常"拟改书院旧章，以崇旧章，以崇实学"，江标极力支持并给予厚望，在批复中曰："本院事事核实，乐观厥成，若或有名无实，徒事更张，既失育士之心，必开立异矜奇之谤，尚望不避艰难，力求振作，当仁不让，后效无穷，本院有厚盼焉。"时务学堂成立后，江标聘请谭嗣同和熊希龄分任学堂的总理。江标莅任湖南后，以新学选士。岁考时，"以舆地、掌故、算学试士"，如"有能通地球形势及图算物理者，虽制义不工"，也能受到江标赏识，得选贡士。此举"一决数百年拘牵忌讳之藩篱，年余，世习丕变，争自濯磨"。凡文体不为八股格式所囿的多被录取，一改士林埋头八股，不关心时务的旧习。谭嗣同说，江标命题喜欢牵涉洋务，故"谤者颇众"，但江标不为所动，愈谤愈勇。江标在湖南大兴校经书院，在书院内创立方言、算学、舆地三科。其后，他又创立了湖南第一份报刊《湘学新报》，以唐才常等校经书院学生为主笔。彼时，长沙学署是谭嗣同、唐才常活动的中心之一。唐才常主办《湘学报》，即长住学政署中。

梁启超来到湖南，江标已去职一年，接替他的是徐仁铸，此人与江标一样，都是以翰林院编修的身份入职湖南学政。对于提倡新学的湖南维新人士来说，徐仁铸的到来无疑是个好消息。从谭嗣同致徐仁铸的书信中可以了解到："顷阅邸钞，欣悉皇华使节，督学吾湘，天下馨闻，笑乐不能自禁……溯自三十年来，湘人以守旧闭化名天下，迄于前此三年犹弗瘳，此莫大之耻也……会江建霞学政莅湘，遂以改本县书院请，欣然嘉许，而他州县亦即相继以起。未几，义宁陈抚部持节来，一意振兴新学……其诸书院多增课算学、时务，乌睹所谓守旧闭化者耶？此其转移之转括，厥惟学政一人操之。何则？"谭嗣同认为，改变湖南学风守旧局面的关键在于学政一人，加之巡抚支持，改革可谓天时地利人和。徐仁铸到任后，继续出版《湘学新报》。不过此时风气正在悄悄起着变化，自第 21 册起《湘学新报》改名为《湘学报》，单单除去个"新"字，乍看不觉殊奇，但若细心品味，却有一番学风丕变之意味在其中隐藏。

梁启超应邀前往湖南，得到了康有为的大力支持。此时的湖南最具活力，也最具维新气象，是维新者施展才智的绝佳之处。梁启超说："湖南以守旧闻于天下，然中国首讲西学者，为魏源氏、郭嵩焘氏、曾纪泽氏，皆湖南人。湖南实维新之区也……湖南则真守旧之人固多，而真维新之人亦不少。此所以异于他省也。"梁启超随即进入了当地的社交生活，成为官员、士绅、学子谈论的中心和各种邀约的对象，"宾客盈门，款待优渥"。黄遵宪、陈三立、江标自不必说，本地士绅也表现出强烈的诚意。王先谦、张雨珊觉得需要"特加热闹"，便在曾忠襄祠设宴，请来戏班，欢迎这位二十四岁的总教习一行。祠堂是为曾国藩建的，是本城社交生活的中心。

游湘江、登岳麓山、拜屈原祠堂是不可少的游览。《隋书》中说，江汉英灵，是大国的财富。在屈原、贾谊等先贤生活过的地方，并无特别之处。即使如此，梁启超还是见识到了不少世道的实相。贾谊被贬长沙，写下著名的《吊屈原赋》，他也和屈原一起都被后世当作湖南文化的象征，他们才华闪耀，纠缠于文学与政治。作为从上海来到这里的梁启超，在这里没有太多可探索的。最繁华的坡子街与上海四马路不可同日而语，不但没有西餐厅与橱窗、跑马场这些新事物，就连一个洋人也见不到。一个德国人年初曾试图进入长沙城，惹得书院学子们愤怒异常，甚至用石头砸他，差一点酿成外交事件。

十月的一天，梁启超由上海抵达长沙；同样是在十月的一天，谭嗣同由南京抵达上海。此次上海之行，谭嗣同最大的收获是见到了康有为，用他的话说"始得一遂瞻依之愿"。古人说，一个时代的斯文不坠，一定是有贤者在维系着。在谭嗣同看来，彼时的康有为就是那个振臂一呼，应者万千的贤人。在万千应者中，谭嗣同当为最坚定者之一。世道剧颓波，我心如砥柱。谭嗣同称康有为为"海内贤达"，认为"英杰一出，海内景附，宁有异故？亦局量度越寻常累大万也"。他在给梁启超的诗中写道："闻道潮音最亲切，更从南海觅灵槎。"这个时代不缺乏噪音，缺的是大海潮音。噪音茫茫，潮音才显得尤为珍贵。闻道者，明悟了他这一生的使命。在谭嗣同听来，康有为的学说无异于来往于海上和天河之间的灵槎。这个时代从来不缺乏学者、理论家和思想家，但在谭嗣同看来，无人可及康有为之精深，无人可及康有为之果敢，无人可及康有为之激进。那些看上去更加光滑、更加成熟、更加严密、更加全面的学问，让人感到无懈可击，亦毫无用处。

康有为在与谭嗣同见面后，动员对方弃官返回湖南。孔子说过，君子出来做事就要做公卿之事。在我们这样的国家，做官是报效国家社会的捷径之一。可是对于谭嗣同来说，沉沦下僚，已经没有吸引力。回首过去的万态云烟，就像船过水无痕。谭嗣同已经三十二岁，在同龄人中算相当晚的了。五年十年的变化过于激烈，而他还在经历着官场沉浮，实在是不明智的生活。

坐在马车里，行进在上海的四马路，听着嗒嗒的马蹄和车轮声，谭嗣同觉得生存的感觉亦真亦幻。佛法的空观、假观和中观似乎可以解释一切，"因缘所生法，我说即是空。亦为是假名，亦是中道义"。跟《易经》的刚健语气有得一比，"君子终日乾乾，夕惕若，厉无咎"。他曾经以君子自期，信佛之后，朝乾夕惕的内心省思在佛法的加持下成了日课。就在谭嗣同怅然之际，一则惊人的消息传来。生在一个时时拍案而起的时代，没有惊人，只有更惊人。两名德国天主教传教士韩理、能方济在山东曹州府巨野县张家庄为大刀会所杀。德国远东舰队以此为借口，强占胶州湾，侵占青岛炮台，清军则未加抵抗而后撤。当时驻守胶州湾的清朝登州镇总兵章高元电告其上司山东巡抚李秉衡，其中说道："元欲战，恐开兵端，欲退，恐干职守，再四思维，暂将队伍拔出青岛附近青岛山后四方村一带，扼要据守。"战不得，退不得，真个是难为了这帮将领。消息传来，举国震惊，有识之士普遍意识到中国面临被列强瓜分的危险。当时舆论盛传"戊戌二月瓜分中国"之说，民族危机空前严重。诚如谭嗣同在其赠友人《有感》一诗中："世间无物抵春愁，合向苍溟一哭休。四万万人齐下泪，天涯何处是神州！"愁有何用？哭又有何用？即使四万万人一起哭，也哭不回一个完足的神州。此时，他最为心忧的是湖南事。这一年冬天，谭嗣同写下一封致湖南巡抚陈宝箴的长信，提及湖南救亡之策，以及亡后之事，言辞焦灼，情深无尽。说起世道的种种艰险让他心意难平，"长夜漫漫，披衣秉烛，笔秃纸尽，腕脱声嘶……哀痛迫切，其情一也"。谭嗣同请求陈宝箴"一面练兵以救亡，仍当一面筹办亡后之事"；力保国会，不失民权，中国即可免遭厄运；设公司，可有效避免外人褫夺和控制中国财产。谭嗣同对陈宝箴抱有厚望，盼陈早做"覆巢完卵"之打算，不致因亡国而生灵涂炭。在那个异常寒冷的夜晚，谭嗣同的心头笔端都是忧患生成的寒冰，陈宝箴为之感叹良久。

光绪二十四年（1898）初，冬天尚未结束，春天虽不远，但毕竟还没有到来。湖湘大地依然是冷雨过境，不怕时节寒冷的树木，仍展现着蓬勃的生机。它们好像在展示自己的晚节，仍然坚挺不拔。茫茫世道，最苦的还是人，家国两忧，还要安稳地过好自己的小日子。谭嗣同受张之洞的差遣回湖南"促办铁路轮船"，并与熊希龄等人积极筹办南学会。创办南学会的设想是以具备"地方议院"的职能为目的。当一个地方发生重大兴革的时候，南学会进行讨论，提出方案，供政府参考。与此同时，谭嗣同还接受湖南巡抚陈宝箴的邀请，回到湖南协助举办新政。作为巡抚的公子，谭嗣同有着他人不具备的官场人脉。而人脉带来的便利，就像是剑之两刃，用好则好，用不好则伤人伤己。

回到湖南长沙，谭嗣同、熊希龄就去拜见陈宝箴，"谈至四鼓，右帅（陈宝箴）痛哭"。堂堂巡抚大人，在晚辈后生面前如此真情流露，可见他对国势衰朽、疲于应付、丧师辱国的现状痛心疾首。想当年，英法联军火烧圆明园，陈宝箴刚好在京城的一个酒楼上饮酒，眼见火光冲天，不禁拍桌号啕，旁边的人无不为之动容。"其后治军治民，益知中国旧法之不可不变。"此后，他又结交了出使英伦的郭嵩焘。当时，郭嵩焘被守旧的士大夫视为汉奸国贼，人人欲杀之而后快。陈宝箴却对他钦佩不已，认为他的见解远胜流俗。1884 年，他还为冯桂芬倡议变法的著作《校邠庐抗议》写了序。甲午战败的消息传来，陈宝箴更是痛哭"无以为国矣"，屡次上疏痛陈利害得失。陈宝箴有着数十年的从政经验，他虽然支持维新，也理解皇帝主张快变、全变的急切心情，但改革绝非一蹴而就之事，他所主张的，是在不变更国体下进行有限的、稳健的变革。创办南学会与皇权专制相冲突，有着极大的政治风险。面对家国离难、山河倾圮，他无法拒绝谭嗣同等人的爱国请求。

陈宝箴看着谭嗣同自然会想到自己的儿子，两年前，他的儿子陈三立参与组织上海强学会，与康有为、梁启超结识。而他这个巡抚除了在其位谋其事，更谋出了界，甚至经常跨界演出，他在湖南主持维新活动早就不是什么秘密。在谭嗣同等人的努力下，南学会也开办起来，陈宝箴率先加入其中。此后，每逢学会讲论之日，陈宝箴都亲自率抚院官员到会听讲。他坐在旁边，与平常人一样起立落座。陈宝箴带头尊礼新政，身体力行，其表率作用令人感奋。南学会以开启民智、救亡御侮为目标，每月以房、虚、星、昂之日为讲期，都排在周日。经学大家皮锡瑞主讲学术，湖南按察使黄遵宪主讲政教，地理学家邹代钧主讲舆地，谭嗣同讲天文，就连陈宝箴也亲自登台讲演。

二月初一，正值南学会开讲之日，在湖南巡抚署的孝廉堂内传来了高谈阔论的授课声，陈宝箴、徐仁铸、黄遵宪均到场，另有官员绅士平民三百余人。堂上设讲座，下排横桌，听讲者环席而坐。由皮锡瑞开讲，继任者黄遵宪、谭嗣同、乔树枏，最后又是陈宝箴主讲，题目为《论为学必先立志》。他提出了"立志自知耻始，为学在正志始"。他对国势虚颓、穷于应付、丧师辱国的现状，痛心疾首，痛斥那些不与列强在战场上对抗而专门攻击外国旅游者的可耻行为。讲毕，众人都站立起来，一时间掌声雷动。如此盛况，让谭嗣同振奋不已。平民进入省府官邸，听巡抚大人在台上慷慨陈词，真是开风气之先。

一开始，陈宝箴认为《湘学报》开阔心胸，有助于学者把经义和治事有机地结合起来，要求各州县订购。湖广总督张之洞也认为《湘学报》"大率皆教人讲求经济时务之法"，饬令湖北各道府州县购阅，"发给书院诸生阅看"。就张之洞等洋务派官僚而言，他们赞同开通风气，兴办洋务，但对康有为的孔子改制思想却本能地加以抵拒。湖南新政就像混沌夜空为数不多闪亮的几颗星之一，谁也没有料到，那划过天际的光芒往往是倏忽而过的流星。

陈宝箴是一个相对成熟和开明的官员，他同意设立南学会，但不完全按照谭嗣同等人的设想运作。他在给湖广总督张之洞的报告中，隐瞒了设立南学会的初衷，只是说，设立南学会，就是广为宣讲，让士绅开导民众，不要与洋人、洋教为敌。他们支持办《湘学报》，只是希望办报能开通湖南士风，而对"民权"思想的宣传心存芥蒂。随着梁启超等人的到来，这种且容且拒的平衡不得不被打破。梁启超、唐才常和谭嗣同等人以饱满的激情、广博的知识，将笔头对准八股旧学，试图引导士大夫转向经世致用的新学。尤其作为主编的唐才常，运笔如棒，将手中的那支笔舞得虎虎生风，如同秋风扫落叶，其中不乏激进之言。陈宝箴曾在读完唐才常的文章后，拊掌而叹："今日之师生，循故事也，若以学问经济论，吾当北面事君。"谭嗣同认为："诸新政中，又推《湘学报》之权力为最大……《湘学报》实巨声宏，既足以智其民矣，而立论处处注射民权，尤觉难能而可贵。"他在写给唐才常的信中称赞："《湘学报》愈出愈奇，妙谛环生，辩才无碍，几欲囊古今中外群学而一之，同人交推为中国第一等报，信不诬也！"

梁启超在长沙停留了不到两个月时间，谭嗣同也回到了长沙参与南学会的组织工作和演讲。梁启超对时务学堂倾尽全力，其创办热情甚至超过办《时务报》。同时代人曾这样记述那个时期梁启超的打扮：紫红缎的皮袍，天青缎的出洋灰鼠风皮马褂，一副富家子弟的穿着。梁启超没有按照陈宝箴设想的方案办学，他后来在《清代学术概论》中回忆："我到了时务学堂后，把《春秋公羊传》和《孟子》列为学生必修的博通学，宣扬'孔子改制'思想，并且要求学生上课时写学习笔记。"梁启超每天讲课四小时，夜间批阅学生读书札记，每条评论达千余字，经常通宵达旦。这一年春天，梁启超得了一场重病。一日，谭嗣同登门探望，两人谈了一整天的佛学。谭嗣同认为，世间无魔无佛，所谓佛，所谓魔，不过是众生自然所现。言下之意，让梁启超放下心魔，不必劳神费心地纠缠于俗事。

这一年正月，湖南湘潭人杨度突然来访，此人师出名门，乃湖南名士王闿运的得意弟子。两个年轻人初次见面，就陷入激烈的争论。争论的焦点是对《春秋》《孟子》的不同理解。从杨度这一日的日记所记"论辩甚多，词气壮厉"，可以想见两人会面剑拔弩张的紧张气氛。可能是梁启超过分的傲气激怒了杨度，他对梁启超评价很低，说梁是一个大骗子，"是欲张其门面以骗馆地耳"。争论到了天色昏暮，梁没有留饭的意思，口干舌燥的杨度拱手而出，只有说不出的懊恼与空虚。当时像杨度这样慕名而来的不在少数，梁启超陈述自己的主张，丝毫不容回旋与避让。

随着南学会成立，湖南士子很快就体验到学堂新政带来的猛火烈焰。今日回看，梁启超等人在札记中的批语确实非常刚猛，使得学堂内空气日益激昂。且录几则，可见其锋芒：

梁批："公法欲取人之国，亦必其民心大顺，然后其国可为我者也。故能兴民权者，断无可亡之理。汝已见到此层，但未鞭辟入里。"

案："兴民权只速乱耳，安得不亡！"

梁批："议院虽创于泰西，实吾五经诸子传记，随举一义，多有其义者，惜君统太长，无人敢言耳。"

案："'惜君统太长'五字，悖逆至此，殆欲人人造反，时时作乱，然后快于心与？"

梁批："日本所以二千余年不易姓者，由君位若守府，而政在大将军，凡欲篡位者篡大将军之位而已。日本所以能自强者，其始皆由一二藩士慷慨激昂以义愤号召于天下，天下应之，皆侠者之力也。中国无此等人，奈何奈何！"

案："梁启超欲兴民权，所以借口于君位若守府；欲尊任侠，所以借口于日本之自强。童子何知，其不为此似是而非之论所误者鲜矣。"

梁批："中国旧论常以能言不能行责人，此最谬论。盖有立言之人，有行事之人，各有所长，不能相非，必欲以责一人之身，万无是理。"

案："时务学堂之设育人材也，能言不能行，天下古今安有此教人之法？……皆持梁启超之说以教人，岂非误尽天下苍生耶？"

待到寒假，学生归乡，他们取出这些札记示其亲友，一时间引得"旧派哗然，大肆讥议"。不久，这股来自民间的舆论之火越烧越旺，烧到了新旧两派势力之间。借着风势，火势又蹿至京城，蹿到了朝堂之上。时任左都御史徐树铭不知从何处刺录到这些批语，并将其中触犯清廷忌讳者百余处，上疏弹劾陈宝箴、江标等人，并要求撤换梁启超，另聘宿学老儒主持湖南时务学堂。迫于朝野两处压力，陈宝箴只好将时务学堂教习中的康门弟子全部辞退，才算平息风波。所以后来梁启超说戊戌维新运动中的"新旧之哄，起于湘而波动于京师"。

梁启超将湖南维新运动鼓动得风雨满楼，他也由此成为守旧分子攻击最多的一个人物。杨度在日记里评价梁启超："其人年少才美，乃以《春秋》骗人，可惜可惜！"地方士绅也在背后骂："康、梁所用以惑世者，民权耳、平等耳。试问：权既下移，国谁与治？民可自主，君亦何为？是率天下而乱也。平等之说，蔑弃人伦，不能自行，而顾以立教，真悖谬之尤者！"骂归骂，话说回来，若梁启超没有来时务学堂任中文总教习，时务学堂学生思想是否会如此活跃，还是一个大大的问号。1912 年，梁启超从海外归来，演讲时谈到时务学堂的学生，他说："当时学生四十人，日日读吾所出体裁怪特之报章，精神几与之俱化。此四十人者，十余年来强半死于国事，今存五六人而已。"

二月十日，谭嗣同回到湖南，可梁启超却要因病离开，去往上海就医。梁启超在湖南仅任教三个半月，让人感觉天地间的风雷突然汇聚于潇湘大地。湘中维新思潮汹涌澎湃，让当时的湖南青年再也无法平心静气地做这个时代的看客。一大批年轻的维新志士，如朝阳，如乳虎，如春前之草，如百卉萌动。正如梁启超所说："自时务学堂、南学会等即开后，湖南民智骤开，士气大昌，各县州府私立学校纷纷并起，小学堂尤盛，人人皆能言政治之公理，以爱国相砥砺，以救亡为己任，其英俊沉毅之才，遍地皆是，其人皆在二三十岁之间，无科第，无官阶，声名未显著者，而其数不可算计。"

在这个时候选择离开，梁启超也觉得面上无光。他对外称，自己将前往广东为父亲祝寿，随后将迎其父来湘居住。面对梁启超的离开，谭嗣同虽万般不舍，但也只能春风话别，细雨湿怀。他理解梁启超离开时的心境，湘水滔滔，一边是让人充满希望的向好之势，一边是前路茫茫的忧患之思。他们有多少话要说啊！两个年轻人的眼里跳跃着灼灼的火光，让春风增添了热力。在去往上海的船上，梁启超面对同行的人发出誓言：面对今日之困难，我们须抛得下自我，即使失败，就算只剩下我一个人，此志仍不可移。梁启超在离开长沙前，在不到两个月的时间里，他曾六次到南学会演讲。他离开长沙的第二天，《湘报》创刊。虽然离开湖南，但是梁启超依然担任《湘报》董事兼撰稿人，并为《湘报》撰文十余篇。作为南学会的机关报，谭嗣同任主笔。由于对湖南新政的尽力，使他以"新政人才"而闻名。连他的老师欧阳中鹄也不无感慨：中国有救了，自己的学生不就是一道民族复兴的曙光吗？

5

梁启超也好，谭嗣同也罢，他们对于湖南新政，都抱有莫大的希望或野心。而给他们带来希望的，正是湖南巡抚陈宝箴的态度。陈宝箴也好，徐仁铸也罢，他们急切的心态正好与梁、谭等人所倡导的"实学"相互契合，在变革湖南学风的路上，他们希望能够走得更快。遗憾的是，他们都忽略了走得快，不代表能够走得远。他们激越昂扬的心思，让他们忘记了现实的艰困。

《楚辞·招魂》中说："魂兮归来，君无上天些！虎豹九关，啄害下人些！"那些如虎豹一样的大臣，盘踞帝国要津，保持朝廷要路，使人难以安其位尽其职。

南学会的规模不断扩大，省城有总会，地方设有分会。对于各地的士子，无论会友或非会友都要到学署听讲。同时还规定"凡教官必入南学会"。如此，南学会的思想观念就这样灌输到每个知识分子心中。南学会的力量也因此打入正常的行政系统。教官一类人员，原是地方官吏，却为推行南学会的学说理想受到褒奖；士子功名利禄之途，却为着听讲而得其捷径。南学会由此转变为官方性质。然而正因这种带有强制手段的办学形式，使得南学会轰动一时。一时间，湖南维新之举欣欣向荣，打破了自洋务运动以来被守旧势力控制的沉闷气象，局面陡然一新。南学会的发起人物，主要推动者为湖南巡抚陈宝箴及其子陈三立，赞画者则有前任学政江标，后任学政徐仁铸和按察使黄遵宪。正因如此，时人盛赞陈宝箴是全国督抚中唯一推动新政的人。光绪帝更是下诏褒奖，让他坚持主见，不为浮言所动。但这种向好之势并没持续多久，新政便险象环生。随着春天的到来，人们似乎感受到了燥烈的气息，一度变得紧张起来。

徐仁铸任学政期间，由于梁启超、康有为、唐才常等维新人士的跃然而起，使得湖南士绅感觉到本地传统学术群体失去话语权，受到官府冷落，以至于以王先谦、叶德辉为代表的湖南部分乡绅斥曰："所延山长，仅传一家之言，适开攻击之的，由于在上者无教法章程以树之。"他们的不满，来自书院所请的那些高才宿学，这些人传来传去，只传一家之言，那就是康有为学说。一年前创设时务学堂，讲课内容并无不同，甚至刊刻传布，也没人站出来指摘，更无"异端"之说。而今江标离开湖南，徐仁铸接任，地方士绅所能接纳的标准也变了。难怪有人说，因为徐仁铸太过急切，行为过于激烈，让代表旧学院的地方士绅越来越不满意。这就像人在生气的时候看镜子，怒气不平，镜像也就越难看。

各种门户之争相继出现，指斥学堂的诋毁之词渐渐多了起来。在康有为的弟子狄楚青的日记中载："任公（梁启超）于丁酉冬月将往湖南任时务学堂，与同人等商进行之宗旨……其改定之课本，遂不无急进之语。于时王先谦、叶德辉辈乃以课本为叛逆之据，谓时务学堂为革命造反之巢窟，力请于南皮（张之洞）。赖陈右铭中丞早已风闻，派人午夜告任公，嘱速将课本改换。不然不待戊戌政变，诸人已遭祸矣。"湖南热气滔滔的学风背后，暗藏着一股股阴冷的风。奔走于其间，每个人都如履薄冰。

在江标任湖南学政那段时期，岳麓书院山长王先谦积极投身其中，他一直是湖南新政的核心人物。不仅是他，湖南的一系列新政变革都少不了地方知名士绅的参与。"迅即联集绅士，公同筹商办法，酌增款项，将变通书院、设立学堂学会章程克日妥议。"江标在湖南任学政时期，使湖南由中国守旧之重心转变为"新学"之重地。并笼络了除湘省学子及士绅的支持，还吸引了梁启超、谭嗣同等当时一批湖南维新人士的辅助。江标离开湖南前夜，有一桩逸事值得记录：那一天，梁启超在时务学堂为江标饯行，邀请了谭嗣同、皮锡瑞、熊希龄等话别。聚会将要结束时，欧阳中鹄、唐才常到场。谭嗣同介绍梁启超与唐才常相识。对于声名远扬的梁启超，唐才常心生敬慕，一见如故。他拿出一方早就准备好的菊花砚赠予梁启超，以示订交。看到这方石砚，谭嗣同也心生欢喜，当场口占一首砚铭诗："空华了无真实相，用造莂偈起众信。任公之砚佛尘赠，两君石交我作证。"

江标见状，认为好铭应该刻在好砚上，他建议："岂可委石工，能此唯我耳！"江标擅长金石与雕刻，且素与谭、梁为莫逆之交。于是当晚，江标身穿貂裘抱着一只猫，来到了学堂，一边刻砚，一边与谭嗣同、唐才常和梁启超侃侃而谈，不时玩笑逗乐。刻完之时，天光已大亮，谭、梁、唐三人送江标登舟，洒泪而别。三人以维新之事互勉，殊不知，前路凶险，这将是他们的最后一次会面。多年后，谭嗣同、唐才常和江标均已不在人世，梁启超想起了这方见证四人友谊的菊花砚。遗憾的是，当年东渡日本，临行匆匆，竟将此砚遗失。后来他悲伤地说，其余丢失的东西皆不可惜，"数年来所出入于梦魂者，惟一菊花砚"。

1898 年初，冬天的湖南，比不得北方寒冷。车舟劳顿，再加途中风寒，徐仁铸竟有些微的不适。短短半年时间，湖南政学两界都起了变化，就像这一日的天气，早上飘来几朵云，晚上就落下了几滴雨。人事变化，地方政局也面临着重新洗牌，原来小心翼翼维持的平衡已被打破，虽还密云不雨，说不定几声惊雷炸响，天翻地覆亦未可知。徐仁铸提督湖南学政前，黄遵宪也自北京赴长沙宝盐法道任，兼署湖南按察使。谭嗣同从南京返湘投入新政，就是在徐仁铸任学政一个月后。而梁启超、熊希龄等维新改革的新锐分子，都是在此前后抵达湖南。1897 年底，湖南发生了极大的人事变动。以时务学堂为例，为集中事权，众绅聚议个人在轮船、制造、学堂三事中认一事专办。于是"以轮船归汤、朱，继复推归雨珊（张祖同），以制造推归王益吾（王先谦），而龄（熊希龄）独办学堂"。因此时务学堂的一切人事、规章、教务都归熊希龄主办。如此一来，王先谦等无法在学堂教育上畅行其志，这使得矛盾日益激化。要知道江标任湖南学政期间，湖南的教育改革主要靠其联合并倚重一批像王先谦这样的地方实力派搞起来的。而徐仁铸上任后的一系列兴学措施，却招致湖南士绅的极大反对，熊希龄也坦言："惟龄在省所办学堂之事，劳虽未久，怨则居多。或咎龄不应请粤人为分教习，或咎龄不应使学生读《公羊》，或咎龄不应以一人专擅行事。议论纷纭，是非莫辨。"这也不满，那也不满，所有不满都来自话语权的丧失。

南学会的筹组和成立后的历次讲演，都没有邀请知名绅士王先谦、张祖同、叶德辉参加，这让他们失去了原来在新政阵营中的领导地位，他们由怨恨而生仇隙，故将原来对新政态度模棱两可或根本反对的人士联合起来，形成一股敌对势力。

梁启超虽然离开了湖南，但他在时务学堂留下的课堂批语、日记批语及课堂答问，却留在了湖南，很快流传到社会上。随着言论滔滔而来，滔滔而往，张之洞有些受不了，他指斥"多行不妥，于学术人心有妨"，饬令湖南学政徐仁铸改正。重压之下，唐才常不再担任《湘学报》主编，此后该报议论渐趋平和。唐才常退出官办的《湘学报》，但他呐喊的声音总要有所释放。于是，熊希龄决定通过民间集资，创办一份日报。于是，他和谭嗣同、梁启超、唐才常等维新人士组成董事会，每位成员集资一份，并向董事会以外的人发起捐助。光绪二十四年（1898）二月十五日，《湘报》正式创刊，最高兴的莫过于唐才常，这匹烈火急性的骏马又有了驰骋的天地。

随之而来的驱逐樊锥事件，让新旧两派走向尖锐对立。起因是《湘报》上刊登樊锥的《开诚篇》。樊锥何许人也？为何会首当其冲？樊锥，字一鼐，一字春徐、春渠，在日本时名时中，后易名诚亮，湖南邵阳人。樊锥是江标的门生，深受江标赏识。此人喜好实学，在这篇文章中公开宣扬，要将那些一味阻挠新学新政者，任其自生自灭，直至消亡。此文一出，守旧人士哗然，满腔怒火喷向樊锥以及维新人士。于是，以王先谦为代表的地方士绅发出一份联合文告，分作三部分：一为告白正文，一为驳《南学会分会章程》，一为驳樊锥的学说。文告宣布："今因丁酉科拔贡樊锥首倡邪说，背叛圣教，败灭伦常，惑世诬民，直欲邑中人士尽变禽兽而后快。"他们发出倡议，于四月十五日齐聚学宫大成殿，祷告于圣孔子先师，要将乱民樊锥驱逐出境，永不容其在籍，并刊刻逐条，四处张贴，播告通省。随着樊锥的被逐，那些躲于暗夜、背后放冷枪的反对之声，开始明朗化。不久，易鼐发表在《湘报》上的《中国宜以弱为强说》一文，如石破天惊，立刻舆论大哗，连平日力主改革的黄遵宪也大为惊骇。

三月二十六日，《湘报》刊出皮锡瑞儿子皮嘉佑的《醒世歌》，歌词中有

"若把地图来参详，中国并不在中央。地球本是浑圆物，谁在中央谁在旁"的句子。叶德辉大不以为然，写信给皮锡瑞，由此爆发了一场大争论，逼得皮锡瑞离开南学会。叶德辉是地方守旧绅士阵营中的主将，此人向来讨厌新学，袒护八股。他曾接连撰写文章，大肆抨击新学，以学术争辩的形式，拉开湖南新旧之争的序幕。他公开宣称："鄙人一日在湘，一日必拒之，赴汤蹈火，有所不顾！"他发动湖南守旧士绅，公开与维新阵营分庭抗礼，成为湖南维新派的一名劲敌。

有人挑明火焰，就有人想要压低火苗。对于火的态度，取决于这把火烧向谁、烧到何种程度。巡抚陈宝箴同意设立《湘报》，但他要谭嗣同等人让出绝大部分篇幅刊登本省新政、各国时事、杂事和商务，虽然可以刊登论说，但只允许平和的议论，不准再这样放言高论。《湘报》创办伊始，谭嗣同即"力主《湘报》为南学会喉舌"，并就此与陈宝箴磋商。陈宝箴告诫道："君自为之，第慎之而已，毋以新奇而骇众，尤不宜以矫激而贾怨也。"言下之意，你们不能以笔端搅动社会，以笔墨惊骇民众，更不要有过激的言论。陈宝箴似乎预感到，这一切由不得他们，也由不得他，唐才常纵笔而来，不管不顾地以激进的言论，宣传"救亡之法"，倡导变法维新，与顽固势力针锋相对。话题涉及倡办学会、提倡自治、重视科技、抵御外侮、兴办实业、废除八股等各个方面。行文之浩荡，言辞之激进，更甚于从前。在梁启超的印象中，唐才常和谭嗣同有许多相似之处。他后来回忆说："唐浏阳和谭浏阳，血性之热烈同，性格之卞急同，学问之幽隐僻奥同。《觉颠冥斋内言》与《仁学》，固有甚相似之点也。"

《湘报》创刊不久，便遭到守旧派势力不遗余力的诋毁。闰三月下旬，湖南守旧势力纠集多人，联名写信给在京的湖南籍官员，诬称陈宝箴紊乱旧章，不守祖宗成法，将来可能有不轨之事。他们要求解散南学会，撤销保卫局，全面停止湖南新政。由此，可以想象到当时陈宝箴真是内外交困，不堪重压。当所有的压力都指向陈宝箴时，他深刻感受到了新政推行如逆水行舟，所遇阻力不只来自湖南，来自朝廷的阻力更令人忧虑。他惊讶地发现，自己所上条陈不是被人为阻拦，就是被人删改，想想都令人心惊。且说这一日，时任湖广总督张之洞在《湘报》上读到了易鼎的《中国宜以弱为强说》，不禁怒火中烧。这篇文章直言"西法与中法相参""西教与中教并行""民权与君权两重""黄种人与白种人互婚"四大以弱变强的救国策略。

闰三月二十一日，湖广总督张之洞就《湘报》发表易鼎激进论文一事致电陈宝箴、黄遵宪。张之洞要求湖南省府立即谕导并阻止类似事件的发生，同时设法更正。张之洞一向欣赏陈宝箴的才干流品，且自身也是新政的支持者，故措辞尚委婉，不无护持之意。尽管如此，陈宝箴亦不敢怠慢。身为湖南巡抚，他不敢再任由这股激进之风蔓延。他在写给张之洞的回电中称："前睹易鼎所刻论，骇愕汗下，亟告秉三（熊希龄）收回，复嘱其著论就正。此外所刻亦常有矫激，迭经切实劝戒，近来始无大谬。"与此同时，张之洞还给湖南学政徐仁铸发去电文，主要是宣布改变以前的一项决定，从此以后湖北方面不再订阅《湘报》和《湘学报》。不久，谭嗣同、唐才常主编《湘报》的权力也被剥夺。一番压制过后，一众人又落得无枝可栖。

按照陈宝箴的指示，从四月一日起，《湘报》不再刊登首论文，转而开始转载张之洞的《劝学篇》。其文主张以"三纲为中国神圣相传之至教"，以中学纲常名教之本，维系世道人心。提出"中学为内学，西学为外学，中学治身心，西学应世事"的观点，主张先明内学，然后择西学以用之。提倡立学堂、修铁路等，采用西技西艺。反对维新派"开议院""兴民权"的主张。五月间，岳麓书院的一名学生在无意间拿到了一些时务学堂学生的札记，并拿给山长王先谦过目。王先谦大为震惊，他认为这些激烈的言辞中存在着倾覆清王朝的思想倾向。当然，这些言辞并非无中生有。谭嗣同和梁启超在授课之余，常将王夫之的《噩梦》《黄书》、黄宗羲的《明夷待访录》，还有《扬州十日记》

等宣扬民主思想、反对封建专制的著作印成小册子，并加以按语在学堂里秘密散发。《湘报》发表梁启超、谭嗣同、唐才常和易鼐等人的激烈文章，不仅让守旧派找到攻击的把柄，也使不少新政支持者感到难以接受，从而造成维新阵营的内部分化。湖南维新阵营一分为三：一是湖南新政的主持者，即陈宝箴、陈三立及其幕僚。他们是地方政府的当权派，虽然支持维新变法，但思想上比较正派，行动上主张稳健，反对激进。二是新政的实际操作者，即黄遵宪、熊希龄、蒋德钧等人，他们在不同程度上具有维新思想，并与谭嗣同、唐才常关系密切，但由于所处地位关系，在做法上显得比较谨慎。三是维新运动的激进派，即谭嗣同、梁启超、唐才常、樊锥、易鼐等人，他们大多为年轻士子，著书撰文，慷慨激昂，凭借着所掌握的思想舆论机关，大力宣传启蒙思想，猛烈推动维新运动的发展。

在那样一个时代，科举已不再是一个文人生活中最重要的事件，也不再是迈上仕途的必由之路，那些接触了维新思想的年轻人开始探索书本之外的世界，家国之外的世界。帝国这艘大船在经过了剧烈颠簸过后，进入一个新船旧船互相碰撞的港湾。中国文人的思维从未呈现出如此斑斓的世界，没有不同，只有大不同。谭嗣同抱着深切之忧患，致信陈宝箴："应对瓜分的对策有两个，一是国会，二是公司。开设国会，可以依靠众人的力量抵抗压制。湖南请设南学会，您对此非常重视，并且同意设立，国会即根植于南学会中，议院即隐藏于南学会中……无论如何天翻地覆，只要力保国会，民权就会存在；民权存在之地，列强就不会以亡国奴看待那里的民众。"陈宝箴毕竟是帝国体制的守护者，他的维新之志是建立在他所设定的轨道上。车在轨道上奔驰，绝不能脱轨而出。

此时，谭嗣同在《湘报》上接连发表《读南海康工部有为条陈胶事折书后》以及《治事篇·湘粤》两篇文章，在守旧与维新两派人士中皆不讨好。陈三立甚至到欧阳中鹄那里告谭嗣同的状，说他走附康门，有意与康有为套近乎，这是在给湖南人脸上抹黑，让他赶紧劝阻谭嗣同。他们在说话时，恰好谭嗣同当天也登门拜见老师。事后，谭嗣同在写给欧阳中鹄的信中说："及下午到尊处，见某在座，神色颇异，方欲与言，旋即避去。"这里的"某"便是陈三立。其后不久，其父陈宝箴调阅了时务学堂的札记，更造成了维新派内部的不和。谭嗣同由此揣测他的心机："平日诋卓如（梁启超），诋黻丞（唐才常），及力阻不许聘康南海来湘。则其人亦太不测矣。而又往函丈（欧阳中鹄）处陈述，岂欲出死力钤束嗣同等而后快耶。"他以为陈三立受到了别人的蛊惑和影响，希望欧阳先生能转告陈三立："远毋为梁星海（鼎芬）所压，近毋为邹沅帆（代钧）所惑。"梁鼎芬乃张之洞的幕僚，此人是攻击康梁最卖力的一个。有学者认为，湖南维新人士间发生矛盾，致使"湘事大坏"，他有着不可推卸的责任。邹代钧则不用说，他在写给汪康年的信中谈到谭嗣同："湘事大坏，义宁（陈宝箴）有忌器之意，鄙人力量何能胜之，言之愤甚。谭猖狓过于熊（熊希龄），若早去谭，事犹可挽回。鄙人为时务学堂事，竟与谭、熊为深仇……谭、熊必以洋枪中我矣。此二人者，鄙人向引为同志。本有才，从前作事尚为公。一旦陷入康门，遂悍然不顾。吁！康徒遍天下，可畏也。"湖南顽固守旧人士的咄咄逼人，使得两派之间火药味弥漫。虽然还不至于拔刀相向，但鸿沟已陷，再难弥合。谭嗣同激愤不已，他质问他们："康某果何罪于天下，乃不许人著一好语耶！"谭嗣同私淑康有为的情形，也被其他朋友看在眼里。叶瀚在致汪康年的信中写道："谭复生已见过，此人乃康（有为）、夏（曾佑）之使徒也，天分极高，热力亦足，惜尚性情未定，涵蕴未深。"这句话应是有温度的评价，也是当时一些人眼中的谭嗣同。

6

新年第一天就有日食，这一奇怪的天象是否预示着戊戌年将是一个灾异之年？对于日食现象，《春秋》之类的古籍上并无记载，但谭嗣同早就从读过的西方天文科学书籍中得以知晓。孔子的《春秋》被称为麟经，国家有重大的疑难问题，乃至天灾人祸，都要从里面寻找依据。所谓微言大义也对，断章取义也对。对于谭嗣同来说，云烟过眼，天象万维，还可以用一种叫作科学的东西来解释。尽管如此，他的心头仍有着难以名状的忧虑，之所以忧虑，是因为知而不尽。知而不尽，说到底还是未知。

古人曾说天上的日月星辰如炬火，太阳确实像那支最大的火炬灿然发光。可那一刻，火炬隐身不见，谁又能给出合理的解释。谭嗣同学问广博，在经学、训诂、地理、天文、历算、佛经与心学都有心得。可以说，不论地上的鱼虫还是天上的火龙，百种千般都能识得个八九不离十。他走到庭院中，抬头向天，似有所待。一会儿又反身入屋，额头和衣襟都让微雨淋湿了一片。唐才常问他怎么回事，他笑着说，这一刻，应该正是日食，可惜天公不作美，乌云遮住了日头，雨水打湿了额头，两头见不着。

唐才常看着老友滑稽的表情，不禁大笑起来。这是岁在戊戌的光绪二十四年（1898）的第一日。他们今天准备去见老师欧阳中鹄，因陈三立阻挠而作罢。谭嗣同北游访学后，与老师欧阳中鹄在思想上出现过分歧。据欧阳中鹄说："谭嗣同次年入京赴行，宗旨遂变。尝以书来，言誓发宏愿救四万万人，其语多释理最高明处，知已为异学所引。"谭嗣同此次回湖南，师生话语间已无默契。这让谭嗣同也很感慨，当年他拜于欧阳中鹄门下，视对方为精神知己，哪怕"片纸单词，珍若拱璧"。在谭嗣同、唐才常从事南学会活动的同时，欧阳中鹄也由浏阳抵达长沙，参与新政，在湖南政治舞台上扮演了重要的角色。年前，欧阳中鹄进入陈宝箴幕府，住抚署后园又一村，与陈三立同住。维新人士对于欧阳中鹄进入陈氏幕府担任幕僚极表赞同。在湖南儒林学界之中，欧阳中鹄之地位是他人难以企及的。欧阳中鹄进入幕府后，自然而然成为陈宝箴、陈三立父子联系维新人士的中介人。

　　彼时，在省内外守旧派的巨大压力下，陈宝箴父子的态度也有了明显变化。而这一转变，也让湖南维新运动蒙上了一层阴影。不久，谭嗣同在《湘报》发表康有为第五次上光绪皇帝书。在这份有"偏激之词"的奏书中，康有为为光绪帝指明三条救国之路，即上、中、下三策。上策是向俄国、日本学习，"以俄国大彼得之心为心法，以日本明治之政为政法"；中策是"大集群才，而谋变政"；下策听任疆臣各自变法。谭嗣同为此文撰写按语加以赞美，引起陈三立的强烈不满。陈三立认为"嗣同等钻营康名士，自侪于门人之列；又谓湖南不应有此，意在设法阻压"。欧阳中鹄也心生不满，他认为谭嗣同并不是康有为的弟子，为什么要称其为先生。这样的话传至谭嗣同耳中，他本是耿介之人，受不得背后指摘。或许在老师欧阳中鹄的眼里，我谭嗣同是一位狂生。可他们真的了解康有为吗？了解自己的大愿本心吗？每一个时代都需要自己的圣人，圣人能够把握世界，命名赋形，因为如此，这个世界才会渐变，才会渐新，才会渐进。谭嗣同在给欧阳中鹄的信中写道："才常横人也，志在铺其蛮力于四海，不胜则以命继之。嗣同纵人也，志在超出此地球，视地球如掌上，果视此躯曾虮虱千万分之一不若。一死生，齐修短，嗤伦常，笑圣哲，方欲弃此躯而游于鸿蒙之外，复何不敢勇不敢说之有！"谭嗣同是个性情浓烈之人，无论悲伤还是快乐，来得快，去得也快。谭嗣同越说越激烈，甚至于"视荣华如幻梦，视死辱为常事"这样的狠话都抛了出来。欧阳中鹄唯有苦笑，往事历历在目，他太了解谭嗣同，不禁为他的前途命运担忧。

　　几天后，恰逢长沙求忠、城南两书院官课考试，由欧阳中鹄出题。事先皮锡瑞等一再请他不出时文题，而改出时务题，欧阳中鹄勉强答应，当时维新人士已感不满。临到考试时，发现出的仍是八股题，维新人士顿时哗然。皮锡瑞写道："此等题出自何人，令守旧者鼓舞欢欣，维新者扼腕太息。如此办法，必无振起之望。"此时，维新人士对欧阳中鹄极为不满，视其为维新变法的阻碍。唐才常也说："乃师办事本无决见，好听小话，浏阳开化，并非其功，到此专听污吏赖子佩之言，荧惑上听。"甚至有人讽刺欧阳中鹄"浏梦成颠，抚幕招摇"，认为只要他把持幕府，新政将难以推行。欧阳中鹄的变化，让谭嗣同难以理解。人们都知道欧阳中鹄对湖南士子意味着什么，对谭嗣同意味着什么，他的德行曾感召着他，他的才学曾影响着他。文章学问一道，跟乡土一样有宜居不宜之象。人的学问就像厚土和深水，文章气局庄重，能够给人以安慰，是宜于人心居留的精神国土。可是如今，那个播种学问、书写文章的人，摇身一变，变得让他们都不认识了。经此事件，维新阵营内部关系趋于紧张，气氛大为恶化。

说到人性的落魄下陷，我们当然有了解的同情。我有时候想，那些或官或绅或士或民者，他们主动或被动地寻找生活的出路，又何尝不是在时代的局限里打转。他们探索世界的极致，跟寻求刺激、追求本能的存在感是一样的。如果正常的、光明的世界被遮蔽，除了往无望的、无明的世界深处走，他们还能做出其他选择吗？比如陈宝箴下令调阅时务学堂学生读书札记，就算觉得不合理，他也要去做。这么做的结果，自然会引起维新人士的不安和震动。陈宝箴已经起了疑心，他们心中的惶惑和愤慨可想而知。熊希龄以个人名义登报发文，表示与守旧派斗争到底，即使杀身成仁，也在所不惜。就在这时，不知谁传出内幕消息，熊希龄、唐才常等人将写有激烈批语的札记挑选出来，连夜涂改，换上言辞温和的语句以应对检查。一时间，临时涂改说甚嚣尘上。谭嗣同从浏阳返回省城后，专门致书欧阳中鹄为学堂诸人辩护，他认为熊希龄、唐才常等都不是胆小怕事之人，涂改札记说纯属无稽之谈。欧阳中鹄在回信中告诉他，陈宝箴父子这么做，也是在保护他们，希望谭嗣同、唐才常能够理解他的苦心。

说归说，陈宝箴还是下令免去了熊希龄时务学堂总提调的职务。在此种情势下，先前沸腾的局面一下子冷却下来。新年过后，时务学堂第二次招生，报考的学生只有150人，与第一次招生时4000余人报名形成天壤之别。谭嗣同等人虽有察觉，但悬殊如此巨大是他们始料未及的。天地有四时，人间也有四时，长沙的样子已经到了阳春。阳春的样子，看上去浓烈热闹，可长沙的政学两界，却让人看出了败象。连一向态度立场温和的黄遵宪都被逼无奈离开了长沙，他无奈道："长沙卑湿，日汲白沙井寒水，致生积冷。"这样的话听来，只会让人感到无奈和寒心。

古人抬眼看天市中的星象变化，据说可以看见人间诸事兴衰。不知在那些时日的夜晚，有谁抬眼望天。失去陈宝箴的支持，南学会讲学无法再维持下去。四月十三日，南学会发表《申订章程》，宣布讲学暂时休会。来时喧喧，去时恹恹，只见那白纸黑字写道："天时渐热，人多气郁，难以宣讲，本学会议暂停止。俟有阴雨凉爽时，或所得新理及所闻时事须集会友讲听时，当择期预行刊布报告。"如此堂而皇之，一股脑推给天气。天不欺人，人自欺人。也难怪皮锡瑞认为这是"学会拟改章不讲，以天热为辞"。皮锡瑞情绪低沉，特地登门向陈宝箴辞行。他们聊到湖南新政，陈宝箴言辞闪烁，不像从前那般豪言壮色。待得天色向晚，走出陈氏府邸的皮锡瑞面对昏天暗光，不禁长叹道："湖南事岂遂无能挽回耶。"第二天，皮锡瑞黯然离湘。

春天体验到霜冷寒天，虽然不能称之为雪上加霜，但杀伤力似乎更大。夜晚有人从讲学堂的窗外过，听到的不是热闹，而是冷清。就算有人在里面挑灯夜读，那神情让人倍感凄凉。有进取之心的士子突然有人生无所施展的"窒塞"。不久，叶德辉正式领衔并联络十人向陈宝箴递呈《湘绅公呈》，其中对谭嗣同、梁启超、唐才常、樊锥、易鼐、皮锡瑞等时务学堂的教习和学生进行大肆攻击和谩骂："梁启超及分教习广东韩、叶诸人，自命西学通人，实皆康门谬种。而谭嗣同、唐才常、樊锥、易鼐辈，为之乘风扬波，肆其簧鼓。学子胸无主宰，不知其阴行邪说，反以为时务实然，丧其本真，争相趋附，语言悖乱，有如中狂。"至此，两派纷争已达白热化。未几，王先谦、叶德辉等人仍不罢休，鼓动岳麓、城南、求忠三书院的山长和部分学生，聚集长沙学宫商定《湘省学约》，又是一番文绉绉的泼妇满街语，什么"背叛君父，诬及经传，化日光天之下，魑魅横行，非吾学中之大患哉"！地方士绅掀起的狂风骤雨，让谭嗣同、唐才常等人只有招架之功，无有还手之力。有过避让，但依然无法消解王先谦、叶德辉之流的嚣张气焰。于是，谭嗣同和唐才常，或联名，或独署，向他们的恩师欧阳中鹄发出求援。两日内，他们往来信件达到十一封之多。谭嗣同的信火药味十足，据理力争，他表示"宁可杀身以成仁，不能曲学而阿世"。他向自己的老师发出叱问："平日互相劝勉者全在'杀身灭族'四字，岂临小小利害而变其初心乎？"

随着湖南维新阵营的分裂，原来的浏阳群体也出现了新的变化。在许多重大问题上，欧阳中鹄、涂启先和刘人熙的意见已迅速接近，而与谭嗣同、唐才常等人拉开了距离。师生之间的思想差别渐行渐远，和陈宝箴一样，欧阳中鹄借着"厘正学术"，开始与维新派提出的"平等民权"划清界限，保持距离。

不知道欧阳中鹄此时可否记得往日时光，他传授谭嗣同内观经验，比如说观流水、观落花、观山月、观心。山月不知心底事，他们更不愿接受对方的改变。在人生的岁月里，他们相互欣赏，相互扶持，却又各有其累。不久，校经书院何来保在他的试卷中，引用了谭嗣同《仁学》中"举君臣、父子、兄弟、夫妇而朋友之"的观点。欧阳中鹄不以为然，他在试卷后批道："今之以西法策中国者，辄曰平等平权……平等之说，正墨子所云：一人一义，十人十义，百人百义，千人千义。"他暗示何来保受了谭嗣同的影响，他认为，身处贫穷之地，奢谈平等，无异于倡乱惑世。自己身负朝廷恩泽，断难接受所谓民权之说。他感怀道："七品一官，蹭蹬二十五载，然藉此微名末秩，稍免饥寒，俯仰有资，何一非君所赐。"不能端起碗来吃肉，放下筷子骂娘。他今天忽然读到平等之说，让他毛骨悚然，芒刺在背，彷徨绕室，片刻不得安宁。人生的顺从与背离堪称同门，又堪称同数，因为他们都是事物的一体两面。不能说顺从而行则吉，背离而行则凶，两者的关系如影随形，似响应声，互证互释。欧阳中鹄在何来保试卷批注后，又"请义宁师（陈宝箴）再为加批，意在使为此说者，渐知悔悟"。

谭嗣同无法理解欧阳中鹄，他与其他维新人士在说到此事时，不由喟叹："所愤者初非区区一题，盖愤把持一切，新政不得展布。"那些时日，他经常在梦中回到少年时光，欧阳中鹄领着他学习圣人言。醒来，不由怅然所失。他要求与欧阳中鹄来一场面对面的交流，双方开诚布公，他认为"凡事总以直说为好，若愈隐则愈误"。即使是学术之争，也要肃清源流，讲明宗旨。"不然，则满腔热血不知洒向何地。"他希望解除误会，恢复志气相通的师生关系，以后即有异同，也各不相碍。如此，其余是非事也不辩自明。欧阳中鹄在给谭、唐的复信中安慰道："两弟乃真新学，志趣力量，凤所深信。"对于他们的维新之志，欧阳中鹄从来没有怀疑过。他不怀疑，不代表其他人就相信他们。正因为如此，欧阳中鹄不无忧虑：省中谣言如海，他希望谭嗣同和唐才常能够韬光隐晦，暂时离开这个是非之地，"平其心，敛其才，藏其志，以俟积厚流光，异日出而倡其学"。

失去陈宝箴父子的支持之后，谭、唐等维新人士在湖南已陷入孤立无援的境地。每日开门三件事，争论，争论，还是争论。发展到后来，维新派一个个被迫离开长沙，四处流散。陈宝箴奏请朝廷烧毁康有为的《孔子改制考》一书的刻板，并禁止再版。至此，激进的维新派在湖南以彻底的失败而告终。谭嗣同也不知何去何从，就这么在省城盘桓，喝酒、辩论、读书，心迹一日日地散淡着，落寞像荒草疯长。真个茫茫无所适，踽踽不得行。

一直挨到四月下旬，谭嗣同内心将要熄灭的火焰重新燃烧起来。京城传来消息，四月二十五日，侍读学士徐致靖上奏举荐维新人士康有为、黄遵宪、谭嗣同等人。光绪立即采纳了他的建议，发布上谕，准备召见康有为，并令黄遵宪、谭嗣同赴部引见，一时维新党人声势大振。收到消息的那个夜晚，谭嗣同和唐才常在长沙一处小酒馆对饮，前日还在这里说出颓丧的话，今天却已醉容颠倒，说不出的狂态可掬。佛法说，人的肉眼见近不见远，见前不见后，见外不见内，见昼不见夜，见上不见下，所以人应该求得天眼。天眼难看，前路难明。谭嗣同不由感叹："此行真出人意外，绝处逢生，皆平日虔修之力，故得我佛慈悲也。"后来，他在给妻子李闰的信中又说出这番话，可见他对于能够离开湖南进京发展，还是充满了欣喜。

谭嗣同想到了恩师欧阳中鹄，临行前，他们还是要有一场像样的告别。记得少年时读《公羊传》，真是觉得圣王、君子之道是有微言大义的。一个人完全可以在政统之外建设道统，在对政统无能为力的时候，成全道统以校正时世。欧阳中鹄告诉他，《公羊传》描述的孔子还是深有同情的，虽然汉代的儒生编造，孔子早就知道有一个汉朝出现，所以预先给汉朝提供思想资源，但他觉得孔子教训政统的行为仍是值得大书特书的。三代大成于孔子，孔子为汉代制订规矩，传承代代不绝。他又想到了康有为——那个向圣人看齐的当世大儒。

谭嗣同离开长沙前，还想听一听老师的教诲，他也想借此再说服老师。他和欧阳中鹄的关系并不仅仅止于师生情，欧阳中鹄于他，如兄如父，如知己如贵人。他从欧阳中鹄那里敬承的，也是这种通经致用的传统。临行前数日，谭嗣同与欧阳中鹄约定"论学作别"，遗憾的是没有成行。欧阳中鹄在致谭的信中，道出了两人的学术分歧在于："吾儒是礼，是文家兼质家；汝学是墨，是释，是耶，是纯乎质家。然流弊太多，不能自立。"欧阳中鹄还是劝他不要锋芒太露，应"善藏其用"，以待将来。可是，这样的话在谭嗣同听来，过于老气横秋。人要改变世界的抱负就像胸中蕴藏的一股气息，拦阻不得。欧阳中鹄不是担心谭嗣同壮志不够，豪气不足，而是担心太够太足，乃至祸及其身。且看欧阳中鹄信中所言："昨弟言'亡后之图'四字，使人凄然欲绝，不知所届。兄衰矣，办振务负重谤，毫无足校，惟此生已伤，恐不足用于世。望弟善藏其用，留俟彼时为四万万黄种立命，千万至祷。"此时，师生之间，在思想、政见方面已存有隔阂。他们最后一次谈话不欢而散，后来欧阳中鹄回忆当时的情景："谭生入京叩别时，语以应办数事：一学堂以造就人才，须以十年为期，由京而省而州县，农工商局及学堂，择要而举；一铁路矿务，须速举办，使利权皆归于我；一强兵尤为目前要务，海军当复，陆军当练。"虽然谭嗣同描画得美好，但在欧阳中鹄看来，他仍是受了康有为学说的蛊惑，欲以空文维世，空谈救时。这些维新人士哪里晓得，危世难处，他们说的那些东西，唯强国可用，弱国并不能用，缓急失序，容易坏了大事。

　　谭嗣同内心激荡的救国热情彻底被君王的一纸谕令点燃，现在，他不但有机会冲决网罗，而且还可以伸手抚摸宇宙。那么，剩下的事情，就是去北京寻找实现革旧图新理想的路径了。谭嗣同在《戊戌北上留别内子》的信中告诉妻子李闰："朝廷毅然变法，国事大有可为。我因此益加奋勉，不欲自暇自逸。"他甚至告诉妻子："此后太忙，万难常写家信，请勿挂念。"在这个始终保有少年心性的书生看来，没有什么比这个时代带来的刺激和生命体验，更让他着迷的事。也有人说，谭嗣同已经预感到光绪皇帝这道让他进京的谕令恰如阎王爷的催命符，是死神对他的召唤。不然他不会在出发之日无端地冒出一句："夫人益当自勉，视荣华如梦幻，视死辱为常事，无喜无悲，听其自然。惟必须节俭，免得人说闲话。"像是诀别之言，他在《仁学》里道出了基督教灵魂不死的信仰和佛教轮回和性海之说。都是从永恒的大生命去看个体小生命的生死，因而产生"死而不死"的信念，给予他精神上莫大的解放。借用佛家的话说，"一心开二门"，当人的内心被现实缠绕与桎梏时，人的思想就会变得汩没而迷失。

从谭嗣同曾经送给妻子的一首诗和诗前小序可见端倪——"戊戌四月初三日，余治装将出游，忆与内子李君为婚在癸未四月初三日，恰一十五年。颂述嘉德，亦复欣然，不逮已生西方极乐世界。生生世世，同住莲花，如此迦陵频迦同命鸟，可以互贺矣。但愿更求精进，自度度人，双修福慧。"迦陵频迦是一种传说中的鸟，唱歌的声音非常美妙动听。彼时，他们已结婚15年，谭嗣同依然记得四月初三是他们的结婚纪念日，夫妻情投意合，就像生活在西方极乐世界。他希望生生世世都能生活在一起，双双修得更大的福缘。

春夏之交，谭嗣同坐慈航轮船自湘江东下，此行目的地是北京。湘水清流，听着满耳的乡音俚语，看着烟波渺然，谭嗣同的心早就飞到了北京。他几次立于船头，或许是兴奋过头，诗兴反而不旺，只是辜负眼前好题了。过了鹦鹉洲，又逢汉口，再到武昌，会过几个沿途的朋友。似乎冥冥中有牵引，这一天天刚蒙蒙亮，身处浏阳的李闰突然听闻厅堂上有人大呼："老七进京不好！"其声凄厉，将李闰从睡梦中惊醒，吓得赶紧起床，打开房门出去查看。内院寂静无人，大门也紧闭，未曾看到有人影。李闰忙唤仆人杨妈起床，让她到院外察看，仍是一无所获。李闰认为这声音来得蹊跷，好几天都闷闷不乐。而彼时，谭嗣同北上的船抵达湖北，却在此停留了下来。事后，李闰才知道，谭嗣同在武昌大病一场，这个贤惠的女子以为梦兆就此灵验。康有为1901年写给赵必振的信里，提到了谭嗣同在湖北养病期间见张之洞的情形："复生之过鄂，见洞逆（张之洞）。"张之洞任湖广总督期间，与谭继洵同城为官的时间最长。谭继洵为人谨慎，但张之洞行事专断，两人的关系并不和谐。

作为19世纪末帝国最著名的能臣之一的张之洞，与曾、李、左等其他中兴名臣以兵戎发迹不同，他是摇笔杆子出身，遇事敢为大言的风格和官场上善趋风势的本能，使他以"清流"得宠于朝野，一步步爬上了封疆大吏的高位并树起了开明、新派的政治形象，同时他还是一个极端的文化保守主义者。

康、梁等人一度将其引为知己，并试图借其影响力而实现他们的维新主张。而随着康、梁等人在政治思想及学术理念上影响力急剧增大，张之洞及其派系对此非常警惕。尤其是在康有为于光绪二十三年冬进京，在政治上风生水起之时，张之洞的警惕之心转向担忧，乃至于无奈。

谭嗣同进京之前，专程拜谒张之洞。这是一场并不愉快的见面，二人再次为"民权"而发生争论，张之洞此时已将谭嗣同视为康党的重要成员，"力劝其勿言附康党，言之四次"。

张之洞问："君非倡自立民权乎？今何赴征？"

谭嗣同答道："民权以救国耳。若上有权，能变法，岂不更胜？"

老于世故的张之洞又怎能听不出谭嗣同话语中所传递的信息，他知道，维新派的策略有所变化。不再局限于民权。

整个六月都是坏天气，非阴即雨。雨中卧病，尽可悠游度日，但外面的世界却颇不太平。在谭嗣同的视域之外，这个世界的许多地方都充斥着某种悄悄的激动。他不是一个放浪山水的自在客，无心风雅，也无意流连于此。虽然张之洞署中的电报可看，但谭嗣同知道他所看到的，是张之洞希望他看到的。那些不断下发的上谕、电旨和消息，也难让他有大的振作。连绵的雨日，以几篇电文打发之，不免让人想到国事如电文，换的是新词，说的还是老话。在圣旨和总理衙门电报的一再催促下，谭嗣同不得不再次上路。他在致妻子李闰的信中写道："总理衙门有文书来，催我入都引见，可见需人甚急。虽不值钱之候补官，亦珍贵如此，圣恩高厚，盖可见矣。"谭嗣同不顾病体毅然北上。

第九章

戊戌北上：驶向脱轨的快车

1

正月初八，雪停了，北风愈加凌厉。颐和园的积雪不深，踩上去发出咯吱咯吱的声响。站在知春亭望着紫禁城的方向，光绪帝心中愁绪难展，陪着慈禧太后看了一整日的戏，脑子里还嗡嗡作响。慈禧是个戏迷，这天的内务府升平署演出的戏目是《丹桂飘香》《昭代萧韶》《庆安澜》，除了升平署的太监戏，还外请了"义顺和班"演了六出。慈禧颁下的赏银为四百多两，这天的戏从上午 10 点开演，一直演到晚上 8 点半。那些戏台子上的事，说来便来，说去便去，人活在戏里图个爽快。戏完了，也就完了。可现实要比戏里难多了，他这个皇帝都这么难，更别说那些平民百姓。光绪帝最想见的人是康有为，他在年前召见枢臣议论时事时，因翁同龢之请，准备召见康有为。当时遭到恭亲王奕䜣的阻挠。光绪帝只好命总理衙门大臣"随时接见康有为，询问天下大计，变法之宜，命令如有所见及有著述论政治者，由总理各国事务衙门进呈"。

康有为此时正在北京，他是在戊戌前一年的十月中旬从上海启程来京的。彼时正值德国传教士被杀，德国远洋舰队强占胶州湾，侵占青岛炮台事件的发酵期。这件事也深深刺痛了他，国家再度面临被瓜分的危险，而朝廷仍然"泄沓如故，坐以待亡，土室抚膺，闭门泣血"。于是，他出于义愤以及对国家存亡的忧患，写出了《上清帝第五书》，并交工部代奏。与前四次上书的命运一样，无人肯出援手。康有为真是失望透顶，热血遇冰冻，他准备离开北京，回广东老家去。没想到，就在他将行未行之际，翁同龢忽然在散值后来到宣南的南海会馆拜会他，并希望他能够留下来。恰好第二天，兵科掌印给事中高燮曾上奏，保举康有为赴西洋参加"弭兵会"。光绪皇帝当天发给总理衙门的交片谕旨，要求他们"酌核办理"。虽然此事未成，但还是给康有为带来了新的机遇。不久便有了正月初三日被总理衙门约见的事，康有为的命运由此发生了根本性的转变。

当日，李鸿章、翁同龢、荣禄及刑部尚书廖寿恒、户部左侍郎张荫桓在总理衙门西花厅接见康有为。翁同龢和张荫桓都在当天的日记里记录了当时的情景。当朝重臣接见一个未上任的小官康有为，也算是破了清王朝的成例。他们谈到了许多亟待解决的问题。比如改革官制、设"制度局"及新政的各种机构，还有诸如练民兵、开铁路、开矿山、办邮政、筹款、借债等具体事项。此次会见的影响随着时间的推移逐渐显现。对于康有为等维新人士来说，这无疑是打了一剂振奋精神的强心针。谁说这不是一场及时雨呢。

此时的北京城正经历着一年里最酷寒的时日，被抽去筋骨的阳光照射着这座帝都大小胡同的老槐树，让苍老的枝干又添了枯色，陈旧如版画。紫禁城通往西郊圆明园的御道上，传递急件的马匹和朝廷的命官显贵穿梭往来。公文和奏折变换着词汇被呈现，各种政治势力也在明明暗暗地进行着较量。受到鼓舞的康有为也没有歇着，他在第五天就将新的上书呈递给总理衙门。这份名为《大誓臣工开制度新政局呈》的奏折，又称《上清帝第六书》，被总理衙门拖了整整四十天，直到二月十九日，才"恭呈御览"。如此拖沓，不仅因为效率低下，更是因为他们有些人对康有为仍存有异见和保留。但光绪帝在收到总理衙门代奏的《上清帝第六书》后，却当即发布谕旨，要求"王大臣妥议具奏"。第二天，还未等王大臣做出反应，康有为又向总理衙门递送一件条陈，并附有一本他编译的《俄彼德变政记》一书，请总理衙门代奏。一周后，康有为又递上了一件新的条陈。总理衙门只好将康有为呈递的条陈及所递书籍一并进呈御览。两周后，康有为将条陈两件及新书《日本变政考》《泰西新史揽要》《列国变通兴盛记》三种送到总理衙门。这次，总理衙门没有耽搁，第二天便以单折代奏的方式进呈光绪皇帝。光绪显然对康有为产生了兴趣，他当天便将康有为的条陈和所进书籍，一并呈送慈禧，"恭呈慈览"。

这年春天格外长，过了三月还有闰三月。三月虽有两次，花却难开二回。

这时，梁启超也从上海赶到了北京。由于车船劳顿，再加上途中受了风寒，梁启超也病了一场，康有为的弟弟康广仁专程陪护，万里北来。梁启超曾说："幼博（康广仁）善医学，于余之病也，为之调护饮食剂医药。至是则伴余同北行。盖幼博之入京，本无他事，不过为余病耳。余病不死，而幼博死于余之病，余疚何如哉。"也就是说，戊戌年的这场风波，本不关康广仁的事，他是因照护梁启超才来到北京，结果祸及自身。

梁启超此次来到京城主要是参加戊戌年科举考试。每逢科考之年月，人头攒动，京城的热闹也是翻倍的。那些外省举人来到京城之地岂有寂寞之理，会客探友、遍访同邑京官，天天安排得满满当当。热闹翻倍，空气中飞来飞去的政治流言也翻倍地增长。什么俄日之事，什么向英人借款，什么皇帝日日临朝痛哭。而此时，康有为也忙活得不可开交。自德国强占胶州、俄据旅顺和大连之后，康有为便力图"既上书求变法于上，复思开会振士气于下"。他想要从上、下两方面推动变法。早在德国占胶州之初，康有为曾想要以本省人组织粤学会，但在守旧势力的干扰下未能实现。开春以来，他四处联络有维新想法的京官士大夫及前来应试的各省举人，鼓动变法求存。宋伯鲁与杨深秀等开办关学会，内阁中书杨锐开蜀学会，中书林旭开国学会等，使得"京师大夫，颇相应和"。眼见得四方用力，康有为计划组织全国性的保国会。

三月二十七日下午，北京南横街粤东会馆那个树荫遮蔽的院落突然热闹起来，众人推举康有为发表演说。这个天才的演说家，嘴里蹦出的语言像一团火很快将空气点燃。这是康有为在北京发起成立保国会后，第一次召集开会。当天与会者登记名录的共有一百二十七人，而实际人数要比这多。当日还拟定了《保国会章程》。章程中宣告"本会以国地日割，国权日削，国民日困，思维持振救之"，并明确提出保国会以"保国、保种、保教"为宗旨，以"激厉（励）愤发，刻念国耻"为己任，号召四万万同胞，皆应发愤以"救天下"。从所拟的章程来看，康梁希望能将保国会建成一个有着严密内部机构的政治组织，但效果似乎并不明显。戊戌政变后，《申报》曾刊发《缕记保国会逆迹》一文，其中写道："京官亦有与其列者，然大抵来看热闹，且当时仅曰讲学，仅曰茶会，未尝告人以保国也。"文字虽有想象之嫌，但此中人的心态或可一观。

仅隔数日，闰三月一日，保国会第二次集会，梁启超发表演说。梁启超讲到了来京感受："启超复游京师，与士大夫接，则忧瓜分惧为奴之言，洋溢乎吾耳也。及求其所以振而救之之道，则曰天心而已，国运而已。谈及时局，则曰一无可言。语以办事，则曰缓不济急。"当时在京城等待发榜的举子有八千人，然而"其无可消遣之情态，视朝士又有甚焉。而此人者，则皆能为忧瓜分惧为奴之言者也，徐而叩其说，则曰：'今日事无可为，正我辈醇酒妇人之时也。'"巧合的是，他说这番话的时候，那个去年专程赶到长沙向他当面请教，并爆发激烈争辩的湖南湘潭人杨度正在京城参加戊戌科考。他在日记里说三年不作八股，一路上光顾着喝酒、耍乐，到了京城也是成天游逛、听戏。进了考场，三艺都以骈文搪塞了事。三艺作毕，便于窄小的号子里（考场地）倚靠而眠，醒来不觉已是第二日黄昏。出了考场，又是喝酒，看戏，饯行，纵谈国朝掌故，出席同年团拜，去琉璃厂看书。他没有记录自己坐在集会现场，听康梁高论。依着他的性格，应该不会来捧他们的场。他曾读过一本康有为的《新学伪经考》，书未完篇就合上了，再也看不下去。他对康有为作了这一评语：其才足以辨伪经，其识不足以治真经。

梁启超对杨度这种人身上所表现出的麻木不仁、放任自流、事不关己的情状是非常不满的："故启超窃谓，吾中国之亡，不亡于贫，不亡于弱，不亡于外患，不亡于内讧，而实亡于此辈士大夫之议论、之心力也。"保国会大张旗鼓地开馆宣讲，引起京城守旧人士的惶恐不安。对于那些参加集会的听众，康梁的宣讲都像是一场风暴刮过心头，但事后回忆起来，却又忍不住失望。商务印书馆元老李宣龚多年后在写给丁文江的信中说："迨保国会发起，弟虽到过一两次，其实不过逐队观光，并不识有所谓的政治思想。"持此种心态者恐怕不在少数，但对于康梁身上所表现出的那种在天子脚下敢于涉险犯难的革新精神，他们是万分钦佩的。汪大燮在当年四月写给汪康年的信中也说到当时的传闻和议论："闻其言，自始至终无非国家将亡，危亟之至，大家必须发愤，然从无一言说到办法，亦无一言说到发愤之所从。张菊生（张元济）谓其意在耸动人心，使其思乱，其如何发愤，如何办法，其势不可告人，斯固然也。"北地长空，风声萧然，有人似乎闻出了空气中动荡的气息。大多数举子虽有为帝王师的雄心，但长久以来困于场屋的窘迫使得他们不敢做非分之想。那些对自己本就不抱希望的举子，在享受了京城生活的几日快活后，便各自踏上了返乡之路。不过，保国会存在的时间也不长，康梁在辇毂之下大鸣大放，让守旧之徒大为惶恐，随即朝堂上掀起一股攻击保国会的狂潮。继御史黄桂鋆、李盛铎先后呈折攻击之后，潘庆澜又以"聚众不道"的罪名上奏弹劾康有为与保国会。虽然有人弹劾，但由于光绪的刻意保护，并没有治他们的罪。

光绪二十四年（1898）四月十日（5月29日），天空雾霭沉沉，无疑是在酝酿一场大雨。午后时分，随着一声惊雷炸响，大雨如注，瓢泼而下。雨雾遮目，每个人都活在自己视野之内，至于前方是什么样子，他们不晓得，也不关心。临近傍晚时分，一个惊人的消息传出京城：恭亲王奕䜣去世了。

奕䜣之死，对于慈禧和光绪来说，无异于帝国权力的断翅折翼。1861年

"辛酉政变"之后，奕䜣曾经被封为"议政王"，长期担任首席军机大臣，处理朝政二十多年，在同治、光绪两朝深孚众望。奕䜣的去世是一件大事，大事就有好有坏。奕䜣活着时，反对光绪变法。尽管奕䜣是洋务运动的领军人物，他多年以来秉持一个初衷，那就是看管好祖宗留下的这份基业。在他卧病期间，光绪皇帝陪同慈禧太后三次去他府上探望。奕䜣劝光绪要和太后齐心，在用人上要慎重，整顿军队，富国强兵。慈禧问恭亲王身后哪些人可堪重用，奕䜣推荐的是张之洞、荣禄、裕禄等人。当光绪帝问到翁同龢时，奕䜣沉痛地说，所谓聚九州之铁不能铸此错者。奕䜣认为朝廷这些年最大的失误就是起用了翁同龢。作为财政部长，翁同龢多年不给海军拨银子，又挑拨他们母子关系。几十年辛苦打造的海军毁于一旦，战败后又割地赔款。没有翁同龢，甲午战争不一定能爆发。没有翁同龢，几千万两银子建立的海军面对日本舰船，也不至于败得那么惨，以致覆灭于黄海。

奕䜣告诉光绪帝，中国非变法不可，然而不可另起炉灶，像康有为所说的成立"制度局"，进行全方位变革更是不可行，皇帝会沦为翁同龢、康有为等人的傀儡。那一刻，光绪帝想到不久前发生在他和翁同龢之间的一场不愉快的争论。这一天，光绪帝命翁同龢进呈康有为的书，翁同龢说他和康有为不往来。光绪帝忙问其故，翁同龢说此人居心叵测。光绪生气了，诘问："此前为何不说？"翁同龢道："臣近来读他的《孔子改制考》才知道。"第二天，光绪帝又向翁同龢索要康有为的书，再遭对方拒绝。光绪帝大为恼火，他坚持让翁同龢传张荫桓，由张再去传知康有为继续进呈新书。张荫桓多次出使外洋，长期从事外交与洋务活动，深得光绪帝信任。每当光绪帝听其讲述"欧美富强之机"时，均"喜闻之"，并"不时召见"他。也正是张荫桓将比他小二十岁的广东同乡康有为介绍给翁同龢，荐举给光绪帝。

如今，奕䜣也离开人世。对于光绪帝来说，相当于搬走了阻碍其变法的一块大石头。可是对于内忧外患的清廷来说，失去奕䜣这样的老臣，无异于倒下一根柱石。奕䜣去世后的七天里，光绪帝大部分时间与慈禧太后在一起，一起参加葬礼，一起进早晚膳，一起到景福阁赏景。据史料记载：这年春天，光绪帝曾于庆王奕劻面前抱怨，太后若仍不给事权，他愿退让此位，他实在不甘做亡国之君。奕劻将这句话说与慈禧听，慈禧不禁大怒：他不愿坐此位，我早就不愿他坐了。奕劻做事，向来滴水不漏，他力劝慈禧凡事往好处想。慈禧这才松口，且由他（光绪）去办，等办不出模样再说。

　　光绪帝终于从慈禧太后那里得到了对于实施新政的默许，变法事业出现了一线生机。四月二十三日，史家向来把这一日视作百日维新的第一日。这天，光绪皇帝颁布《定国是诏》，诏定更新国是，变法自强，先举办京师大学堂，命各省督抚保举人才。政坛波诡云谲，就像这一日的天气，早上还好好地出着太阳，到了晚上大雨瓢泼。《定国是诏》颁布的第三天，徐致靖上了著名的《保荐人才折》，向光绪帝保荐了康有为、黄遵宪、谭嗣同、张元济、梁启超五个人，他称谭嗣同"天才卓荦，学识绝伦，忠于爱国，勇于任事，不避艰险，不畏谤疑，内可以为论思之官，外可以备折冲之选"。当日虽然还有掌陕西道监察御史黄均隆上了参劾湖南巡抚陈宝箴以及梁启超、谭嗣同、黄遵宪的折子，但光绪帝置之不问，对于举荐他们的折子则明发上谕，谭嗣同着江苏督抚"送部引见"；梁启超着总理衙门"查看具奏"。政局面临着重新洗牌，原来小心翼翼维持的平衡已被打破。虽然前方的路还混沌不清，但说不定一声惊雷过后，天光会跟着大亮。

　　四月二十五日，光绪帝前往颐和园觐见慈禧太后。谁也没有料到，这看似平静的一天，会有一场政坛大震动悄然酝酿。颐和园的湖光山色对光绪帝来说毫无吸引力，若不是非来不可，他不会选择在这个时候进入这座园子，只有紫禁城才是最安全的地方。虽然重门叠户的紫禁城有时更像是一座巨大的坟墓，但没有老佛爷的地方，即使是坟墓，也让他觉得明亮和通透。

　　自从慈禧太后搬到颐和园，每天例行公事的请安，光绪帝还是要遵循的。

自从颁布"明定国是"诏书之后，他的内心一直处于兴奋昂扬的状态。这一天，他习惯性地来到颐和园，用极为谦恭的态度和语气向慈禧太后作了汇报。光绪帝大婚已将近十年，按照清朝祖训规定，慈禧太后必须归政于皇帝。不过从听政到训政再到归政，慈禧太后从来就没有放弃权力的意思。

从年初开始，关于政体变革的奏折，就源源不断地从宫里送入颐和园，递送到慈禧的手中。所有的奏折在她的面前堆成了山，那些规范且沉闷的文字，像是一座座情绪的火山。每个火山口都喷着各自的火，宣泄着各自不同的立场和观点。虽然已经从朝堂退回颐和园，但慈禧能够想象得到，那些文字的背后是维新派与守旧派的斗法。慈禧太后听完光绪帝的汇报，只是淡淡地说，皇上已当政，既然"上谕"都已经发布，那就该怎么办就怎么办。自己一个老婆子也不懂什么，只想在颐和园里过几天悠闲日子。

临到光绪帝离开时，慈禧太后又叫回他，拖着慵懒的腔调告诉他，他所亲近的大臣都不错，只有翁同龢近来跋扈专横，一副昏庸老迈之态。有史家说，慈禧说了这句话。也有人说，此事为编造。姑且放在这里，信疑两便。

四月二十七日，京城下起了小雨。这一天恰是翁同龢六十八岁生日，他早早起床，乘坐轿子入宫早朝，从容一如往常。雨越下越大，轿夫在泥泞的街道上前行。他中间还挑帘招呼他们，路滑难行，不要急。翁同龢想不到，这一天将是他政治生涯的最后一天。早朝前，宫中主管突然宣布翁同龢暂时不要与各位大臣一起进入议事大厅。翁同龢感到蹊跷，遂独坐廊下观雨。大约半个时辰后，同人退朝，宫中太监前来向翁同龢宣读朱谕："协办大学士翁同龢近来办事多不允协，以致众论不服，屡经有人参奏。且每于召对时咨询事件，任意可否，喜怒见于词色，渐露揽权狂悖情状，断难胜枢机之任。本应察明究办，予以重惩；姑念其毓庆宫行走有年，不忍遽加严谴。翁同龢著即开缺回籍，以示保全。"说的是翁同龢近来办事多不适当，众人议论纷纷，屡屡参奏他。每次君臣召对，向他询问事情，他的回答很不认真，喜怒于色。即日起，将其开缺回籍，以示保全。翁同龢苍老的身体晃了晃，值班太监用手扶住了他。这样的打击，对于这位在朝四十余载，两代帝师的老人来说，无疑是沉重的。次日，光绪帝诏命直隶总督、北洋大臣王文韶入京，接替翁同龢所担任的军机大臣、总理衙门大臣、户部尚书等各职；调四川总督裕禄进京，入军机处；荣禄改任直隶总督。关于翁同龢被开缺回籍，近代史研究者颇多争议。大多数认可慈禧太后为了削弱维新力量，强迫光绪帝罢黜自己的老师。这个观点成立的前提条件是，翁同龢在维新变法事业中占有重要地位，甚至威胁到慈禧的权力。但实际上，翁同龢不但不赞同光绪帝趋新、变法，还处处掣肘并阻止光绪投身变法。

第二天，翁同龢照例要向皇帝谢恩。他知道当日皇上退朝之后，按照往日的规矩，用过早膳，要到颐和园去给老佛爷请安。他赶到西华门前，在道路右边等着。不大工夫，皇上的卤簿便浩浩荡荡地过来了。翁同龢跪在宫门道旁的泥水地上接驾，顾不得体面。二十年朝夕相处，师生情谊深重。光绪帝努力控制着自己的感情，只是回头看了翁同龢一眼，却一句话也没说。翁同龢在当天的日记里写道："午正二驾出，余急趋赴宫门，在道右磕头，上回顾无言，臣亦黯然如梦，遂行。"

几个月后，即戊戌变法失败后，愤怒的慈禧太后仍然迁怒于光绪帝的老师，又以光绪帝的名义下发朱谕："前令其开缺回籍，实不足以蔽辜，翁同龢著革职，永不叙用，交地方官严加管束。"翁同龢回到家乡常熟，躲进虞山，过着隐士的生活。他甚至给自己定下规约：不写荐信，不受请托，不赴宴会，不见生客，不纳僧道，自称"五不居士"。一个在皇帝眼里"揽权狂悖"的权臣，这时候恨不得低入尘埃，令人唏嘘。五年后，翁同龢满怀抑郁和凄凉离开人世。临终前，他口占一绝：

六十年中事，

伤心到盖棺。

不将两行泪，

轻向汝曹弹。

翁同龢一生大部分时间都在北京度过，将满腔心血倾注于光绪帝身上，真是人生如梦。临死之际，他还在惦念着紫禁城里的学生。他哪里晓得，当他去世的消息传至北京，光绪帝的态度非常冷漠。据礼部原主事王照说："及翁之死，庆王为之请恤，上盛怒，历数翁误国之罪，首举甲午主战，次举割青岛。太后不语，庆王不敢再言，故翁无恤典。"这说明，让翁同龢下岗，是光绪皇帝自己的主意，而非太后"挟嫌报复"。年轻气盛的皇帝被时代的飓风刮得晕头转向，维新大幕已开启，所有的人都在期待着他的登台表演。就连那个长久以来，舍不得放权给他的慈禧太后，也鼓励他：放手干吧！干出个样子给我看看！

就在翁同龢黯然离去的这一天，光绪帝在颐和园仁寿殿召见了康有为与张元济。这也是康有为一生中唯一一次与光绪帝的会面。光绪帝亲政已有十年，经历了甲午战争失败和《马关条约》割台赔款的屈辱，经历了德国强租胶州湾和俄国强租旅顺口事件，国势日衰。对于这种末世的悲哀，有识之士看在眼里，但又束手无策。康有为的风格做派不同于那些明哲保身的体制中人，他一面入仕从政，一面办媒体、兴学会，开拓出官场以外极为活跃的政治舞台。与那些信守沉默之道的官员相比，他俨然是晚近社会出现的一股新生力量，他是一个懂得包装和宣传自己的职业政治家。

康有为能够凭空将一份没有抵达皇帝御案的万言书说破天。有史家说他的那篇著名的《公车上书记》乃虚构之作。为了推销此书，代销商在《申报》上刊登近十次广告，宣传声势在当时绝无仅有。此时大清国的主政大臣，总体上都具有洋务倾向。毕竟已是 19 世纪末，与洋人打了几十年交道，他们对于世界大事也算是了解，只是观念还比较保守，要他们拿出新思路也比较困难。朝堂上冲突的焦点在于，光绪帝无法驱使那些老于世故的官僚，可他又急于组建自己的班底。同一天正赶上荣禄任直隶总督进宫谢恩，于是酿出一段历史公案：康有为与荣禄在朝房候见的时候，发生了针锋相对的辩论。

荣禄问康有为："以子之槃槃大才，有什么办法补救甲午后的朝局？"

康有为说："只有变法。"

荣禄说："知道应该变法，但一二百年的成法，能一下子改变吗？"

康有为回答："杀二三品以上阻挠新法大臣一二人，则新法行矣。"

这种杀气腾腾的场面，令人感到震惊，犹如影视剧里的矛盾冲突，符合想象，但并不符合事实。如若这一幕真实地发生过，则康有为之语让人不可理解，或因为兴奋过头，而忘记置身何种场景之下。荣禄，又岂是可以儿戏之人。一个深得太后信任，久经沙场从死人堆里爬出来的权臣。康有为完全没有意识到，自己这句像是儿戏之言的话里埋下的凶兆。

茅海建先生的《从甲午到戊戌：康有为〈我史〉鉴注》分析，康有为的《我史》有诸多不实之处。比如光绪帝其实只召见了康有为一次，时间约一刻钟，但在康有为的如椽巨笔下，就变成了十几刻钟（三个小时以上）。在光绪帝面前说话，他形容自己用的是"以大海潮音，作狮子吼"这样的语气。而同日被光绪帝召见的张元济在《戊戌政变的回忆》中写到，当日"荣禄架子十足，摆出很尊严的样子。康有为在朝房里和他大谈变法，历时甚久，荣禄只是唯唯诺诺，不置可否"。

以荣禄为首的大臣们看不惯康有为和一批资历尚浅的后进，觉得小臣得势，他们就要失势。维新变法从一开始就陷入人事纠缠，先是慈禧太后与光绪的权力博弈，再传导至老臣与新臣的权力博弈。如此，必然引发内耗，乃至内斗。康有为所表现出的大鸣大放姿态，自然引得荣禄等人的憎恶。带着情绪，军机大臣荣禄曾于人前发泄不满："康有为立保国会，现放许多大臣未死，即使亡国尚不劳他保也。其僭越妄为，非杀不可。"荣禄道出了那些大权旁落者的心声，也让守旧与维新两派呈水火不容之势。在这短短15分钟时间里，康有为究竟在光绪帝面前说了什么。据梁启超讲："至康有为、张元济召见，皆力陈其害，康至谓辽台之割，二百兆之偿，琉球、安南、缅甸之弃，轮船、铁路、矿务、商务之输与人，国之弱、民之贫，皆由八股害之。皇上喟然曰：'西人皆曰为有用之学，我民独曰为无用之学。'康即请曰：'皇上知其无用，能废之乎？'上曰：'可也。'"按照梁启超的说法，康有为把割地赔款、国弱民贫的现实问题，全推到了"八股文"的头上。读书人都被赶到了去读无用之书的路上去了，此路越走越窄，最后都变作无用之人。不废八股，国将不国。康有为走出颐和园时，若是他有心留意，会发现天空的云气正一片一片叠起，汇聚成巨大的云团，虽还密云不雨，但让人感觉惊雷会随时炸响。湖南人杨度在当天的日记里写道："今日，康长素（康有为）召见，自此有亡国之臣矣，翁常熟（翁同龢）骤出军机，未知上意……夜，大雨。"

五月初五日，光绪皇帝诏谕内阁"废八股"。

2

六月下旬的上海，夏日的风已有燥热之感。天色在申江上渐次暗了下来，江对岸马路上的新式路灯、殖民地风格的建筑内部客厅的枝形吊灯，次第亮了，好一派灯火楼台。姑娘们开始忙碌，她们涂红了嘴唇，描黑了眉毛，梳洗停当后，等待陌生男子的遴选。这些姑娘，大多来自苏北，或更远的内陆的村庄和集镇，离开她们的父母、丈夫或者儿子，来到这个华洋杂处的城市寻找活路。

谭嗣同喜欢上海这座城市，不是因为这里的欢场，而是因为这里是中西文化对抗与交流的旋涡地带。更何况，他对国运的担心要远大于对一座城市的迷恋。自武汉启程赴南京，前往两江总督衙门取咨文，然后抵达上海。这里既有他的朋友圈，也有康门同人。他见了他们中的一些人，与他们在一起商讨维新活动的策略问题。临行前，他专门拜访了维新人士宋恕。甲午战争后，宋恕从天津移居上海，结识康有为、梁启超、郑观应等维新人物，随即发起组织"申江雅集"，交流学术，成为上海地区维新人士核心团体。前年春天，谭嗣同离京到江宁任江苏候补知府，经过上海，与宋恕在格致书院结识，从此莫逆于心。宋恕自言论交四海，人物都是一时之选，但"待之以师友之间者，惟浏阳谭君复生，杭州孙君仲瑜（宝瑄），瑞安陈君介石（黻宸）三人而已"。人与人之间相交相重，不在时空，在于心意相投。宋恕后来回忆说："浏阳应召入京，来辞别，且访谋天下事。弟送之行，再三讽以时局之难，不如早归。"宋恕感到形势险恶，深为谭嗣同担心，劝其缓行，又让他早日归来。在谭嗣同看来，他此次赴京不同往日，乃奉诏而往，即使不能彻底扭转颓局，也能使维新人士的地位得到提高。

七月初，谭嗣同抵天津后稍事逗留。天津的热闹场不输于上海，灯火连宵，笙歌彻夜，但也充斥着某种不安的气息。自从去年这个时候，北京永定门外马家堡迎来第一声响亮的汽笛，古老的北京通上了火车，而铁路直达天津，200多里的路，原本要走上2~3天，如今只需要3个小时就能走完。京师大学堂（今北京大学）首任校长，英国人丁韪良曾经宽慰那位因骑驴上北京而极为郁闷的公使威妥玛：希望你一直担任女王陛下的公使，直到能乘着火车离开。此时，毛驴下岗了。遗憾的是，那个骑驴的公使早在十六年前就下岗了。

通了火车的天津，不再只是一个口岸，而是半个首都。津沪双城，是帝国改革的两个标杆。讽刺的是，英吉利四艘军舰还泊于大沽口，说是俄国不利于中国，"故为保护"。这样的话听来让人感到好笑，但更多的是无奈。英国、日本、俄国，说穿了"其所争皆在中国"。谭嗣同在天津第一次见到了福建侯官人林旭。据谭延闿回忆：七月初四，他经过天津，与林旭在酒楼上对饮畅叙。突然听到旁边有人叹息："有君无臣，奈何！"谭延闿不由转身望去，见是老友谭嗣同，赶忙起身让座。彼时，谭嗣同与林旭互闻其名，却从未见过面。谭延闿介绍他们认识。两人一见如故，又都是致力于维新事业的年轻人，"高睨大谈，一座尽倾，明日别去"。

林旭出身贫寒，祖父中过举人，曾在安徽任县令。他父母早亡，生活是由叔叔接济。他在私塾读书时，常常出语惊人，乡人视其为"神童"。梁启超如此形容林旭："自童龀颖绝秀出，负意气，天才特达，如竹箭标举，干云而上。冠岁乡试冠全省，读其文奥雅奇伟，莫不惊之，长老名宿皆与折节为忘年交。故所友皆一时闻人。其于诗词骈散文皆天授，文如汉、魏人，诗如宋人，波澜老成，環奥深秩，流行京师，名动一时……"沈葆桢的四子沈瑜庆非常赏识他的才华，将其女沈鹊应嫁给林旭。一个县令的孙子娶到了两江总督的孙女，林旭以婚姻的形式光耀了门楣。婚后，他跟随沈瑜庆到了南京，不久之后又前往武昌。他在沈瑜庆身边两年之后回乡应试，先是考取秀才，随后又高中举人第一名。林旭高中举人的第二年进京会试，竟然名落孙山；次年再考，又一次落第。于是，林旭干脆留在京城，捐了一个内阁候补中书。他发起并动员寓京的福建籍维新人士，成立闽学会，与粤、蜀、浙、陕等学会互通声息，传播西学。康有为在京组织保国会，他为该会奔走最为得力。

谭嗣同与林旭别过，第二天便抵达北京，寓居浏阳会馆等待引见。此时的北京城，正经受着一年中最火辣的阳光炙烤，空气中散发着便秘般的干燥气息。在此期间，他经常到南海会馆与康有为、梁启超等人频繁会面，磋商变法事宜，并听康有为讲授《春秋公羊学》。在康有为的身边，时刻围绕着一批维新人士，他们大多是和谭嗣同一样充满任侠之气，又怀着各种各样梦想的年轻人。据康有为的厨子对人说，当时出入南海会馆的有宋伯鲁、杨深秀、谭嗣同和林旭等人，他们晚上聚，天亮时就各自散去。而浏阳会馆此时也变得热闹起来，门前车水马龙，登门拜访者络绎不绝，其中不乏京师官员与名流。根据会馆门簿记录，前来拜访者除各地维新人士外，还有沈曾植、张孝谦、容闳、杨锐等人。他们的脸上流露出按捺不住的兴奋，恨不得张口就吐出巨大的光芒。面对京师出现的新气象，谭嗣同感到无比振奋，一扫之前的压抑与沉闷。他有着急切的政治情绪，他在家信中兴奋地写道："本月初五到京，事之忙迫，殆不胜述。朝廷毅然变法，国事大有可为，我因此益加奋勉，不欲自暇自逸。"谭嗣同对此次北京之行，抱有巨大的热忱和盲目的乐观。他觉得奔忙了那么多年，离自己心目中的那个目标越来越近。

此时，变法维新已处于十字路口，是冲破阻力还是退缩不前？光绪帝毅然选择了前者。攻克了八股这个顽固的"堡垒"，变法的另一项重大成果，便是批准并筹办京师大学堂。早在两年前，刑部左侍郎李端棻上《请推广学校折》，请立大学堂于京师，而草拟奏折的人便是梁启超。总理衙门上折回禀："京师大学堂系为扩充官书局起见，应请旨饬下管理书局大臣察度情形，妥筹办理。"接到这份奏折后，光绪帝命自己的老师拿出意见。于是，孙家鼐随后上《议复京师大学堂折》。虽然他在奏折中提出了开办京师大学堂的六条设想，但他认为京师大学堂宜缓不宜急。戊戌年三月，光绪帝接到康有为所奏《上清帝第六书》，其中也有恳请设立京师大学堂的内容："自京师设立大学，各省立高等中学，府、县立中、小学及专门学。"开办京师大学堂在当时还是得到很多人的支持，但总理衙门迟迟没有动静。直到六月，光绪帝再次想起设立京师大学堂的事情。并在他颁布的"明定国是"诏中特别指出，京师大学堂"尤应首先举办，著军机大臣、总理各国事务王大臣会同妥速议奏"。由于翁同龢遭到罢黜，开办京师大学堂又被搁置下来。直到光绪帝大发雷霆，要求"迅速复奏，毋再迟延"，若再像前几次那样拖着不办，定严惩不贷。面对这样一个新鲜事物，衙门里的大臣无从下手。最后起草《大学堂章程》的任务落到了梁启超的头上。梁启超是年轻的，也是张扬的，自然按照自己的设想去起草。但是梁启超并没有得到重用，光绪帝仅仅赐他六品顶戴。时任礼部主事王照在给友人的信中写道：传说梁启超不会说北京话，召对时彼此不能达意，所以才没有重用他。孙家鼐爱惜梁启超，托人邀请他至大学堂充任编纂员，梁启超不得已前去就任，每日上班，勤于政务。对于梁启超受到的待遇，康有为感到怏怏不乐。

光绪帝下发谕旨，颁布《大学堂章程》，同时派孙家鼐为管理大学堂事务大臣。孙家鼐，安徽寿州（治今安徽寿县）人，咸丰九年（1859）状元，与翁同龢同为光绪帝师。《清史稿》评价他："简约敛退，生平无疾言遽色。"也就是说他是一个内敛平和之人。他曾经支持康有为筹办强学会，后来随着康有为的政治活动不断扩大，对其态度也急转直下。尤其是康有为的《孔子改制考》刊行后，孙家鼐称其"才华甚富，学术不端"。京师大学堂是北京大学的前身，作为管学大臣，孙家鼐提出了"分科立学，不分畛域，主善为师"的思想，此后又提出"学问乃天下万世之公理，必不可以一家之学而范围天下"。面对孙家鼐的种种举措，康有为并不认同。尤其是他认为孙家鼐拒绝康门成员进入大学堂任职。康有为代宋伯鲁拟写一道奏折，恳请将大学堂任职官员撤去其他差使，以便做到专职专任。他还敲打了一番孙家鼐：孙家鼐筹办大学堂，应该邀请有才能的人。如果仍按照老办法办理，徇顾私情，用自己的人，那是会让人笑话的。孙家鼐的确是绵里带刚，他提出让康有为前往上海督办《时务报》，借以将其赶出北京城。光绪帝还真就听了老师的，派遣康有为前往上海督办该报，康有为当然不想离开京城，他以"为皇上编书，编书未毕"为理由继续留在北京。

废除八股、设立学堂等主张被采纳。光绪帝又连续颁发谕旨，语重心长地告诫臣子"务当洗心革面"，"力矫疲玩积习"。从六月开始，皇上下达的变革令如雪片一样覆盖了整个帝国，令所有衙门陷入手忙脚乱之中。各项维新措施陆续颁布，给人以耳目一新之感。诸如在教育方面，宣布改革科举制度，废除八股；改书院为新式学校，创办京师大学堂；奖励游学，设立各种专科学校，以振兴实学。在官制方面，撤销重叠多余之机构，裁汰冗官。在文化方面，成立译书局，广译外洋书籍。在经济方面，设立矿务铁路总局和农工商总局，振兴商务，建造铁路，讲求工艺，设厂制造。在军事方面，命各省陆军改用洋枪洋操，用西法练兵；整顿水师，筹款建造兵轮，添设海军；等等。这些政治变革令多达九十多项，包括：裁撤詹事府、通政司、光禄寺、鸿胪寺、太仆寺、大理寺等衙门；同时裁去广东、湖北、云南三省巡抚，巡抚事归同城之总督监管，河东河道总管裁并河南巡抚监管；此外，还涉及地方冗官的裁减问题。这些断然的举措，意味着大批的帝国官员在一夜之间无处安放，对他们的去向，未作任何安排；尤其是废除八股文，更让那些读书人无所适从，他们自幼苦心孤诣积累起来的知识系统突然之间变得百无一用，于是士林沸腾。

伴随着这些折子，大批官员纷纷拥向颐和园，请求慈禧太后为他们做主。内阁大学士徐桐伏地痛哭，说，要裁就先把他裁了。人事变动，尤其是这种异常的变动，提供的可操作的政治空间，让人难以想象。尤其罢免礼部六官带来的反弹效应更是惊人。从时任礼部尚书、内务府大臣怀塔布的角度来看，他满腔委屈无处诉。《清代通史》记："怀塔布之妻素侍太后宴游，乃哭诉于慈禧，谓且尽除满人，后因不善帝之所为，久有废立意。"当然，被撸了官职的怀塔布也没闲着，他赶赴天津寻求荣禄的帮助。据载，七月二十二日，天津有人见自京乘火车来督署者数人，势甚耀赫，仆从雄丽，有言内中即有怀公塔布、立公山也。梁启超政变后也称，礼部六堂官被罢黜后，"怀塔布、立山等，率内务府人员数十人环跪于西后前，痛哭而诉皇上之无道，又相率往天津就谋于荣禄"。这当然是受委屈者的自然举动。但是，这样的变故对御史杨崇伊而言，则是难得的机会。

天快亮时下了一场秋雨，杨崇伊被潇潇的雨声惊醒了。他简单用完早膳，就匆匆上路了。这是他第一次坐火车，从永定门外马家堡出发，铁路直达天津。他要去见的人，不是别人，也是荣禄。身为御史，杨崇伊是个善于观测风向的人，早在甲午战后慈禧整肃清议的活动中，他就几次冲锋陷阵，非常能迎合慈禧的心理。有资料称，训政原本就是慈禧的想法，只是授意杨崇伊在外操作而已。杨崇伊的儿子娶了李鸿章的孙女（李经方之女），所以杨李是故交。但在这件事上，盛宣怀档案中的《虎坊掫闻》称："闻杨崇伊纠众奏请太后亲政，以疏示李鸿章，李不肯签名。杨遂赴津，谋于荣禄。此亦七月事。"从种种迹象看，太后训政是庆王与在天津的荣禄密谋后促成的。在慈禧心目中，值得信任，并且地位崇隆的王公权贵，非此二人莫属。

　　两个月前，荣禄在穿越了无边的风霜之后抵达北京，出现在慈禧的面前。自从他辞官退隐，后被重新任命为西安将军，远离京城，偏居边塞以后，很久没有出现在京城，更不会出现在紫禁城。除了练兵，甲午战后荣禄倾注精力的另一桩大事是慈禧在菩陀峪的陵寝修复工程，这是极讨慈禧欢心的事情。荣禄能够得到军机大臣、直隶总督的任命，显然得益于此。最近几日，天津的官场煞是热闹。政局变幻莫测，朝云暮雨，人心不定。新旧两党，互争朝局，激烈较量。于是乎，朝堂成了口角之地，朝堂外成了决定胜负的关键。《清代通史》记录当时：当皇上知改革也，满洲大臣及内务府诸人，多跪请于西后，乞其禁止皇上，西后笑而不言。有涕泣固请者，西笑且骂曰："汝管此闲事何为乎？岂我之见犹不及耶？"经过前期的试探，形势虽不明朗，但对阵双方都心知肚明，离最后的摊牌已经不远了。七月二十日，光绪帝在紫禁城的乾清宫召见了谭嗣同和郑孝胥。根据《郑孝胥日记》，可以看到召见时的情景：行礼如仪后，郑孝胥看见光绪帝的脸上有一丝不易察觉的郁悒之色。皇帝向他垂询的问题不少，召见的时间约两刻钟之久。他回答了皇帝质询，又将未尽之言写在奏帖上呈了上去。这才见到光绪帝脸上的忧郁渐渐散去，拨云见日。光绪帝看上去非常瘦弱，郑孝胥不由为他的健康担忧。在奏对时，他说话的声音响亮，皇帝不以为意，谦虚且低调。呈递奏帖时，还没有递到御案上，光绪帝就伸手接了过去，粗略披览，即欠身曰："可留览之。"

据梁启超说，谭嗣同因外界传言，曾当面询问光绪皇帝病情如何。光绪帝说："朕从未曾生病，你何出此言？"谭嗣同吓得赶紧取下头上顶戴，向皇上谢罪。关于此次召见，坊间说法不一。据当时的《知新报》报道："嗣同既得见上，慷慨论列当年之利弊，上大悦。"又如《天南新报》所录光绪帝给谭嗣同的口谕：

我为二十三年罪人，徒苦我民耳，我何尝不想百姓富强，难道必要骂我为昏君耶？特无如太后不要变政，又满洲诸大臣总说要守祖宗之成法，我实无如之何耳……汝等所欲变者俱可随意奏来，我必依从，即我有过失，汝等当面责我，我必速改也。

据说光绪帝当时还询问谭嗣同："草野中有没有可用之才？"

谭嗣同奏曰："湖南拔贡唐才常、沈毅有识，无论是中外学问经济，无不知晓，畀以封圻，不难胜任。他们与臣既是同乡，又是同学，故知之甚深。"光绪帝点头，表示已记下。

谭嗣同就在这天与杨锐、刘光第、林旭一起被光绪皇帝任命为四品军机章京，参与新政。按说，军机章京归属于总理各国事务衙门，由军机大臣直接领导。但是，新任命的四位章京却有些特殊，他们直接对皇帝负责，职责是专门阅看司员士民的上书，并由他们对这些条陈添加"签语"，再奏明皇帝，形成旨意。说白了，他们就是皇帝的秘书班子。第二天，光绪帝又对四位新任军机章京下达特谕："尔等当思现在时势艰危，凡有所见，及应行开办等事，即行据实条例，由军机大臣呈递，俟朕裁夺，万不准稍有顾忌欺饰。"光绪帝对他们寄予厚望。他们四人分值两班，杨锐、林旭一班，双日入值，刘光第、谭嗣同一班，单日入值。值班期间，如有司员士民上书，先由他们签拟，类似于传统内阁的"票拟"，即在这些事务条陈上签拟意见，方便皇帝阅看。但他们的实际权力却要大于军机大臣，因为军机大臣只是奉旨票拟，是先有旨意后有谕旨，而新晋四章京却是先有意见，然后奏明，形成旨意。至此，一个辅佐新政的最高参谋班子建立起来了。

军机处是清朝设立辅佐皇帝的重要政务机构。其职权为每日觐见皇帝，商承处理军国大事，用面奉谕旨的名义对各部门、各地方发布指示，地位和作用类似于明朝的内阁。当时军机大臣六人，从大学士、尚书、侍郎中选拔入值，领班军机大臣由满族亲贵担任。其僚属称军机章京，即小军机，从京内各部院司员中选择，经过考试后依次递补使用。军机章京执掌缮写谕旨、记载档案、查核奏议；分为满、汉四班。谭嗣同等人原为候补官员，出任军机章京属于破格提拔。如此一来，政局面临着新的洗牌，最紧张的莫过于那些守旧大臣。其时的朝中格局，就像天空中的云，变幻莫测：天上云气一片片抱团，只见南边飞来一团云，硬要挤到两团云的中间，于是原来的云便被压将下去，并将另一团云挤得越来越紧，越紧越不能相让，情状颇为诡谲。

军机章京值庐在紫禁城内隆宗门南侧，称南屋（与军机大臣办事的北屋相对）。新任章京从七月二十日开始在军机处入值，杨、林于当日值班，谭、刘则于次日就值，随后依次轮流。新任四章京虽为皇帝信任，却不为军机处同僚接受，关系十分紧张。据时人记载：皇帝传见章京，必须先过军机大臣这一关。传唤者要先到军机大臣私邸谒见，经军机大臣同意，才可以前往听差。谭嗣同等人以为出自皇上旨意，第二天即到军机处供职，军机大臣及汉章京领班都在内廷召见他们，其他人以次分座。章京办公地只有一间屋子，所谓南屋者，空间极为狭窄，也没有几张办公用的堂案。满汉分列，谭嗣同、林旭依例坐于汉大臣区，结果被赶了出去："我辈系办旧政者，请他们离开。"他们又坐于满大臣区，同样遭到驱逐："我辈满股，若何为掺杂？"谭、林愤而离开。军机大臣从中调停，将他们的堂案摆放于屋子的中间，满汉官员群起而愤之。

但是，似乎也没有什么办法能够改变这种对立的局面。既而谭、林等人每次召对后，但凡涉及新政之事，每令拟旨，军机大臣不知情，谭、林等人亦不告知。四位新任军机章京在充满敌意的环境中，从事着维新之事。在这场权力血拼中，这种明里较劲、暗里使绊的做法不足为虑。只要皇帝信任他们，国事就大有可为。眼前情势如此，外间风大且阻，他们只有奔跑起来。于是，在退朝以后、在办公归来，在南海会馆、在浏阳会馆，就多了维新人士聚会的足迹。

七月二十七日，光绪皇帝命谭嗣同代拟上谕。据梁启超讲："皇上欲开懋勤殿设顾问官，命君拟旨，先遣内侍持历朝圣训授君，传上言康熙、乾隆、咸丰三朝有开懋勤殿故事，令查出引入上谕中。"光绪帝准备于二十八日亲往颐和园请命慈禧太后。何谓懋勤殿，"懋勤"二字取自"懋学勤政"之意，用于收藏图史文书。清沿袭明制，凡图书翰墨仍藏于其中。谭嗣同退朝，与同行之人说起此事，不由喟叹："我今日才知皇上真的无权啊！"待到第二天，朝堂上下人人皆知懋勤殿之事，以为今日谕旨将下却迟迟未下，于是更加坐实太后与光绪帝互不相容的传言。

此说法出自梁启超《戊戌政变记》，康有为在其年谱中也有说到。不过，后来许多学者考证，光绪皇帝自七月二十日召见谭嗣同之后，一直没有再召见他。因此，谭嗣同替皇帝拟旨这件事就变得扑朔迷离。不过，光绪帝这天的确发布了一道谕旨，而且要求各省督抚将这道谕旨悬于衙门大堂让能看到的人都能看见，并且知晓内容。上谕写道："今将变法之意，布告天下，使百姓咸喻朕心，共知其君之可恃，上下同心，以成新政，以强中国，朕不胜厚望。"上谕命令各省督抚将维新以来所有新政谕旨，迅速照录，并命各省州县教官开堂宣讲，务令家喻户晓，人人皆知。

3

谭嗣同又见到了大刀王五。

谭嗣同与康有为、梁启超，乃至其他三位章京——杨锐、刘光第、林旭等人虽有同心所向的维新事业，但谭嗣同又和他们不同。世人眼中，谭嗣同不仅是读书人的种子，还是武功了得的豪杰之士。而康、梁等人则是纯粹的知识分子，也就是所谓的书生。相较于他们，谭嗣同的交游范围更为复杂与广阔。他与王五的交往，便源于此。早在浏阳变法期间，谭嗣同就曾抱有"接纳豪侠为指臂助"的想法。在他看来，这个世界大乱将起，为将来计，应"于风尘中稍物色豪杰"，而与之交往。谭嗣同身上有着浓郁的江湖气，他在《赠舞人诗》里写道：

> 二十年来好身手，于今侠气总萌芽。
>
> 终葵入道首殊钝，浑脱观君剑欲花。
>
> 太一神名书五夜，无双帘影第三车。
>
> 冶城片土萧闲甚，容得干将与莫邪。
>
> 快马轻刀曾遇我，长安道上老拳工。
>
> 粗枝大叶英雄佛，带水拖泥富贵穷。
>
> 归些游从三岛外，忽然走入众狙中。
>
> 散官奉职真无状，输汝江湖卖舞容。

有人推测这诗是赠给大刀王五的。谭嗣同少年时读左太冲的诗，尤其读到那句"何世无奇才，遗之在草泽"，便心生向往。他相信草泽之中，必有奇才，一如孔子相信十室之内必有忠信。而"奇才"隐于书生中，反倒不容易寻找。少年时，他随父四处为官，又多次参加乡试，南来北往。他于历年漫游中，并不流连于上层宴游应酬，而是体察民情，结交侠义之士，即所谓"燕市臂交屠狗辈，楚狂名溷牧猪奴"。谭嗣同从不轻慢屠狗辈，视他们如兄弟。谭嗣同结交五湖四海的豪杰之士，他相信救中国，光凭书生文章是不够的，还得投身于行动。而真正崇尚行动的人，还得从社会下层去找，尤其是那些有着侠义心肠的帮会人物。谭嗣同是经外号"通臂猿"的胡七介绍认识王五的。谭嗣同向胡七学习铜、太极拳、形意拳和双刀。胡七认为，双刀不及单刀实用：第一，单刀易学易精；第二，单刀用处比双刀多；第三，单刀便于携带。谭嗣同深以为然。但单刀非胡七之所长，于是他将"义侠"王五介绍给谭嗣同。从此，谭嗣同便"从之受剑术，以道义相许"，交从甚密。谭嗣同曾对王五云："处夷四侵，国事日非，好男儿当以这三尺青锋杀出一条新路！"王五也慷慨陈词曰："有用我处，当誓死报效！"

谭嗣同称王五为"五爷"，叫胡七"七哥"，王五、胡七叫谭嗣同"三哥"。王五的哥们儿一律跟着叫"三哥"。谭嗣同是这些人中唯一的知识分子，但他毫不以此自骄，反倒跟这些粗人相偕，称兄道弟。他们都知道谭嗣同生于仕宦之家，书读得好，有学问。与那些官家子弟不同，谭嗣同毫无架子。不但切磋武艺，而且传授他们知识。那些江湖豪杰也乐意与其接近，听他谈古论今。他们知道谭嗣同是官少爷，他不会走镖，更不会做贼，各干各的。但是，既然谭嗣同拿他们当兄弟，是兄弟就该肝胆相照，这是江湖中人信奉的法则。谭嗣同跟王五和胡七拜了把兄弟，转眼已有十年。

十年间，王五和哥们儿有好多次跟谭嗣同谈到帮会的事。当时清廷严禁读书人交接会党。为掩人耳目，谭嗣同、唐才常主张如有江湖游侠豪杰之士，"当隐识之，以为将来避祸计，但须不沾不脱耳"。他们有意识地与江湖豪杰、秘密会党接触。另据唐才质《戊戌闻见录》，谭嗣同曾在给其兄唐才常的书信中提到，谭嗣同曾委派唐才常和毕永年前往汉口，秘密会见哥老会的有关首领。几天后，唐才常和毕永年回长沙，唐才质见其兄喜形于色，若得珍宝。询问之下，才知他们此行与哥老会接洽颇为顺利。双方均有意合作，谭嗣同大受鼓舞。此后，毕永年作为维新人士，继续与哥老会密切联系，经常往来于汉口、岳州、新堤、长沙之间，与哥老会诸首领谋划匡复事业，且投身会中，被封为龙头之职。

哥老会起源于四川，咸丰年间传入湖南，是清末势力最大的秘密结社组织。其基本成员为散兵游勇和游民，活动地点多在城镇码头，以拜会结盟、建立山堂的方式，在民间社会迅速传播扩大。待到光绪年间，哥老会组织已遍布湘、鄂地区，互通声气，连成一片。"每会人数，多者数万，少则数千。"湖南为哥老会之巢穴，其会员约有十二万。谭嗣同曾于《仁学》中严厉谴责清廷对会党的残杀政策："杀游勇之不足，又济之以杀会匪。原会匪之兴，亦兵勇之互相联结，互相扶助，以同患难耳。"

谭嗣同奉诏来北京之前，哥老会首领曾派遣代表前来商谈。他们允诺从帮会中挑选数十名年壮勇悍者，供谭嗣同驱使。谭嗣同劝他们精习刀棒，自己愿意资助他们。只因时机尚未成熟，只能边等边谋划。谭嗣同还从京城接纳有志之士，将他们作为策应，然后凭借这两股力量来建功立业。谭嗣同没想到如此稽延，让哥老会首领不免有些失望。双方处于合作初期阶段，维新派尚未提出明确的行动目标。谭嗣同离开湖南前，唐才常为其设宴饯行。酒至酣处，谭嗣同口占一绝，有云："三户亡秦缘敌忾，勋成犁扫两昆仑。"他交代唐才常要主动结纳哥老会，而他在京城倚重王五，两处聚力，大事可成。戊戌北上，谭嗣同已将湘鄂哥老会和北京"十八兄弟"，视为维新派可以信赖依靠的两支有生力量，准备条件成熟时在变法运动的舞台上演出一幕英雄活剧。

第十章

百日维新：围绕变法的几次事件

1

七月二十九日，光绪帝到颐和园乐寿堂给慈禧请安、侍膳。这些时日以来，慈禧并不安生，她搬进颐和园求的是个安宁，也借此让光绪帝亲政。这个惯弄权术的老太太自然明白光绪帝到底想要什么。根据内档记载，光绪帝当日提到开懋勤殿的想法。透过乐寿堂的香炉上升起的薄薄的烟雾，光绪帝看到了慈禧太后那张阴沉的脸。在她看来，光绪帝这时候提出此想法，不仅是对现存政治体制的挑战，更是对她本人权力的挑战。她坚信，光绪帝所做出的每一个决定，背后都有维新者的影子。又是康有为，又是梁启超，还有那个谭继洵的儿子谭嗣同，这帮人太不甘于寂寞，太过于激进。这种火急火燎的改革，会将帝国巨轮推向何方？就在十天前，光绪帝刚革去吏部尚书怀塔布、许应骙等六人的职务，同时还表彰了敢于顶撞礼部堂官、坚持上奏言事的礼部主事王照，赏他三品顶戴，以四品堂官候补。慈禧大为恼火，光绪帝已经忘乎所以，陷入兴奋中无法自拔。开懋勤殿，也就是说要在总理衙门、军机处之外另立山头。这还了得，这无异于将她的权力外衣又剥去一层。

慈禧当面斥曰："小子为左右荧惑，使祖宗之法自汝坏之，如祖宗何？"

光绪帝泫然而泣，据理力争道："时势至此，敌骄民困，不可不更张以救，祖宗若在，也会变法。臣宁变祖宗之法，不忍弃祖宗之法，失祖宗之地，为天下后世笑，而辜负祖宗及太后所托。"此次会见，成为帝、后之间的一次政治摊牌，最后闹到不欢而散。

慈禧坚决不同意开懋勤殿，她认为这是败坏祖宗之法。话已经挑明，若光绪帝一意孤行，其皇位断不能保。那个夜晚，光绪帝失眠了。他的眼前晃动着慈禧太后那张怒形于色的脸，他知道，他面对的是一座无法逾越的高山。越想越不安，越不安越要想。据说，这一天光绪帝在紫禁城内的乾清宫召见有着"中国西学第一人"之称的严复。天津《国闻报》在八月初四日刊登了光绪帝召见那个有着西学背景的严复的一则新闻。皇帝向他垂询的问题很多，召见的时间约三刻钟之久。在谈到变法图强时，年轻皇帝脸上的一丝郁悒总拂之不去，他叹息并追问道："中国就是守旧人多，怎好？"就在觐见后的一个星期，戊戌政变发生。严复多年后回忆起来，耳边好像又响起了那一声悠长的叹息。

七月三十日，光绪帝召见杨锐，并赐给他一份密诏。这份密诏直到宣统元年（1909）才由杨锐之子公之于世，这份诏书当时有多人录存，其中有荣县赵尧生（熙）、汾阳王书衡（式通），还有广西人赵炳麟（此人系康有为的同年）。许多学者认为赵炳麟所录为目前所见最好版本。因此诏内容并不艰涩，照录于此：

> 近来仰窥皇太后圣意，不愿将法尽变，并不欲将此辈荒谬昏庸之大臣罢黜，而用通达英勇之人令其议政，以为恐失人心。虽经朕屡次降旨整饬，而并且随时有几谏之事，但圣意坚定，终恐无济于事。即如十九日之朱谕，皇太后已以为过重，故不得不徐图之，此近来之实在为难之情形也。朕岂不知中国积弱不振，至于阽危，皆由此辈所误；但必欲朕一旦痛切降旨，将旧法尽变，而尽黜此辈昏庸之人，则朕之权力实有未足。果使如此，则朕位不保，何况其他？今朕问汝：可有何良策，俾旧法可以全

变，将老谬昏庸之大臣尽行罢黜，而登进通达英勇之人，令其议政，使中国转危为安，化弱为强，而又不致有拂圣意？尔其与林旭、刘光第、谭嗣同及诸同志妥速筹商，密缮封奏，由军机大臣代递，候朕熟思，再行办理。朕实不胜十分焦急翘盼之至，特谕。

光绪帝不知道大清国的其他帝王是不是像他这样，一路跪着走过来。别人跪他，而他只跪一个人——那个他口称"亲爸爸"的女人。自从他进宫做了皇帝，下跪，仰窥，几乎成为他面对慈禧的唯一方式，从储秀宫、长春宫，一直跪到颐和园乐寿堂。假如他要看她，只能以仰视的角度看他。所以，他对她下巴上的痣，以及她脖子上日渐增多的皱纹都了然于心。慈禧每次动怒的时候，脖子上的筋都会先动一下，那是来自身体的警报，而这让光绪帝格外警觉。作为帝国最有权势的女人，她只要几句话、几个表情，无须任何刑具，就可以摧毁一个人的意志。哪怕面对她的那个人，是个皇帝。茅海建在《戊戌变法史事考》中列出的数据表明，从四月一日至七月二十八日，在 117 天内，光绪皇帝与太后同住 69 天，请安 68 次，伺早膳 32 次，伺晚膳 22 次，侍看戏 15 次。百日维新期间，光绪帝 12 次前往颐和园"请安"，在交通不畅、轿扛船载的晚清时代，相距 15 公里的路程，单程就得三四个小时，这对身体虚弱、日理万机的光绪皇帝，简直是一种"刑罚"。从《清代起居注册》里搜索并计算出这些时间安排，茅海建得出的光绪与慈禧权力关系结构之一：事先请示制度——光绪帝无论是请安、侍早膳与晚膳，还是侍看戏，都是"孝道"之下柔性的政治活动与控制方式。可以说，在戊戌变法时期，光绪帝至少有一多半的时间，陪伴在太后的身边，看她的脸色行使事权。在这种柔性的事先请示制度对面，相对刚性的则是"事后报告制度"——在政变之前，光绪帝单独出席"早朝"，有单独的朱批权、口谕权，并对谕旨的形成有相当大的处置权。但在事后，准确说来，就是在第二天，必须要向慈禧太后报告。这种结构关系，意味着，"光绪帝有处理权，慈禧太后有监督权"。茅海建概括而论："光绪帝犹如在玻璃房子里办公，慈禧虽在远处，仍可以大体看个清楚。但是，再透明的玻璃房也会有一些暗角。"显然，这些暗角尤其是其间的运作，是再准确不过的观察二元权力关系后来破裂的关键。

传统中国政治中最重要的人事任免权，早在光绪十四年就做出规定，很明确，人事任免尤其是重要官员任免，其最终决定权在慈禧。光绪帝若是不按套路出牌，使得慈禧感到恐慌，她便会探囊取物般收回授予光绪帝的事权。

此前还发生了一件事。光绪帝诏令群僚士民皆许上书。湖南邵阳举人曾廉洋洋洒洒，以一万余字的《应召上封事》上书朝廷，并将梁启超等人在时务学堂课卷上的批语摘引下来，逐条加以批驳，作为他指斥康梁以民权平等之说蛊惑人心的证据。此人忧国心切，请求光绪帝"斩康有为、梁启超以塞邪慝之门，而后天下人心自靖，国家自安"。不服不行，梁启超后来也称这份条陈为最有力之弹章。这就像是一场拔河，必须分出输赢。光绪帝看到曾廉的上书，只觉得背后有无数双眼睛在盯着自己。从某种意义上说，不是他在发号施令，而是他们在教他怎么做。这是多么不公平，他既要活在太后的操弄下，又要活在他们的期待下。他也有愤怒的时刻，深文罗织，一派胡言，简直是大逆不道。光绪帝又害怕西太后见到这份奏折，引来不测之怒。他命转交谭嗣同，令其逐条驳之。

当日，由谭嗣同、刘光第当值，见到曾廉所上的这封条陈。谭嗣同按规定先拟"签语"，心生愤懑，随即反驳："臣嗣同以百口保康梁之忠，若曾廉之言属实，臣嗣同请先坐罪。"刘光第与谭嗣同同在二班，也一并签署了自己的名字，并称：臣光第亦请先坐罪。谭嗣同见此，既喜且惊。那段时间，谭嗣同经常待在南屋。每次他值班时都会忙到很晚，南屋内外都掌着灯，这使它看上去更像是一座戏台，具有某种超现实感。虽然来此时间不久，但他明显能够感觉到有一种说不上来的紧张感正在包围着他。在短暂的兴奋之后，他会偶尔陷入巨大的迷茫。尤其是他从光绪帝那张苍白且略显紧张的脸，读取到了更多信息后，来自心底的不安更为强烈。

光绪帝不愿将事态扩大，遂将此折作为"留中"处理，搁置了之，并下旨此条陈不再呈送慈禧太后。不过，彼时弹劾康有为的不止曾廉一人。据梁启超的《康广仁传》记载，戊戌年间，康广仁曾屡劝哥哥康有为出京。他认为废八股、开学堂，已经打开局面，但改革的时机尚未到来，不可操之过急，应当从长计议。

固执如康有为，又岂能听得进如此建议。他决然答道："生死自有天命，吾十五年前，经华德里筑屋之下，飞砖猝坠，掠面而下，面损流血。使彼时飞砖斜落半寸，击于脑，则死久矣。天下之境遇皆华德里飞砖之类也。今日之事虽险，吾亦以飞砖视之，但行吾心之所安而已，他事非所计也。"广州西关华德里落砖都能砸死一个人，生死自有天命。康广仁在给康有为弟子何易一的信中写道："吾兄极力推动变法，但是规模太广，志气太锐，包揽太多，同志太孤，排挤他、嫉妒他、诽谤他的人很多，皇上又无实权，变法怎能成功？"康有为此时已被变法燃起的熊熊大火，烘烤得热血冲脑。康广仁是真的害怕，他知道他的兄长已走到悬崖边缘，而护身符只有光绪，一个并无实权的皇帝。变法触及了大批旧官员的切身利益，其中尤以裁撤京师衙门为最。陈夔龙在《梦蕉亭杂记》中记载："戊戌变政，首在裁官。京师闲散衙门被裁者，不下十余处，连带关系，因之失职失业者将及万人。朝野震骇，颇有民不聊生之戚。"见到裁撤衙署的上谕，当时在国史馆供职的叶昌炽大为不安，友人劝他："不必以一官为恋，别为生计。"叶昌炽在日记中喟叹："然寸铁不持，安能白战？家无长物，惟破书烂帖耳。"数千人的生计突然没了着落，引发的怨气和抵触是超乎想象的。一时间廷臣抵触，士林震骇。那些受到侵害和威胁的官员很快集结起来，他们打着维护祖宗之法的旗号，支持太后"训政"以中止新政。

2

北京西山的红叶正绚丽如霞，而京城上空堆砌的乌云却越来越厚。在颐和园，风一天天地强劲起来，如虎狼般扫荡着湖面，将湖水搅动成狂野的漩涡。京城扑朔迷离的政治局势急转直下。见过大世面的北京人，每日出没于宫廷秘闻与小道消息之间。而这一次，他们议论的是维新党人要设立鬼子衙门，请伊藤博文等人来管理国家，现在的衣服样式要作废了等等。捕风捉影，既然风中有影，那就挡不住去捉的人。影无形，捉到谁的手里，谁就有话语权，最后各说各的。

那么有影的事要从何处捕捉它的影子呢？且说七月十五日（9月11日）这天，天津港的码头出现了一个穿西装的矮个子男人，因其讲究的穿着和发式，引得行人注目。他站在码头的石阶上，腰板挺直，脖子上系着的领带被风撩起，像旗帜一样在胸前呼啦啦地飘动。他知道，他面对的，很可能是一个空前萧瑟的冷秋。此人不是别人，正是伊藤博文。伊藤博文曾经四次出任日本首相，还担任过枢密院议长、贵族院院长，创立了立宪政友会。此次，他是以私人身份"漫游"中国。因为日本国内政争，以伊藤博文为总理的日本内阁刚刚被推翻。在驻日公使裕庚看来，伊藤的访华一方面是"系出无聊"，一方面也是"查看中华情形，有无机括可乘"。

日本前首相伊藤博文抵达天津。一时间，京城传言四起，"伊藤到津，皆云系康有为勾引而来，将入军机矣。……守旧者皆惶悚不安"。清国官员对"伊藤博文"这个名字并不陌生，尤其对于李鸿章来说，两人算得上是老相识。1884年，为了解决大清帝国和日本在朝鲜问题上的纠纷，李鸿章和伊藤博文在天津进行了谈判，签订了《天津条约》。此次会面后，李鸿章提醒总理衙门："大约十年之内，日本富强必有可观，从中土之远患而非目前之近忧，尚祈当轴诸公及早留意是幸。"而伊藤博文对大清国则有着完全相反的预言："有人担心三年后中国必强，此事直可不虑，中国以时文取文，以弓矢取武，所取非所用；稍为更变，则言官肆口参之。虽此时外面于水陆军俱似整顿，以我看来，皆是空言。"十年后，甲午战争爆发，北洋舰队全军覆没。1895 年 3 月，李鸿章带着皇帝"承认朝鲜独立、割让领土、赔偿军费"的授权，从天津出发，抵达日本下关。双方的预言都得到了验证，一张谈判桌，分开了截然不同的命运，一为刀俎，一为鱼肉，李鸿章深刻的痛感，无人能够体会。彼时，李鸿章用尽所有的气力撬动着庞大笨重的帝国在向前滑行。他所面对的世界，是千疮百孔、支离破碎的格局。就连曾经将李鸿章视为卖国者秦桧的谭嗣同，这时候也有了不同评价。谭嗣同引用张之洞的话来评价李鸿章，他说："香帅尝叹曰：无怪乎合肥之得志也！遍观中外（指朝廷内外）大小臣工，学问非不好，品行非不好，即心术亦未必都不好，然问以大小数百种，后膛精枪亦数百种，形式若何，运用若何，某宜水，某宜陆，某利攻，某利守，某利山林，某利平地，其左右前后之炮界何在，昂度低度若何……某国当与，某国当拒，某国善良，某国凶狡，吾之联之而备之者，其道何在，宜更无一人知之矣。稍知之者，惟一合肥。国家不用之而谁用乎？"对于这一点，后来的梁启超也有着类似的看法："现在整个朝廷二品以上的大员，五十岁以上的大官，没有一个人能比得上李鸿章。"甲午战争就像是李鸿章与伊藤博文彼此倡导本国近代化的一块试金石，伊藤博文大获全胜，而一败涂地的李鸿章却身陷各种各样的矛盾泥淖中无法自拔。李鸿章似乎并不看好这场变法。就在光绪帝召见康有为后不久，慈禧有一天召见了李鸿章。闲谈之际，慈禧问李鸿章那个叫康有为的人到底怎么样。李鸿章将康有为描绘成一个幼稚而浮躁的书生："这个人是个书生，也如市井中喜欢争强好胜打官司的人。"

慈禧继续着她的不解："那么，洋人为什么支持他们呢？"

　　李鸿章没好气地说："那是洋人不了解中国国情，把中国的知识分子都当成他们的知识分子了。等洋人们了解了中国的文人们都是些什么角色之后，别说支持，就是躲避，怕也来不及了。"李鸿章这一番话是有潜台词的，也是有体会的。变法期间，有人曾对李鸿章建言道："现在太后与皇上意见不合，您是国家重臣，应该出来调和调和才是。"李鸿章叹了一口气说："你们小孩子懂什么？"李鸿章实在是不想蹚浑水，他只想远远地站在一边看看。

　　虽然政变后，慈禧又问李鸿章："人说你是康党？"李鸿章并不逃避，对曰："若旧法能富强，中国之强久矣，何待今日？主张变法即指为康党，臣无可逃，实是康党。"李鸿章的意思很明白，只要国家富强，他是不是康党并不重要。

　　如今，伊藤博文孤身而来，再次踏上这块古老的土地，而他的老对手李鸿章基本赋闲在家了。那时，他已被革职，脱下了帝国一品大员的官服，瘦高的身体把一身普通绸袍衬托得庄重雍容。伊藤博文在写给夫人的书信中提到"清国之上下，欢迎我之事，非文笔可尽书"。中国人的热情让伊藤博文感到震惊，他在书信中说："日夜宴会甚为忙碌，多数中国人来请为中国尽力之托付，为络绎不绝之势也。迄今日所闻，皇帝乃甚为贤明之君主样子也，年龄未及二十七岁，若行至北京，有各种之下问，有此传闻。"伊藤博文人还未到北京，光绪帝要亲自垂询的话风已经吹进他的耳朵里。他似乎看到了那个年轻皇帝焦灼的面孔。这个老大帝国背负太多沉重的包袱，想要从容掉头，改弦易辙，太不容易。他还听说"今皇帝急于改革之处，万事学日本，衣服等亦改以西洋流……（又传变法派）企图排除皇太后，实难知晓中国之事"。伊藤博文对他的中国之行抱有很高的期待，而清王朝的政要也有同样的期待。他难免会想到明治维新前的日本，这个国家没有其他更好的选择，唯有变，才能通。如何变，变到什么程度？这才是问题的关键所在。大清国毕竟不同于日本，像日本明治维新那样"全盘西化"，显然是不现实的。一个改革家生在彼时的中国与生在日本，是不可同日而语的。与前者相比，后者的命运显然要幸运得多。

七月三十日（9月14日），伊藤博文抵达北京。一进入北京，他就从日本公使矢野文雄的口中得知康有为等人在北京进行的变法运动。矢野文雄其人，曾任职日本大藏省，后入"报知新闻"工作，稍后在伊藤博文的推荐下，再度进入政界，并于1897年被任命为日本驻华大使。在伊藤博文抵达北京的同时，康有为邀请了在华多年的英国传教士李提摩太自上海赴京。

英国传教士李提摩太在他的回忆录中记录："康有为曾经向我咨询改革的方式方法问题，并建议说，伊藤博文已经使日本变成了一个强盛的国家，对中国政府来说，最好的办法就是请伊藤博文担任皇帝的顾问。过了没多久，康有为邀请我进京，担任皇帝的另一位顾问。乘坐同一艘轮船的旅客中，有两位很有趣的人物。一位是袁昶，另一位叫容闳。"袁昶曾在总理衙门任职，途中交谈，李提摩太将康有为邀请他和伊藤博文担任皇上顾问，以及中国将与英、美、日本"合邦"的密谋和盘托出。作为一名帝国官员，袁昶自然不会接受这些计划。

李提摩太到达北京后，和伊藤博文住在同一所旅馆里，并同对方的首席秘书津田先生进行了长谈。在与康有为合作之前，李提摩太已经先后找过张之洞、李鸿章，推销其"中日（英美）合邦"之说。据茅海建对《张之洞档案》的研究，早在1895年中日战争期间，李提摩太就曾致电张之洞，声称自己"今日得妙法，救近救远。法成，赏一百万两；不用，分文不费"；并以同样的价码，向李鸿章兜售。李鸿章曾邀请李提摩太北上，得知李提摩太已起身赴湖北面见张之洞，李鸿章转又致电张之洞，请他仔细考察其"妙法"是否可用。

见到张之洞后，李提摩太又抛出他那套蛊惑人的"妙法"，即"延请外国监管中国的外交和政治"。张之洞的回应是"不主张将中国变成某个国家的暂时的保护国"。遭到拒绝后，李提摩太继续寻找买家，他先后拜访了总理衙门大臣张荫桓、帝师翁同龢、恭亲王奕䜣等人。直到戊戌年，那个支持并愿意和他一道实现"妙法"的人出现了，此人便是康有为。

3

八月三日，康有为要做的事真的不少。

前一天，光绪帝颁发谕旨，催促他迅速前往上海，不要再拖延观望，并且赐康有为密诏，也由杨锐带出，嘱咐他"爱惜身体，善自调摄，将来更效驰驱，共建大业"。但根据今人研究，与康有为有关的两份密诏都是他事后伪造的，可以确认的只有光绪帝赐给杨锐的那份密诏。这天晚上，康有为在日记里写道："是夜，未见旨，饮宋芝栋家。李芯园尚书、徐子静侍郎在我左右，唱昆曲极乐……"按康有为的说法，他是散席后回到家中，才看到当日明发的敦促他即刻出京的上谕。林旭到访未遇，留下话让他明早不要出门。这天一大早，林旭便将光绪帝给杨锐的那道"朕位且不能保"的密诏，带到康有为住处南海会馆。在这份诏书中，光绪帝将话挑明：近来揣摩皇太后的意思，不愿意将法尽变，也不希望将老臣都赶走，完全起用新人。礼部六堂官被罢免，皇太后也认为他做得太过了。如果自己不顾一切"痛切降旨，将旧法尽变，而尽黜此辈昏庸之人，则朕之权力实有未足。果使如此，则朕位且不能保，何况其他"！于是他发出求助，你们几个人，有没有什么良策，既可以助我变法，又可以将老谬昏庸之臣尽行罢黜，让通达英勇的维新人士能够参政议政，使中国转危为安，化弱为强，让太后满意。

光绪帝在诏书里流露出的晦暗之意，让康有为如遭雷击，跪地痛哭。谭嗣同恰好也在，见到这份诏书，再回想起那日见到光绪帝的情景，心痛难抑，不由泪如雨下。他们要救皇上，就算献上他们这颗想入非非的头颅也在所不惜。

皇上本来是他们的护身符，如今看来，光绪帝完全寄希望于他们。他们能想出什么法子，既无兵，又无权，空有幻想。随即，康有为把梁启超、徐致靖、徐仁镜、康广仁等人召来，一直在袁世凯处襄办军务的徐世昌也来了。

当晚，康有为与杨深秀、宋伯鲁、李岳瑞、王照等人相见，商议两件大事：其一保举李提摩太、伊藤博文为顾问，参与清朝中枢政治；其二设计调袁世凯的小站新军入京勤王。只要袁世凯能够"率死士数百扶上登午门而杀荣禄，除旧党"，这盘死棋才有走活的可能。康有为等人突然变得紧张起来，他们似乎听到了慈禧及旧党即将动手的风声。其实早在六月间，慈禧提出秋天到天津去阅兵。康有为便擅自揣测，慈禧要借着"兵变"来废黜皇帝。从那时起，他便动了"武力废后"的念头。康有为曾策动王照前往天津游说驻守芦台的淮军将领聂士成未能成行，又建议皇帝重用正在小站训练新军的袁世凯。

除了袁世凯，康有为还想不到更合适的人选。袁世凯头脑并不守旧，办强学会时他就赞助过。皇上前天、昨天已经召见两次，已表示重用他。如果他能够深明大义，事情还有转机。这一劝说，风险虽大，但值得冒险。康有为也不是不知道袁世凯与荣禄的关系，可当光绪帝的处境越来越危险时，康有为认为"拥兵权，可救上者，只此一人"，但又担心袁世凯为荣禄所用。于是，康有为派亲信弟子徐仁禄到小站探察虚实。徐仁禄还有一个身份，那就是袁世凯手下陆军将领徐世昌的侄孙。在徐仁禄面前，袁世凯极力奉承维新人士，尤其是康有为。

徐仁禄用话激他："康有为等屡次向皇上举荐你，皇上说：'荣禄讲过，袁世凯跋扈，不可大用。'不知你为何与荣禄不洽？"

袁世凯佯装大悟道："昔常熟（翁同龢）欲增我兵，荣禄谓汉人不能任握大兵权，常熟曰：曾、左亦汉人，何尝不能任大兵？然荣禄卒不肯增也。"

康有为听到徐仁禄的报告，坚定了对袁世凯的信任。于是，他自拟折稿，请侍读学士徐致靖奏荐袁世凯。对于无兵无权的光绪帝来说，湖面上漂过来的任何一根稻草，都是救命的。更何况，这根稻草还是康有为推荐的。在这个丛林般的宫殿中，他如果再这样继续苟活下去，当这个皇帝还有什么意义？

"袁世凯，袁世凯。"他面无表情地默念道。随后，他发下上谕："电寄荣禄，著传知袁世凯，即行来京陛见。"

风暴骤起，变局在即。这天夜里，慈禧从奏折堆里拣出一份《密保统兵大员折》。这份奏折是以礼部侍郎徐致靖的名义写的，但事后证实出自康有为的手笔。折子极力保举在天津训练新军的袁世凯。慈禧不由皱了皱眉。奏折里说袁世凯"深娴军旅""智勇兼备""请予破格之擢，俾增新练之兵，或畀以疆寄，或改授京堂，使之独当一面，永镇畿疆"。也就在几个时辰前，杨崇伊的那份《吁恳皇太后即日训政折》送到她面前，此次上奏未经奏事处。这一天军机处在给慈禧的奏片里称："……均签拟办法，恭呈慈览，俟发下后，再行办理。"即此后谕旨在下发前，要经过慈禧太后，原来的事后报告制度，变成了事前请示制度。慈禧放下奏折的同时，有太监来报，皇帝在下午接见了伊藤博文。

袁世凯在接到圣旨时，内心惶惑不安。对于打过仗，从死人堆里爬出来的荣禄来说，他的政治嗅觉何等灵敏。风雷暗火，面对这样一道赤裸裸的明发上谕，他从中嗅出危险的气息。据说荣禄在袁世凯被召进京封为侍郎后十分紧张，他随即对外谎称英俄在海参崴开战，大沽口外，战舰云集。以此为借口，他先后将聂士成军调到天津，将董福祥军调到长辛店，以防不测。

袁世凯坐在天津开往北京的火车上，望着车窗外飞驰而过的河流、村庄与树木，他并没有意识到，自己在这时候出现在历史舞台的高光地带意味着什么。为了解闷，他在车上又读了一遍康有为的《新学伪经考》。这本数度引起政坛和学术界争议的书他已翻过好几遍，车上无聊，正好解闷。三个小时后，袁世凯到达了北京。这位年轻的军人，不过四十岁的直隶按察使，他手下的新军，与张之洞训练的南方新军，在北洋舰队全军覆没后，成为帝国最重要的武装力量。在袁世凯训练新军之前，帝国的陆军几乎是一盘散沙。袁世凯为他的新军制定了《斩律十八条》，军纪严明，他自己和普通士兵一样，穿军服、扎皮带、穿马靴、挂佩刀，站在操练场上，目光炯炯，声音洪亮。有一次降了一场暴雨，在操场上扬起一片白烟，阵营顿时乱了。但袁世凯依然站在阅兵台上，纹丝不动，他没有说一句话，士兵们的队列就恢复了整齐，杀声阵阵，穿透雨幕，在操场上回荡。袁世凯之所以被光绪帝选中，完全是康有为的举荐。当初强学会筹组时，袁世凯联系募捐，又主张"淘汰旧军，采用西法练兵"，脑子里装满维新思想。此次进京，袁世凯心情颇为复杂，既有对自己前途的美好想象，又有对未知风险的忧虑不安。

八月二日天还未亮，光绪帝就在颐和园玉澜堂召见了袁世凯。所有的官员、太监都已退去，大殿里只剩下他们两个人。光绪帝暗示袁世凯，以后不必受荣禄节制，并破格提拔他为候补侍郎，专办练兵事宜。据说袁世凯从玉澜堂出来的时候，神情恍惚，官升二品的喜悦，被一丝恐惧瞬间覆盖。他已经感觉到，自己被推上了政治斗争的风口浪尖。即使退出，也没有机会了。

袁世凯随即给湖北的张之洞发了一封电报，力求张之洞北上主持新政，将他焦虑不安的心境暴露无遗。而张之洞的回电短短数行："才举不胜，性情不宜，精神不支，万万不可！"望着张之洞的回电，袁世凯不由慨叹，他正在滑向一个深不可测的政治陷阱。他看着陷阱，陷阱也在看着他。在其后的两天时间里，袁世凯一刻也没有闲着，他先后到礼亲王世铎、庆亲王奕劻、刚毅、裕禄、王文韶、李鸿章等旧臣处周旋示好。置身于京城，扑朔迷离的政治气氛让他不知所措。

且说这天晚上，康有为、梁启超正在南海会馆晚餐，忽闻上谕，袁世凯擢升候补侍郎。康有为不禁拍案叫好："天子真圣明，较我等所献之计，尤觉隆重，袁必更喜而图报矣。"甲午战争后，袁世凯有段时间与康有为交往密切。康有为第四次上书时，都察院、工部不予代递，袁世凯主动找到康有为，答应请自己的亲朋故旧帮助康有为代递。康有为等人组织强学会时，袁世凯积极参加，捐银五百两，成为强学会的发起人之一。后来袁世凯奉命到天津小站练兵，康有为等人还为其饯行。眼下，袁世凯又得到光绪帝的重用，必然会知恩图报。而这必然会增加康有为对袁世凯的某种幻想，也因此更坚定了"请袁勤王"的想法。

光绪乙未年进士胡思敬在他所著的《戊戌履霜录》中说得绘声绘色：谭嗣同"引有为入卧室，取盘灰作书，密谋招袁世凯入党，用所部新建军，围颐和园，以兵劫太后，遂锢之。有为执嗣同手，瞪视良久曰：'母后固若是，其可劫耶？'嗣同曰：'此兵谏也。事成请自拘于司败，古人有行之者矣。'次日，以告梁启超、林旭，启超称善，旭言世凯巧诈多智谋，恐事成难制，请招董福祥，嗣同不可"。此说虽不确证，但也合乎谭嗣同的性格。一个无路可走的勇士，从来不缺乏孤注一掷的勇气。

八月三日（9月18日）下午，康有为秘密前往日本公使馆拜见了伊藤博文。康有为希望借助伊藤博文的威望和其身后日本的力量，取得对守旧派斗争的胜利。在交谈中，康有为向伊藤博文表述了全面变法的主张，抨击慈禧太后专权，任用毫无见识之人。他恳请伊藤博文拜谒太后时，能够劝说她支持光绪帝变法。伊藤博文此次行程中并无觐见慈禧太后的安排，自然无法劝说。康有为此次拜会不仅没有打动伊藤博文，还给对方留下了不佳的印象。1898年年底，回到日本的伊藤博文在一次宴会上发表演讲，在谈到戊戌变法时如此说道："我观察康有为等人的所作所为，认为其举措是失当的，预料他们的事业难以成功。……任何事物来得急，去得也就快，这是自然之理。中国有着数千年历史的文物制度、士风民俗，如果进行社会变革，哪能在短时间内完成？必须等到有杰出才能的皇帝出现了，而辅佐他的大臣也具有超卓的才识，然后才能完成变革大业。"

伊藤博文和李提摩太相继来到北京，引起各方揣测。在此当口，康有为及其维新人士再次上奏请开"懋勤殿"——主导改革的政治机构。至于谁能进入这一政治团队，鼓吹者当然希望的是康有为等维新派。伊藤博文的来访，在"懋勤殿"的操作里，有着极其精妙的政治运作空间。若有伊藤博文这样国际著名的"客卿"进入"懋勤殿"这一政治机构，那么，从理论上讲，慈禧操纵光绪，这一有违国际政治通行规则的中国式政治模式，将难以进行下去，甚至有中止的可能。"懋勤殿"里的中国改革家，诸如康有为等人，也将因此获授大权。用"客卿"而获实权，这是这场政治游戏里最吸引维新人士的想象所在。

彼时，光绪帝与慈禧太后的矛盾骤然尖锐。母子围绕着康有为等问题进行了激烈交锋，光绪帝做出妥协，下明诏严令康有为"迅速前往上海"办官报。光绪帝想在改革图强和让太后满意之间，找到一个平衡。他认为康有为在京城过于高调，想让他离京城远些，免得他又"作狮子吼"来激怒老佛爷。慈禧太后则从光绪帝手里收回变法等重大问题事权，变法蒙上了一层浓厚的阴影。

4

当天夜晚，谭嗣同去了袁世凯在北京东城报房胡同法源寺的居所。那个夜晚发生的事，在各种版本的野史和小说中都有记录。而在康有为和梁启超的叙述里，谭嗣同早就预感到不祥之兆。就在前两天，谭嗣同就曾发电报给自己同窗好友唐才常，让他尽快带人来京相助。据说谭嗣同在入京前就与哥老会的人接触过，并托唐才常、毕永年和他们联系，甚至还想过请大刀王五入宫营救光绪帝。毕永年曾建议发电湖南，催唐才常入京同谋，得到康、梁、谭三人赞同，连发两电催促。

谭嗣同应该是乘坐骡车从正阳门进入内城的，那一刻，偌大的京城即将陷

入黑暗，呈现出与白天不同的面目。没有任何照明的街道，黑暗像水一样从天
上倒下来，湮没了无数交叉的道路以及胡同的矮墙。偶尔碰上一两个人，手里
提着一个灯笼，感觉像是寻路的夜叉。他们也在找路，找路的人没有足够的光
线，只能摸索着向前。谭嗣同也是找路的人。法源寺的庙寓，据说是京城中最
大的。从前那里只接待游方僧人和香客，后来僧俗皆容。谭嗣同揣着勇士赴死
的决然，穿越深不可测的黑暗，来到法源寺。夜晚仿佛是由无数黑色方块组成
的世界，在每一个方块里都填充着一个魔鬼。谭嗣同不惧魔，也不怕鬼，他敬
的是佛。他穿过天王殿，绕过大雄宝殿和法堂，径直来到松柏深处的海棠院，
轻轻叩开了袁世凯的房门。谭嗣同的深夜造访，让袁世凯大感意外。又见他衣
襟凸起，似乎暗藏兵刃，袁世凯已有防备之意。两人的对话，在梁启超的笔下
充满了戏剧张力。

谭嗣同问道：你如何评价当今圣上？

袁世凯答：旷代之圣主也。

谭嗣同继续问：太后安排天津阅兵的阴谋，你难道不知道吗？

袁世凯回答：听到一些传闻。

谭嗣同直言道：今日能够救我圣主之人，非你莫属！你若决计要救，就立
即行动；若你胆怯，现在就将我绑到颐和园领赏吧。

袁世凯说：你将我袁项城视作什么人？在这关键时刻，我当为皇上效力，
万死不辞。

谭嗣同说：荣禄密谋在天津阅兵时加害皇上，若你清除奸党，你就完成了
一件可载入史册的伟业。

袁世凯似乎听得很是激动，慨然以诺，说：如果荣禄胆敢谋害皇上，我杀
他，如屠一犬。

梁启超的这一记录，令许多人信以为真并广为流传。不过，也有史学家认
为，慈禧借天津阅兵之机除掉光绪帝纯属无稽之谈，完全是康有为等人的凭空

想象。慈禧若想动手，在宫殿中除掉或废黜光绪帝易如反掌，何必舍近求远。而在袁世凯的《戊戌纪略》里，记下了谭嗣同的言行：当天夜晚在袁世凯处，谭嗣同拿出一张名片似的信笺。其中有写，"荣某（荣禄）废立弑君，大逆不道，若不速除，上位不能保，即性命亦不能保。袁世凯初五请训，请面付朱谕一道，令其带本部兵赴津，见荣某，出朱谕宣读，立即正法……迅速载袁某部兵入京，派一半围颐和园，一半守宫，人事可定，如不听臣谏，即死在上前"各等语。那个夜晚发生的一切，由于缺乏第三者在场，作为当事者的袁世凯，他的记录显得尤为重要。不可全信，也不可不信。袁世凯捧着信笺的双手有些颤抖，烛火也跟着忽闪了一下，差点熄灭。根据袁世凯的记载，谭嗣同为了打动袁世凯，还特别提到，荣禄阻碍袁世凯晋升。谭的原话是："此人（荣禄）极其狡诈，外面与公甚好，心内甚多猜忌。公辛苦多年，中外钦佩，去年仅升一阶，实荣某抑之也。康先生曾先在上前保公，上曰：'闻诸慈圣，荣某常谓公跋扈不可用。'此言甚确，知之者亦甚多。"关于此事，《康南海自编年谱》也有记录，当年六月，康有为为了离间袁世凯和荣禄的关系，曾派徐致靖的侄子徐仁禄对袁说："我（指康）与卓如、芝栋、复生屡荐于上，上言荣禄谓袁世凯跋扈不可大用。"两者完全相合。袁世凯在《戊戌纪略》中称，关于如何处置慈禧太后，嗣同称："不除此老朽，国不能保。"谭嗣同还对他说："我雇有好汉数十人，并电湖南召集好将多人，不日可到，去此老朽，在我而已，无须用公。"谭嗣同只需要袁世凯做好两件事，诛荣禄，围颐和园。在那个充满了血色迷离的夜晚，谭嗣同的目光凝重而忧伤。他真的相信眼前这个略显敦实的男人吗？关于此，毕永年在《诡谋直纪》记：谭嗣同与康有为争过数次，而康必欲用此人，真无可奈何。

白天的法源寺佛光映照，夜晚则被黑暗吞没。那些神态各异的佛像，显示出杯弓蛇影的轮廓。长长的夹道，环环相扣的寺院内部构造，深不见底的庙堂以及重重帘幕，都让人如坠阿鼻地狱。整个房间里弥漫着藏香的芬芳，佛珠在袁世凯的拇指和食指间一颗一颗滑动，像是有无数的心思在其间游走。谭嗣同的眼睛盯着均匀滑动的念珠，一言不发。半晌，佛珠终于停止了在手指间的游走。袁世凯说："从诸君子之后，我定当竭死力。只是毫无准备，须急归营，更选将官，而设法备贮弹药。"袁世凯当夜并没有给出具体的承诺，只是被动地虚词以对。帝、后虽心生嫌隙，但慈禧对全局有足够的掌控力，这是朝野皆知的事。从谭嗣同迈入法源寺的那一刻起，袁世凯就没有将赌注押在皇帝身上。他深知，宫廷政治的翻云覆雨，一不小心就会把他陷入万劫不复的深渊。面对谭嗣同的慷慨激昂，他更愿意相信自己的直觉。那一刻，袁世凯的目光游移不定。某个瞬间，他还无意识地望向窗外。泼墨如漆，偌大的法源寺笼罩上一层肃然之气，显得深不可测。他白天在院子里转了几个来回，寺西的海棠苑，数不清的寓舍坐落其间。秋风已冷，海棠花花期已过，大朵的枝叶，在黑暗中沉睡。黑暗滋生阴谋，他们在酝酿一场名为"围园捕后"的阴谋。从谭嗣同急切的语气中，他捕捉到了危险的气息。

袁世凯一直在为自己脱身找借口，谭嗣同又怎能听不出来。两人谈至深夜，谭嗣同方才离去。我想象着，他在经过大雄宝殿时，会不会突然停住，面向幽暗的大殿，冲着佛像，双手合掌示敬。诸行无常，诸法无我，谭嗣同知那大雄宝殿正中供奉着"华严三圣"，即毗卢遮那佛、文殊和普贤菩萨像。谭嗣同离开法源寺，他不仅没有兴奋，甚至心生忧伤。袁世凯不简单，这个狡猾的武夫有他自己的一套生存法则，好像什么话都让他说了，可什么话又都没说。

八月四日，谭嗣同在寓所遇到来访的毕永年。毕永年于七月二十七日抵京，作为湖南维新人士，他"闻谭嗣同居京得志，乃北上访之"。此时，谭嗣同为议事方便，已移居康有为所住的南海会馆，于是将其引见康有为。康有为望着眼前这个年轻人，将其召至卧室。毕永年在回忆录《诡谋直纪》中写到，康有为亲口告诉他："汝知今日之危急乎？太后欲于九月天津大阅时弑皇上，将奈之何？吾欲效唐朝张柬之废武后之举，然天子手无寸兵，殊难举事，吾已奏请皇上，召袁世凯入京，欲令其为李多祚也。"并表示将重用毕永年。

毕永年并不那么乐观，他认为袁世凯是李鸿章的人，而李鸿章又是太后之党，恐不可用。但康有为却认为，袁世凯以侍郎候补，他必然会感恩戴德。于是，康有为还让毕永年到袁世凯幕中谋个参谋之职，以监督他，并幻想袁世凯统兵围颐和园时，毕永年率百人奉诏捉拿慈禧太后并当场将其废黜。毕永年虽有胆略，但也不免感到震惊。他表示此事关系重大，无法独自完成，他提出催唐才常即刻来京共举大事。谭嗣同也希望自己的好友唐才常能够来京，不过要缓些时日。八月二日，毕永年感到事态紧迫，还没有让他去见袁世凯，心中不免感到犹疑。他去找康广仁商量，康广仁反倒说他拖泥带水；他又去找康有为，康有为又说不用先考虑。这些经过，都是毕永年的个人叙述。那些时日里的人，以及他们所说的、所做的，都被那个宏大叙事里的细节瑕疵所解构。个人叙事与历史叙事相互辉映，又相互矛盾。时间就像一个巨大的病灶，在历史的躯体上扩散，以至于它经常杯弓蛇影，疑点重重。

前一天晚上，谭嗣同入城前往袁世凯下榻的法源寺，康有为、梁启超则赴东城金顶庙容闳寓所等候消息。这天晚上，他们都没回南海会馆。八月四日早膳时，谭嗣同返回南海会馆寓所。他洗漱完毕，正要进餐，毕永年却在这时赶来询问消息。毕永年在《诡谋直纪》中称，谭嗣同当时正在梳理头发，气恢恢然曰："袁尚未允也，然亦未决辞，欲从缓办也。"当毕永年获悉谭嗣同昨夜将密谋之事都告诉了袁世凯，深知大事不好。毕永年劝谭嗣同说："事今败矣！事今败矣！此何等事，而可出口中止乎？今天见公等族灭耳……"他让谭嗣同赶紧想办法脱身，不可与他们同尽，这样做无益。袁世凯这个人向来狡诈多谋，阴险难测，维新党人轻率行事，欲以勤王大事相托，不仅愿望落空，如今还授人以柄。

谭嗣同眉头紧锁，他咀嚼食物的速度明显地放慢了。看得出来，他在努力地克制自己，但克制的表象下，埋藏着痛苦。不久，康有为、梁启超等人也回到寓所。至此，他们才感到形势变得空前险恶。

康有为觉得事情或许已败露，莫名的恐慌瞬间笼罩上心头。这天上午，他先是去见了容闳，那个一生致力于中国教育和政治改良的古稀老人，还有一个美国人身份。容闳本来准备出面去找美国公使，让美国人向清廷疏通。可美国公使此时正在北戴河避暑，指望不上。他又去找几天前从上海来京的英国传教士李提摩太，李提摩太也爱莫能助，因为英国传教士也在北戴河避暑。对于康有为来说，那是一个仓皇无措的早晨。这天下午，他又来到日本驻华公使馆。康有为和伊藤博文进行了几个小时恳谈。康有为请求伊藤博文见到慈禧太后的时候，尽量为维新人士美言几句。遗憾的是，伊藤博文并没有见到慈禧太后，因为他的行程里没有这项安排。这时京城已经谣言四起，康有为会见伊藤博文被守旧派看作阴谋，甚至传出康有为与张荫桓已经跟日本沟通了，由巡弋在大沽口外的日本军舰派兵进京，包围颐和园，劫制太后送上日舰。

在康有为日后的回想中，1898 年的那个初秋充满着肃杀和血腥之气。暮色苍茫，康有为匆匆赶回南海会馆。当天晚上，翰林院侍读学士黄绍箕设宴招待康有为。黄绍箕劝他尽快离开北京，改穿西装，直奔山东；或改穿僧装，直奔蒙古。无论如何要躲过荣禄的眼线，躲过荣禄也就安全了。谭嗣同也劝他迅速出行，不要耽搁。梁启超、康广仁等下跪恳求，请他不要再犹豫。八月五日早晨，康有为携仆人李唐凄惶出逃，直奔马家堡火车站。

毕永年随即搬出南海会馆，迅速离京。离开北京前，他专门给谭嗣同留了一封书信，劝其"速自定计"，不要白白做了牺牲。

谭嗣同也回了一封诀别信，书曰："诵来札，心痛，几放声大哭，然无可言，引颈而已，亦无济也。此行足为贵种觅一遗种之处乎？因病不及送，见面徒增伤感，不知其已。"在信中，谭嗣同还交代他，若是他能够遇见康有为，切记要告诉对方，袁世凯不值得信任，自己非常懊恼。而此时，紫禁城里已是风起云涌。光绪帝知道大势已去，也做好后事安排。据说，他在这一天对朝中大臣们说："朕不自惜，死生听天，汝等肯激发天良，顾全祖宗基业，保全新政，朕死无憾。"那是一个漫长的夜晚，光绪帝从未感觉如此寂寥。他通宵未眠，斜倚在榻上，听着铜壶滴漏的声响，似乎在等待着明日的到来。这些日子，他兴奋得像个找到玩具的孩子。幻梦总有醒来的时候。太后已经回宫了，看来他的对面又将多上一把椅子。天亮后，他将会看见太后，不动声色地，端坐在他的对面。

第十一章

政变之日：唯待死期耳

1

对于慈禧来说，她在某个时刻，一定产生了错觉，这种错觉让她像是回到三十七年前的辛酉年。而这一次，她借助的力量不再是奕䜣，而是荣禄。这个在政治斗争中成长并老去的女人，有着敏锐的判断力。从光绪帝下诏将礼部六堂官革职，到任命杨锐、刘光第、林旭、谭嗣同四人为军机章京，参与新政事宜，以及开懋勤殿，召袁世凯入京觐见等接二连三之事，她看出光绪帝的政治主张在维新派的鼓动之下，正在滑向难以控制的深渊。刚巧这几日，日本前首相伊藤博文访华，光绪帝接见了他，并传出皇帝要聘请他为懋勤殿的改革顾问。这让慈禧难以接受。就在慈禧无法容忍之时，袁世凯做出了自己的判断和抉择。

八月四日（9月19日）早晨，慈禧从颐和园出发，沿途休息两次，换两次船，换三次轿，中间去万寿寺烧香，于下午五点左右回到西苑。据《清代起居注册》称，光绪帝于"酉刻"在瀛秀园门外跪接慈禧太后。自从慈禧太后住颐和园后，每次回西苑都有其特殊的理由。光绪帝二十四年中，慈禧太后共有六次离开颐和园进城。三次是去恭亲王府探望病危的奕䜣，两次当天就返回颐和园，一次回西苑小住数日。另三次回西苑小住，其原因是咸丰帝的生日、光绪帝的生日、咸丰帝的忌日。也就是说，慈禧太后在撤帘归政后，若无特殊事件是不回西苑的。

这一天也是光绪帝预定由颐和园回宫的日子。他早晨六点开始在其寝宫进行早朝，单独进行了当日的政务活动，随后又来到乐寿堂给慈禧太后请安，陪着太后看戏，下午两点离开颐和园回宫。

光绪帝离开的时候，并不知晓，慈禧会紧随其后返回西苑。他更不会知晓，在前一天的傍晚（八月三日），御史杨崇伊通过奕劻将《吁恳太后即日训政折》递至颐和园慈禧处。杨崇伊，这个光绪六年的进士，再次迎来自己的高光时刻。他和李鸿章关系很密切，李鸿章的孙女嫁给了杨崇伊的儿子，另外李鸿章的孙子又娶了杨崇伊的女儿。随着李鸿章被免职，失去靠山的杨崇伊也非常焦虑。那天下午，光绪前脚刚离开颐和园，杨崇伊就递交了恭请皇太后垂帘的奏折。他说："今春会试，公车骈集，康有为偕其弟康广仁及梁启超来京讲学，将煽动天下之士心。幸士子读书明理，会讲一二次，即烛其奸诈，京官亦深知其妄，偶有贪鄙者依附之，而骂者十居八九，不知何缘引入内廷，两月以来，变更成法，斥逐老成，借口言路之开，以位置党羽。风闻东洋故相伊藤博文即日到京，将专政柄。臣虽得自传闻，然近来传闻之言，其应如响。伊藤果用，则祖宗所传之天下，不啻拱手让人。"送达时，奕劻还特意提醒慈禧太后："伊藤博文已定于初五日觐见。俟见，中国事机一泄，恐不复为太后有矣。"如此危言耸听，慈禧自然不能不为所动。人间名利如春梦，戏里风情姑妄言。慈禧刚从戏里春秋走出来，回到现实，向来自信的她突然意识到问题的严重性。于是，晚上临时决定：次日回皇宫一看究竟，但她这时候并未下定第三次训政的决心。这个时候她还不知道康有为等人的密谋，她回宫是因为局势动荡，害怕光绪帝无法妥善处理，此外也是为了防范光绪帝再次做出什么过分的举动来。

那个注定要改写历史的夜晚，慈禧太后出现在养心殿的庭院里，窗内微明的灯光映着她的脸，像一尊佛像一般，凛然不可侵犯。如果这是一个电影画面，导演会使用一种叫作蒙太奇的手法，将镜头瞬间切向另一处。法源寺外，暗夜沉沉，谭嗣同出现在画面中，他差不多就在这个时候叩开了袁世凯的房门。镜头从法源寺的上空俯瞰整个北京城，暗沉沉、黑漆漆的北京城，只有一处灯火通明，那便是紫禁城。彼时，内务府官员正在查抄皇帝奏折、文书，院子里一片狼藉。这真是令人绝望的画面。

在镜头的全景视角里，每个人都像是一个符号、一枚棋子。他们都不说话，一片难耐的静寂中，没人知道他们都在想什么。光绪帝刚从颐和园回来，对慈禧太后将回西苑，对谭嗣同夜访袁世凯都是不知情的。

"所有人等，退下。"突然，一个低沉而苍老的声音打破沉默，说话之人正是慈禧皇太后。所有人都愣住了，不知所措。慈禧又重复了一遍，人群哗地散开去，养心殿的庭院里，只有秋天夜晚的风在自由地低旋。此时，庭院里只有两团人影，一个跪着，一个站着。

站着的人叱问："我抚养汝二十余年，乃听小人之言谋我乎！"

跪着的人没有回答。站着的是慈禧太后，跪着的是光绪帝。慈禧继续道："天下者，祖宗之天下，汝何敢任意妄为？诸臣者，皆我多年历选，留以辅汝，汝何敢任意不用？乃竟敢听信叛逆蛊惑，变乱典刑。康有为是个什么东西，能胜于我选用之人？康有为的那一套，能胜于祖宗所立之法？你竟如此昏聩，不肖乃尔！"

太后似乎更加愤怒，喝问："痴儿，今日无我，明日安有汝乎？"

光绪帝自始至终都没说话，既无反抗，又无辩解，更无乞求。从那一刻开始，光绪帝失语了。光绪帝浑身蜷缩起来，成为黑暗中最黑的部分，越来越小，越来越小，似乎想缩回到历史的暗影里，或者从黑暗中消失。

在太后的命令下，他还是被一群人从暗影里拖了出来。在众目睽睽之下，光绪帝被剥去龙袍，行刑之人持杖而立。有人在轻声抽泣，不忍见皇上受刑。

就在这时，珍妃也披头散发地跑了出来。宫女、太监在太后面前齐刷刷地跪下，不知过了多久，抬头时，才发现老佛爷已经不见了。刚才的一切，仿佛一场噩梦。他们不敢起身，夜风如杖，抽打在他们的身上。那个夜晚注定是不平静的，太后与光绪帝之间爆发了激烈的冲突。光绪帝或许想到了死亡，想到就此了结自己，但他没有勇气结束这囚徒似的生活。他所能做的，无非是抱着珍妃再大哭一场。

八月五日，光绪帝依旧是单独行使皇帝的权力，处理政务。这一天，他礼节性地接见了伊藤博文。皇帝接见既无国书又非政府官员的伊藤博文，并非寻常事。而接见时，他所发出的言论，更让人觉得非同寻常，光绪帝提出通过总理衙门与伊藤建立一种政治咨询关系。要知道，清朝皇帝在此之前接见外宾，所有问答都是事先拟稿，以显示客套与礼貌，从不涉及政治性议题。日本报纸刊登了中国皇帝接见伊藤博文时的情景。当伊藤博文赞扬中国的变法，且对光绪表示钦佩的时候，光绪帝转移了话题，问起伊藤博文在中国的起居饮食。伊藤博文随后表示他可以为中国的变法做点事情。光绪帝的回答是，可以把意见和建议通过总理衙门上报到他这里。

光绪帝只字未提懋勤殿，更没提到要聘用伊藤博文为"客卿（顾问）"之事。光绪帝极为克制，好似有难言之隐。当时他已经处于被监控的状态。据其时在场的张荫桓记述说："时太后在帘内。"

接见完伊藤博文，光绪帝再次召见了袁世凯。按照制令，被皇帝直接提拔的高级官员离开京城前都要"进宫请训"。对慈禧回宫并不知情的袁世凯感到了气氛不对，光绪帝自始至终没说一句话。袁世凯见此情景小心地劝皇帝变法不能"操之过急"，还说张之洞这样的老臣可以重用，而那些"新进诸臣，阅历太浅，办事不缜密"，皇上要多多留心。袁世凯的这些话，让慈禧听上去颇为顺耳。不知是袁世凯命运里的福气，还是他的政治经验使然。那一天皇宫里的召见记录上记道：皇上"无答谕"。当天的军机处《知会簿》记载："皇上明日卯初二刻升中和殿看祝版，毕，还海（指西苑）。办公事后至瀛秀园门跪送皇太后，毕，还宫（回养心殿）。满头班全知会。"这说明到这个时候，一切正常，慈禧还是计划八月初六返回颐和园。况且，她离开时，还在颐和园为自己准备了三天的中秋节大戏。

袁世凯当天并没有着急忙慌地离开北京，他还在犹豫，极有可能对此事进行了打探，但没能做出确切的判断，于是，他选择了保持沉默。袁世凯在京城未向任何人透露"围园"密谋的半点消息。对于一个在刀锋上行走的人来说，做出一个杀伐决断竟是如此之难。他实在摸不透，昨夜登门是谭嗣同的个人行为，还是光绪帝的诏命。如果是奉命而来，那么光绪帝对此事介入又有多深。

在这些都没有弄清楚之前，袁世凯不敢轻易做出决断。郁闷的袁世凯没有离开寓所，也没有资料表明这一天他与其他人有过联系。但这一天，他肯定想了很多，对于这件事情可能导致的后果及所有的利害关系也许都进行过类似沙盘式的演绎。作为朝廷命官，袁世凯无法认同谭的看法，更不愿意假己之手去杀害自己的顶头上司和至高无上的皇太后。从大局考虑，他觉得若是容忍谭嗣同等人胡作非为，必将酿成大变，危及宗社。考虑的结果是，他决定在原定请训时向光绪帝稍稍透露一些消息，希望光绪帝出面预防可能发生的事故，以期补救。宫廷政变不是请客吃饭，它是政治阴谋的最高形态，是城头变幻大王旗。诸如调动军队、废除皇帝或太后、诛杀反对的官员、改变年号，这在中国古代历史中是常有的事。康有为非常清楚，斗争到了最后关头，双方你死我活，总要分出胜负。既然如此，他要未雨绸缪，先发制人。他以为，袁世凯是可以利用的一颗棋子，有军队，有杀伤力。

在这三天时间里，袁世凯"反复筹思，如痴如病"。慈禧昨夜突然回宫，让他更加坚定了想法，他要将自己的赌注押在这个帝国最有权力的女人身上。太后揽权，皇帝无权，一帮书生空谈变法。从事后来看，他的确没有其他更好的选择。这天下午，做了选择的袁世凯，从容地踏上了返回天津的火车。据天津的《国闻报》记载，1898 年 9 月 20 日，袁世凯乘坐上午十一点四十分的火车离开北京，抵达天津时，已经是下午四点。他并不知道，恐惧中的康有为也在这一天离开北京，坐早班火车抵达了天津。据称，"圣安棚茶座在火车站，同城文武各官咸往迎迓"。仪式结束后，袁世凯留在天津城中，晚上他拜见了荣禄。

袁世凯跪在地上向荣禄陈述。荣禄闭着眼睛，似乎已经睡着了，而他的大脑却在飞速运转。据袁世凯称："皇上圣孝，实无他意。但有康有为这帮群小结党煽惑，谋危宗社。罪实在下。必须保全皇上，以安天下。"袁世凯正准备将谭嗣同夜访法源寺，以及那个巨大的阴谋说出口。忽有客人叶祖珪入座，不一会儿，达斌（佑文）也来了。袁世凯一直等到将近二更，都没找到说话的机会。只好先退去晚餐，约好明早再详谈。事态一触即发，慈禧恐有旦夕之祸。

根据袁世凯的叙述，六日一早，他还没来得及赴督院去见荣禄，荣禄已亲自登门拜访。在这次谈话中，袁世凯将康党"详细情形备述"。袁世凯再三强调，此事与皇上毫无干涉。荣禄大为震惊，两人筹商良久。毕竟，此事牵涉到光绪帝，虚实不知，一时难以决断。他们对于抓捕康有为没有丝毫犹豫，只是不知如何将光绪帝从中解脱出来，让他们大伤脑筋。这天晚上，荣禄"折简来招，杨莘伯（杨崇伊）在座，出示训政之电，业已自内先发矣"。杨崇伊当日特地从北京赶到天津来禀报消息。此时，他已获知"围园"内情。

据袁世凯记述，荣禄抚茶杯笑曰："这又不是毒药，你大可放心饮用。"

袁世凯应道："让我耿耿于怀，寝食难安的，还是担心连累皇上。"

袁世凯生怕自己担上卖主的骂名。他得知康有为逃出京城的消息，怕受牵连，不得不说出一切。既是告密，又是保命计。第二天，杨崇伊将袁世凯的告密消息带回北京，慈禧和守旧派才知道兵变围园的密谋。而费行简的《慈禧传信录》中有另一版本：八月初五，袁世凯回到天津就向荣禄密奏此事。荣禄连夜入京，到颐和园求见慈禧。当时已是夜半时分，慈禧有早睡的习惯。侍卫见是荣禄不敢耽误，赶紧向慈禧禀报，慈禧在密室中召见了荣禄。一见面，慈禧就说："不会是康有为等人要发动政变吧？"荣禄说，正是此事，然后转述了袁世凯所述的细节。慈禧大怒，立即下令还宫。

2

八月初六一早，慈禧以皇帝的名义发布上谕，以身体欠佳为由，请太后训政。与此同时，下令步军统领崇礼率缇骑三百，包围查抄南海会馆，捉拿康有为。康广仁被捕。

军机处《早事》记载："江宁藩司袁昶到京请安。……召见袁昶、徐寿朋、李征庸、冯汝骙。"另据宫中《召见单》"外官"册记中，也写有"袁昶（江宁布政使），冯汝骙（四川顺庆府知府），李征庸（简放道）"的名字。可见在这一天里，光绪帝按照先"办事"、后请安的计划，于上午在勤政殿召见了袁昶等人，然后，下午两点左右用晚膳（晚清皇宫只吃早、晚两顿饭），然后再往仪鸾殿请安，跪送慈禧回颐和园。在袁昶面见光绪后，按照"凡授任新职的二品以上大臣，须到皇太后面前谢恩"的规定，他又转去仪鸾殿向皇太后谢恩。慈禧之父惠征曾任徽宁池太广道员，在袁昶谢恩时，慈禧与他多聊几句也在情理之中。

康有为邀请英国传教士李提摩太进京，担任皇帝的外国顾问。根据李提摩太在《戊戌变法始末》中记载，他乘船前往，遇到了两名有趣的人，一位是袁昶，另一位是美籍华人容闳。所以，袁昶可能顺便将自己从李提摩太那里听到的所谓"中日（英美）合邦"之说，全都说了出来，请求太后出面制止。慈禧闻讯，岂能坐视不管？袁昶谢恩后，她就去勤政殿兴师问罪。光绪帝跪在她的面前，承认错误，恳请母后"示儿如何治国"。这样的话，让人听来带着不满的情绪。昨夜的那顿训斥，让光绪帝已经做了最坏的打算。他这个皇帝，连自己的主都做不了，还指望为他人做主吗？他不再是自由的君王，而将是瀛台的囚徒。

慈禧指使手下，将殿内的奏折全部收缴，返回仪鸾殿仔细审查。果然，她在一大堆奏折中，最先发现了当天刚刚收到的宋伯鲁的奏折："昨闻英国教士李提摩太来京，往见工部主事康有为，道其来意……拟联合中国、日本、美国及英国为合邦……今拟请皇上速简通达外务、名震地球之重臣，如大学士李鸿章者，往见该教士李提摩太及日相伊藤博文，与之商酌办法。以工部主事康有为为参赞，必能转祸为福。"在袁昶的"告发"被确认后，慈禧太后终于下定了收回全部事权的决心。于是，她把光绪帝和庆亲王奕劻、端王载漪和军机大臣、御前大臣等传唤至仪鸾殿，收回全部事权，并宣布八月八日在勤政殿举行"训政"仪式。

收回事权的当天，慈禧太后便开始对维新派进行报复。她在下达给刑部尚书兼步兵统领崇礼的懿旨中写道："谕军机大臣等：工部主事康有为结党营私，莠言乱政，屡经被人参奏，著革职，并其弟康广仁，均著步兵统领衙门拿交刑部，按律治罪。"其中，"莠言乱政"与康有为奏请聘用洋顾问等激进主张密不可分。处罚宋伯鲁的懿旨写道："御史宋伯鲁滥保匪人，平素声名恶劣，著即行革职，永不叙用。"这与他奏请重用康有为以及建议中、英、日等"合邦"不无关系。

康有为仓皇出逃的经历，在其女儿康同璧多年以后的讲述中，已成为冥冥中自有神助的明证：当日，康有为把文件和书信匆匆托于弟弟康广仁后，先是到了天津。他原本打算乘坐招商局的海晏轮离开天津的，临走时又决定改乘英国太古公司的重庆号。慈禧电令直隶总督荣禄、两江总督刘坤一全力缉拿。荣禄派飞鹰兵舰追赶，飞鹰兵舰比重庆号快一倍，可是兵舰的煤不够了，只好半途折返。荣禄又向上海道、烟台道发出"截搜重庆号，密拿康有为"的密电。恰好烟台道有事外出，随手将电报塞进了口袋。等他返回，重庆号已经开走。两江总督刘坤一奉旨密令上海道蔡钧"逐船搜查必获"。蔡钧得到密电后，亲自坐镇吴淞竟夜等候。上海维新人士看见许多官兵守在那里，以为康有为遇难，痛哭而返。

六日，谭嗣同正在浏阳会馆与梁启超商议对策，忽然有人来报，说康有为在南海会馆的住处已遭查抄，并传慈禧训政，下令逮捕"结党营私、莠言乱政"的康有为和康广仁兄弟。很快又听说西太后重新垂帘听政的诏书已下发。两人不由面面相觑，内心好似跌进冰窖。康有为昨日离京，躲过他人生中最大的一场劫难。两人意识到光绪帝和康有为处境极其危险，立即去找英国传教士李提摩太，请其设法予以保护。根据李提摩太记载："我们三人心急如焚地讨论着，该如何去保护皇上。最后，决定分别采取行动，让容闳去拜访美国公使，梁启超去日本公使处，我则去见英国公使，去寻找力量保护皇帝。不幸的是，美国公使到山区去了，英国公使则去了北戴河。"

谭嗣同表现得极为淡定从容，他对梁启超说："昔欲救皇上既无可救，今欲救先生亦无可救，吾已无事可办，唯待死期耳！"他已抱定必死之决心，反倒显得从容。他让梁启超尽快进入日本使馆，谒见伊藤博文，并致电上海领事设法营救康有为。

如果不是上海道过于张扬的抓捕行动引起了英国驻上海领事的警觉，康有为怕也束手就擒。且说当日重庆号刚抵近吴淞口外，一个叫普兰德的英国人找到康有为，将一道"皇上已崩，急捕康有为，就地正法"的电旨拿给他看，并护送他坐一艘小型蒸汽船登上美国军舰埃斯克号。

康有为确信，皇帝已经死了，"紫微移座帝星沉"，他这个孤臣还有什么理由苟活于世？英国人劝他，皇帝的死讯还没有证实，还是忍死须臾。康有为打消了自杀的念头，但他在上海写的遗书还是流传了下来：

我专为救中国，哀四万万人之艰难而变法以救之，乃蒙此难。惟来人间世，发愿专为救人起见，期皆至于大同太平之治，将来生生世世，历经无量劫，救此众生，虽频经患难，无有厌改。愿我弟子后学，体吾此志，亦以救人为事，虽经患难无改也。地球诸天，随处现身，本无死理。至于无量数劫，亦出救世人而已。聚散生死，理之常，出入其间，何足异哉？到此亦无可念，一切付之，惟吾母吾君之恩未报，可为念耳。

后来康有为这样对他的家人说，这次脱险有十一个当死未死成的瞬间，只要卡住一个瞬间，他也就命难保全。假如皇上不催他立即离京，假如迟一日离京，假如在天津搭不上轮船，假如追来的兵舰不是因为缺煤折返，假如烟台道不外出，接到电报就派兵截拿，假如不是上海道过于张扬……总而言之，康有为十六年的海外逃亡生涯就此拉开帷幕。

梁启超则于下午二时至东交民巷日本使馆。日本公使林权助和来华访问的日本前首相伊藤博文刚好都在。林权助见梁启超神色仓皇，满面悲壮之气。梁启超要求与其笔谈，拿起纸笔写道："我三日内即将被处死，现有两件要事相托。您若犹念兄弟之国，不忘旧交，请允许我说明白。"林权助拉铃让翻译进来，梁启超才知道这两日情势。梁启超所托二事：一是解光绪之幽闭；二是解康有为于危难。林权助当即应允，并提出帮助梁启超出逃。事后，伊藤博文不禁叹息道："姓梁的这青年，是个非凡的家伙，让人佩服！"

梁启超离开日本使馆后，至浏阳会馆与谭嗣同会面。谭嗣同刚要出门，见梁启超来了，赶紧迎了上去："卓如，来得正好，我将这些东西托付给你。"不待梁启超多说，他将已整理好的《仁学》手稿、诗文稿本数册及家信，置于一只小木箱内，郑重托付给梁启超。许多年前，读李敖的《北京法源寺》，这个吹嘘五百年中国写白话文前三名都是自己的斗士，替谭嗣同说出了一番恰如其分的临别之语："豹死留皮人死留名，我关心的不是留名，而是留什么样的名。我希望你带走这些稿本，连同我已经发表的，将来一块儿代我整理、代我印出来，同时用你一支健笔，代我宣传我这一点苦心焦思以后生命的成绩，也算不虚此生。我这三十三年，活得愈久愈觉得完成了自己，尤其认识了你和康先生以后这三年，它是我生命中最后开花的日子，当然，如《法华经》所说：'佛告舍利弗，如是妙法，如优昙钵花，时一现耳！'到头来不过昙花一现，但我希望最后是生命本身的昙花一现，而不是如是妙法的昙花一现。我的生命，我愿意在三十三之年，就这样在花开花谢之间告一结束，但我最后毕竟用我的血来印证了我留下一点妙法。再会了，卓如。再会了，卓如，一切保重。"

生死两端，梁启超久久不肯接。谭嗣同劝他想办法去日本，不要作不必要的牺牲。梁启超的眼泪夺眶而出，他恳求谭嗣同与其一起走。谭嗣同哽咽道："不有行者，无以图将来；不有死者，无以酬圣主。今南海之生死未可卜，程婴杵臼，月照西乡，吾与足下分任之。"程婴和公孙杵臼是春秋人物，他们为救赵氏孤儿，一生一死；僧月照和西乡隆盛是日本江户时代人物，参与维新变法，也是一生一死。谭嗣同将他与梁启超比附这两对旧时人物，将生之机会让与梁启超，自己去做赴死的那个人。

两个相知相惜的年轻人，在那一刻都流下了激动的热泪。此刻，他们紧紧地拥抱在一起。两人相别于浏阳会馆的怀旧雨轩，他们深知大势已去，难有挽回的余地，两人反倒不再慌乱。索性挑灯夜谈，作超脱之说。如果按佛家的说法，今夜是什么时辰呢？应该是一个缘起的节日。刀兵迫近，谭嗣同的眉宇间却有一种难得的清醒，说话干净利落，劲气十足如松下起风。在他写给梁启超的四首诗中，佛法天光浸透纸背。其一为：

虚空以太显诸仁，络定阎浮脑气筋。

何者众生非佛性，但牵一发动全身。

机铃地轴言微纬，吸力星林主有神。

希卜梯西无著处，智悲香海返吾真。

秋天的气息在空气中浮荡，人要飘然远引。人，不生不灭，归于虚空，归于阎浮，归于香海。即使众生非佛性，但也牵一发而动全身。谭嗣同能理解那些新鲜之事，无论地轴，还是经纬，在他看来都是平常事，说到底不过是仁者以仁，神者以神，各往其处，各返其真。他们听着潇潇秋雨，谈佛、论诗直到夜深。此时，谭嗣同赴死意志已决。谭嗣同催促梁启超赶紧到日本使馆避难，不要等到天亮。

两人相抱饮泣，三去三回首。

谭诗有云：普遍根尘入刹那，茫无绝续感川波。眼帘绘影影非实，耳鼓萧声声已过。释迦牟尼当年在拘尸那城娑罗双树之间入灭，东西南北，各有双树，一荣一枯，称之为四枯四荣。佛经中言：东方双树为常与无常，南方双树为乐与无乐，西方双树为我与无我，北方双树为净与干净。茂盛荣华之树意示涅槃本相；常、乐、我、净；枯萎凋残之树显示世相：无常、无乐、无我、无净。在这八境界之间入灭，意为非枯非荣，非假非空。生离死别，谭嗣同心有不舍，他紧紧握了握梁启超的手，脸上毫无颓丧之气，声音也高昂起来："各国变法，无不从流血而成，今日中国未闻有因变法而流血者，此国之所以不昌也。有之，请自嗣同始！"梁启超回忆，谭嗣同最推崇华严思想，它出自《华严经》。《华严经》提出了一个重要的佛学思想，就是对待生死的根本看法。它说人的生命就像宇宙中一个巨大的能量场，它是不灭的。而我们形体的这一生，只是一个能量的暂时显现，你到下一世可能以另外一种能量显现。谭嗣同最后用了一个叫"以太"的科学概念，可以看出他对佛"生命不灭"这个说法非常认同。

3

八月七日，消息灵通的人会不断收到京中消息：北京开往天津的铁路停驶，城门关闭，皇帝囚于瀛台，各国有部队入驻北京，董福祥率兵环卫于外，太后训政……谁也闹不清这其中几多真，几多假。

总之，这是一个多事之秋。没人会留意从西直门一直到颐和园的街道两旁的槐树开始剥落生机，排云殿前的湖光山色逐渐暗淡。谭嗣同连续几日与大刀王五等江湖朋友谋划，商议如何潜入西苑瀛台，营救光绪帝出宫，护送其南下。据说，大刀王五趁着夜幕想要混进西苑，但没有成功。那段时间，还传闻宫中闹刺客。那刺客穿过大大小小的宫殿，居然摸到了乐寿堂，出现在慈禧熟睡的帐前。一道冰凉的刀刃，差点就抵达皇太后的脖颈。说的人无凭无据，听的人却信以为真。于是，京城里的说书人就捕风捉影地传扬开来。

谭嗣同在浏阳会馆动作加快起来。他关着房门，检点数月来的朋友书札，全部焚毁。他还模仿父亲谭继洵的笔迹修书一封，叱为不忠不孝，从此断绝往来，以免牵累家人。日后当慈禧太后阅看此信之后，对群臣说："湖北巡抚谭继洵，原非平日不训饬儿子者。"因而，谭继洵最终以这封信而得以豁免。

谭嗣同将自己关在屋里忙碌了一个上午，然后匆匆外出，机警地看了四周，转入小巷，朝大刀王五的镖局走去。

镖局的弟兄们都在应约等他，他出现了。谭嗣同将身后之事托付大刀王五，并将平素佩带的凤矩宝剑也赠予对方。大刀王五虽不忍，但无法拒绝。王五和胡七等江湖朋友拜倒一片，他们恳求谭嗣同离开北京。王五更是拔刀在手，慨然道："君行五从，保无他；君死五收君骨，君请自择。"

谭嗣同道："死耳，何行为？"谭嗣同不会望风刎颈地自杀，但他会横尸法场，终以一死来献祭他所投身的维新事业。谭嗣同抱拳为礼，在暮色苍茫中，退了出去。大家想送他，他张开两掌，做了个回请的手势。王五会意，说了一句："就让复生自己走吧！"

谭嗣同随后又赶去皮库营看望林旭。林旭是个激进的青年才子，只有二十三岁。望着林旭那张年轻英俊的面庞，谭嗣同心生感慨。他劝林旭前往日本使馆，寻求脱身之计。林旭反问道："你走不走？"

"天下岂有无父之人乎？吾决死此矣。"谭嗣同潸然泪下道。两人虽相识不久，却相知相契，他明白林旭的意思。这个年轻人不拘小节、有胆气，更有一份难得的清雅之气。两人都不是玩转士林和朝堂的圆滑之人，流晶散玉，书剑飘零，他们都葆有一颗难得的赤子之心。

如谭嗣同所料，林旭也当场表态："我亦不走！"此时的林旭绝不会想到，他的夫人沈氏闻其死讯，亦自杀殉夫。夫妻情重，留下一首《浪淘沙》祭奠亡夫：报国志难酬，碧血谁收？箧中遗稿自千秋。肠断招魂魂不到，云暗江头。绣佛旧妆楼，我已君休。万千悔恨更何尤。拼得眼前无尽泪，共水长流。

谭嗣同与林旭互道珍重，洒泪而别。他由后门到上斜街徐宅，徐致靖一家正在吃午饭，忙叫他坐下一起喝上两杯。谭嗣同并不推辞，他对徐致靖说："变法维新失败了，卓如我已托日本使馆掩护他到天津，由海道赴日本。朝廷追捕康先生甚急，吉凶难卜。"谭嗣同放下酒杯，用筷子在头上敲了一下说："小侄已经预备好这个了。变法、革命都要流血，中国就从谭某开始。"徐致靖后来与人说："谭先生在临危时，谈笑自若，慷慨激昂，真豪杰之士。"

秋夜霜降，月光下的枝头，鹊鸦鸣叫。谭嗣同见了该见的人，办了该办的事，或许，这是他对过去时光的一次叩别。他一个人穿过平日里熟悉的胡同，他听到了另外一种声音，就像是从胡同的巷口里灌进去的风，空旷、幽咽、虚幻，让他觉得恍惚。变法让他用尽了一生的勇力，也让他觉得飘忽不定，不知道它真实存在过，还是无中生有。突然，他剧烈地咳嗽起来，那听来让人心悸的声音打破了黑夜的宁静。事实上，谭嗣同已经病得很严重，只是这些时日兴奋地奔走，让他暂时忘记了病痛。

谭嗣同回到浏阳会馆，心情平静了许多。据欧阳中鹄事后说："有宁乡某者，因下第依康佣书谋食，拿康时被逮，旋得释。谭嗣同招之就馆宿，不肯，遂作竟夕谈，备言入京后颠末，（谭）自知必死。及别，而逮者至。"谭嗣同在浏阳会馆度过的最后夜晚，陪伴他竟夕而谈的是他的湖南老乡，一个叫作钱维骥的宁乡人。此人先前在南海会馆，因康有为之事受到牵连，又得以释放。在梁启超的《戊戌政变记》中，却是如此记载：八月初八（9月21日）中午，康广仁与钱维骥等人在北京南海会馆被捕。钱维骥年少，被捕之时不禁震恐流涕，康广仁见状宽慰道："死亦何伤？汝年二十余，我三十余，不比生数月而死、数岁而死者强吗？且一刀而死，不比久病岁月而死者强吗？若死而中国能强，死亦何妨！"不知，钱维骥是捕于前，还是捕于后。若捕于前，他与谭嗣同倒有一夕谈的可能；若捕于后，则很难说。

八月八日，天刚蒙蒙亮，位于北京东交民巷的日本公使馆打开大门，几个身着猎装的日本人，戴着压低帽檐的大帽，鱼贯走了出来，上了马车。领头之人，正是日本驻天津领事郑永昌。一周后，日本报纸头条报道着："大隈重信首相正式宣布，清国变法维新志士梁启超君在日本国民的道义协助下，已安抵日本。"据梁启超介绍，当时日本人一再劝谭嗣同到日本去，但他已下定决心赴死。船行期间，他还作了一篇《去国行》，慨然长叹："君恩友仇两未报，死于贼手毋乃非英雄。割慈忍泪出国门，掉头不顾吾其东。"

梁启超登上日本军舰大岛号时，谭嗣同也迎来了他的劫难时刻。这天凌晨，谭嗣同送走钱维骥，然后将浏阳会馆的大门敞开，足不出户，静静地等待捕者上门。谭嗣同穿着一身朝服，从容地将门左右固定住，保持大开的状态。他在院里踱了一阵，然后挑起帘子，再回到屋内。他烧了一壶水，倒在盖碗里。

早起喝茶是他从北京人那里学到的习惯，北京人喝茶考究，茶叶从黄芽、雀舌、毛尖，到雨前、珠兰、香片等等，一应俱全。一般人都是喝香片，也就是茉莉花茶。普通市民用黄铜茶盘子，摆上一把细瓷茶壶，配上六个同色同花样的茶杯，成为一组。不过，官宦之家用的茶杯就是盖碗了，用盖碗喝茶，显得更高贵、更正式、更庄严。

谭嗣同坐在太师椅上，侧过头来看着西洋钟，已经清早六点半。他立身而起，朝着屋外走去，边走边用手整理了身上的朝服。突然间，人声嘈杂起来，门外拥入百十个衙吏。谭嗣同并不慌乱，识得领头之人是步军统领崇礼，他上前将其引入客厅。

"谭大人，奉上面旨意，拟请大人到部里走动一下。"崇礼欠身施礼道。

"我知道了。"谭嗣同从容而淡定地说。

"我知道各位会来的，我已恭候多时。"谭嗣同边说边从桌上端起盖碗，挑开盖子，悠闲地喝了一口茶，随即放下盖碗，站起身来。

"等一下我的老家人会回来，请留下的人转告他一声。"谭嗣同笑着说，

说罢，谭嗣同戴上官帽，摆正了，挺胸走了出去。两边的缇卒慌忙让出路。他对着缉捕者拱手抱拳为礼，随之被缚而去。刘凤池一直跟着谭嗣同，平日住在外进门房，给他看门烧饭，算是浏阳会馆老长班（管理员）。那几日，他见谭嗣同每天行色匆匆，又生病了，咳嗽得厉害。那天一大早，刘凤池从外面回来，正好遇见谭嗣同被一群清兵抓走，两人贴面而过。谭嗣同面无惧色，还冲他笑了一下，他的脸霎时就急白了。就在同一天差不多时候，林旭于当值任上被捕。杨锐在床未起，单衣被缚。而刘光第、徐致靖听说要捕捉他们，乃自投狱中。这一天，缇骑遍地，人人自危，恐怖和血腥的气氛笼罩整个京城。更传出光绪帝已遭不测，各国纷纷调兵，京城人都恐惧国变，甚至有朝士携家带口，避走南下。火车、轮船一时拥堵不堪。

谭嗣同被捕后，先是被关押于九门提督衙门内。他在狱中，托人给谭家人

胡理臣、罗升一札："送来厚被窝一床，洗脸手巾一条，换洗衣裤并袜子脚布一套，紫棉马褂一件，棉套裤一双，笔墨信纸并白纸等件，枕头一个，呢大帽一顶，靴子一双，饭碗一个。"毕竟是官宦子弟，谭嗣同的生活要求还是有一定标准的。虽说他已做好赴死的准备，但他对生同样抱有热切的期望。他不避死，可他多么渴望得到赦免，从这个地方光明正大地走出去。

八月初十，谭嗣同等七人由步军统领衙门解至刑部大牢。谭嗣同、杨锐、杨深秀关在刑部大牢南所头间，林旭、刘光第、康广仁关在北所。其间，谭嗣同又给谭家人胡理臣、罗升一札："速往源顺镖局王子斌五爷处，告知我在南所头监，请其设法通融招扶。再前日九门提督取去我的书三本，一本名《秋雨年华之馆丛脞书》；二本《名称录》，现送还会馆否？即回我一信。我遭此难，速请郭之全老爷电告湖北。此外有何消息，可随便告我。"

八月十一日（9月26日），慈禧让军机大臣会同刑部、都察院对所捕之人审讯，然而审讯只定了张荫桓看管，却对其他人定何罪拿不定主意。

八月十二日（9月27日），慈禧可能有些不耐烦了，特命添派御前大臣会审，并限定三天内拿出结果具奏。谭嗣同还在刑部大狱等候消息。不畏死，但他也不想死得稀里糊涂。据当时狱卒回忆谭嗣同在监狱里的情况：谭嗣同身陷囹圄，意气自若，绕室闲行，屡拾取地上更香余煤，在墙壁上作字。狱卒好奇问他写的是什么，谭嗣同笑道："我在作诗。"

在浓墨重彩、粉墨登场的历史叙事中，作为个体的声音如何解读？这一解读的意义何在？在那所剩无多的时间里，换作谁都会浮想联翩。谭嗣同所写的那首《狱中题壁》诗也很有名："望门投止思张俭，忍死须臾待杜根。我自横刀向天笑，去留肝胆两昆仑。"极端环境下，诗与人为一，人外无诗，诗外无人，人与诗双双不朽的，屈指可数，这算是其中一首。有研究者说，这首诗被梁启超改动过，或有隐由。梁启超改"怜"为"思"，一字之易，意思完全不同。谭嗣同由自己的处境，想到东汉士大夫因反对宦官和外戚专政而遭受迫害的"党锢"事件，有名的党人张俭"亡命困迫，望门投止"；杜根上书言事，触怒邓太后，"令盛以缊囊，于殿上扑杀之"。执法者因杜根有贤名，便让行事人手下留情，既而载出城外，杜根得救。

让我们回到监狱现场。离谭嗣同半步之遥，那个叫刘一鸣的狱卒不识字，不然百年后，这世上又会多几首风骨之士的慷慨悲歌。六君子中最安静的是林旭，此人是前南洋大臣沈葆桢的孙女婿。他生就一张美如处子的容貌，脸上永远挂着温暖平和的笑容，死生皆云淡风轻。而康有为的弟弟康广仁则呼天抢地，将他的头颅一遍遍地撞向监狱的墙壁，带着哭腔喃喃自语：哥哥犯错，凭什么让弟弟赎罪。他哭诉得越悲怆，林旭笑得越欢乐，此等画面有着戏剧性的反差效果。

刘光第曾在刑部供职，识得刑律之事，他安慰康广仁："此乃提审，非就刑。毋哭！"然而两天后，狱吏将他从西角门牵出时，他才惊慌起来，大叫："未提审，未定罪，怎么能杀头？"西角门通往菜市口，当他看见那块著名的"回头迟"石碑时，倏然警悟，这一去再无生还机会。这个书生迂腐得近乎有些天真，菜市口的屠刀下何曾问过人的名和姓，又何曾问过人的罪与罚。杨锐则是张之洞的门生，并不属于康有为的维新党，他在改革观念上较为审慎稳妥。入值军机不久，他已预感到"不久朝局恐有更动"，要找机会抽身而退，因为"此地实难久居"。张之洞听说杨锐被捕后，致电正在北京的湖北按察使翟廷凯，要他请军机大臣王文韶、裕禄出面营救。杨锐曾在光绪面前弹劾康有为，想让康有为迅速离开北京。所有人都认为，杨锐完全可以在审讯中脱身。杨深秀则不同，他在政变发生后，大小官员见风使舵的大势之下，依然选择逆风而上，上奏诘问光绪帝因何被废，要求慈禧皇太后撤帘归政，无异于飞蛾扑火。

4

这一天注定要被记录：光绪二十年（1894）9 月 28 日，即八月十三日。

慈禧命荣禄在军机处行走，裕禄补授荣禄空下的直隶总督兼北洋大臣。也就在这一天，慈禧以"纠约乱党，谋围颐和园，劫持皇太后，陷害朕躬"的罪名，宣布："康有为之弟康广仁及御史杨深秀、军机章京谭嗣同、林旭、杨锐、刘光第等，实系与康有为结党，隐图煽惑……实属同恶相济，罪大恶极……令将该犯等即行处斩。"接到处斩命令，就连缮旨的军机大臣廖寿恒都蒙了，他本来还想联合王公大臣去向慈禧求情。廖寿恒不敢想象，前两天还在审讯，连结果都没出，还不知定什么罪，今天却突然要斩杀六人。这让他错愕不已，蒙了半晌，痛恨滥施刑罚，判决不公。此时，军机处正在忙于缮写斩首六人的谕旨，而刑部也炸开了锅。廖寿恒在当天日记中记载："余初未之闻，乃告领班缮旨，大骇，以语夔老（王文韶），错愕不胜，商之礼（礼亲王世铎）、刚（刚毅）、裕（裕禄），皆谓无术挽回，而杨、林、刘冤矣。呆瞪气塞者半晌，刑之滥，罚之不公，至此而极。"死亡之神太过不公，如此潦草地收割人命，足以引发种种的想象。

秋风扫过紫禁城上空，让脆薄的阳光也战战兢兢，不敢落到地面。在下面的叙述中我们将会看见，同时代的敌人和朋友，后世庞大的记述者们，为谭嗣同张罗了一场盛大的死亡仪式。担任刑部主事的唐烜也目睹了当天发生的一切。他看到满汉提调上了刑部大堂，举止惊慌，并让回事的诸司全部退下，并厉声唤堂书吏赶快出来。身为刑部主事的唐烜也是蒙圈，以前从没出现过这样慌张的局面。他在日记中写道："予回司白同人讥笑，秋谳诸君有何事而致做如是举措。"当时唐烜也是啥事不知，还和同事笑谈，这次秋谳为何如此慌慌张张，以前没有这样的阵势。这时，唐烜又听到门外喧闹不已，百姓往刑部衙门拥挤，皂役阻拦，并大声说："汝等候差事出来再看也。"这时，军机处的处决谕旨传到刑部衙门。张、徐两人另候旨，杨深秀、杨锐、谭嗣同、刘光第、林旭、康广仁六人即行处斩。

刚毅为监斩大臣。九门提督崇礼早已调京旗各营健卒，为预防不测，遍布正阳门和宣武门巡逻。据说，谭嗣同被捕之后，王五、胡七自是不甘心，他们转而聚在一起商议去劫法场。却不料这一天步兵统领衙门派出重兵沿途警戒，队伍直排至菜市口刑场。满汉提调分班到南北所监视押出六人。其中南所押着谭嗣同和杨深秀、杨锐，北所押着刘光第、林旭、康广仁。北所三人先被押出，等候南所三人，一同押到提牢厅，跪听宣读上谕。约在午后四时，青衣差官将六人带出西门，押赴法场。

北京菜市口又一次将看客们的目光吸引于此。那些握着鬼头刀、浑身肥肉乱颤的刽子手又有了用武之处。说"又"，是因为他们已经闲了很久。虽然操持血腥营生已有些年头，但每次面对人群的围观与挑逗，仍会有初次杀人前的兴奋与冲动。那些平日里以遛鸟和唱京戏为主要营生的北京市民，每逢杀人的日子，便结伴从各个胡同拥向菜市口。一阵忙乱过后，菜市口的刑场被围得水泄不通。

同光年间，菜市口的杀人事件并不经常上演，这让那些以杀人为生的刽子手陷入一种职业饥渴，甚至产生失业的恐慌。当六个囚犯被押解上台的时候，他们手中那把寂寞了许久的刀随着主人的情绪，在太阳的照射下，铮铮作响。刀是寒铁之器，是理性的，但人是血肉之质，却是感性的。六个人，六张不同表情的面容，引起了围观者的极大兴趣。他们舍不得眨一下眼，目光在六张不同的面容上来回扫描，像一架精密的仪器在完成人像的采集指令。他们怀着极大的热情，细致地捕捉着六个将要受刑者的表情与肢体的反应。

胡七当时站在菜市口附近王麻子家的屋顶上，目睹了行刑的场面。据胡七在《谭嗣同就义目击记》中所说：行刑时，"头一刀杀康广仁，轮到第五刀，天啊！才轮到我们谭先生的头上。前清杀官员的刀和杀平民的刀不同，官越大刀越钝。那天用的刀叫什么'大将军'，一刀飞去，鲜血汩汩然冒出，脑袋还装在颈脖上哩。这不叫砍头，叫锯头，锯头比砍头的痛苦要添上几十百倍的。而对这痛如骨髓的惨状，第五个受刑的谭先生，一直是若无其事的样子"。嗣同"临刑神采扬扬，刃颈不殊，就地上劀之三数，头始落，其不恐怖，真也"。

这些时惊时乍的叙述，让谭嗣同走向终结的背影有了戏剧舞台上追光聚焦的效应，其光灼灼，使得后世的我们在走近这样一出时代传奇而激动，而不安，而觉得悲壮。那些残忍且令人惊艳的细节，有的来自民间虚拟和叙述者的立场。临刑前，刚毅让他们跪着谢恩，谭嗣同坚决不跪，仰天大笑道："有心杀贼，无力回天。死得其所，快哉快哉！"

历史叙事者口中的逆臣贼子各有不同，坏也坏得不同。反倒是那些忠臣烈士，倒像是一个模子里刻出来的，一样的表情，一样的语气，像是拿了同一剧本。刑场如同谢幕的舞台，在走上去前，他们就知道，接下来要做的就是，要将最后的死亡仪式化。他们所希望的，想以自己的死，去唤醒更多的人。谭嗣同忍受着巨大的痛苦，直到生命最后时刻，"君慷慨，神气不少变"。当年的《知新报》在报道此事时说："临斩之际，（谭嗣同）曾号于众曰：'是日每斩一首级，则异日必有一千倍人起而接续维新。'"英国人李提摩太有着类似的记录：当他们解往刑场时，林旭请求允许说几句话，但是被拒绝了。谭嗣同不管是否允许，他对刑官喊道："为了救国，我愿洒了我的血，但是今天每一个人的牺牲，将有千百人站起来继续进行维新的工作，尽其忠诚去反抗篡夺。"

终于，手起刀落，六颗人头滚落于历史的尘埃。手持馒头的百姓，迫不及待地蜂拥而上。在监斩台不远处，是一家叫作"鹤年堂"的老字号药店，占得天时地利，因此拥有以死囚的颈血做人血馒头入药的优先权。据说蘸着英雄血的馒头，救得了将死之人，驱得了阴间恶鬼。古老的医术如同巫术，有许多让人难以理解的奇怪药引和偏方，神秘且诡异。至于为何会用人血，实在不明白。令我好奇的是，那些活在时间彼端的看热闹的围观者会想些什么？他们的心头若能流过一条伤感的河，肯定是悲情催泪的浓重一笔。

生与死之隔，并不是隔山隔水，它有时候就像刀锋一般薄，甚至是无界的。六个人中存必死之心，自觉求仁得仁的是谭嗣同，那个年仅三十三岁的湖南浏阳士子。梁启超说："就义之日，观者万人，君慷慨，神气不少变。"那一天，紫禁城的落日，就像是砍下来的脑袋在安静地流血。六颗脑袋啊！就像是低空飞翔的"飞去来器"，在京城的上空久久盘旋。项上人头如残阳，维新者就算竭尽最后一滴血，也不肯落于西山。

如果说这场由戊戌变法铺陈出的宏大历史事件的死亡现场，对其他人来说是一次偶然，对谭嗣同来说，却是等待已久的必然。在死难前，他本有机会避开死亡，但是他却热烈地投向死亡。那一刻，飞鸟遁迹，百兽逃逸，就连草木也充满了戾气。我能够想象到的志士之死，没有比谭嗣同更具有美学意义的，堪比楚霸王。呜呼！非烈丈夫其能如是也！这份烈士精神根植于他一向所提倡的"仁"的精神。他认为，在宇宙空间，是没有生死和有无可言的。因为宇宙中的万物都是由所谓的"以太"合成，而"以太"则是永恒的存在。因此万物只有成毁和聚散，而无所谓生灭。

当天下半夜，大刀王五和老长随刘凤池不避风险，带着草席，悄悄地来到刑场。他们连夜将谭嗣同遗体抢回会馆，为之购棺殓殡，厝于会馆正厅。九月下旬，其侄谭传赞偕仆人胡理臣、罗升，将灵柩运抵湖南浏阳。三年后，将谭嗣同灵柩安葬于浏阳城南十六里之牛石乡翟水村（今荷花街道嗣同村）石山下。谭嗣同死后，其父谭继洵开缺回籍。爱子被戮，蒙受恶名，故旧门生，无人问津，门庭冷落，晚景颇为凄凉。谭嗣同在京遇难，对夫人李闰来说不啻晴天霹雳，她悲恸欲绝，经常深夜一人恸哭不已。一日，谭继洵从窗下路过，听见悲悲戚戚的哭声，便在其窗外说："你不要这么伤心，我也同样不好受，你要知道，老七将来的名望在我之上啊！"

2020 年 1 月 22 日　动笔

2022 年 4 月 8 日　完稿

微信扫码

壹电影《谭嗣同》 贰音频故事集

叁重读近代史 肆读者交流圈

参考书目

1. 贾维，《谭嗣同与晚清士人交往研究》，湖南大学出版社

2. 解玺璋，《梁启超传》，上海文化出版社

3. 彭晓玲，《寻访谭嗣同》，岳麓书社

4. 谭嗣同，《仁学》（汇校本），浙江古籍出版社

5. 谭嗣同，《谭嗣同全集》，中华书局

6. （美）丁韪良，《花甲忆记》，学林出版社

7. （美）雪珥，《天子脚下——1860—1890 晚清经改始末》，中国华侨出版社

8. （美）张灏，《烈士精神与批判意识》，中央编译出版社

9. （美）李提摩太，《亲历晚清四十五年》，天津人民出版社，

10. 谭嗣同，《谭嗣同自述》，安徽文艺出版社

11. 马忠文，《荣禄与晚清政局》，社会科学文献出版社

12. 汤志钧，《戊戌变法人物传稿》，中华书局

13. 汤志钧，《戊戌变法史》，上海社会科学院出版社

14. 蔡乐苏、张勇、王宪明，《戊戌变法史述论稿》，清华大学出版社

15. 黄彰健，《戊戌变法史研究》，上海书店出版社

16. 茅海建，《戊戌变法史事考》，生活·读书·新知三联书店

17. 茅海建，《从甲午到戊戌：康有为〈我史〉鉴注》，生活·读书·新知三联书店

18. 茅海建，《戊戌变法的另面："张之洞档案"阅读笔记》，上海古籍出版社

19. 林文仁，《南北之争与晚清政局》，中国社会科学出版社

20. 马勇，《维新：戊戌变法的尝试与失败》，新星出版社

21. 毕永年，《诡谋直纪》

扫码致敬

最后的豪侠

谭嗣同